高校思想政治工作研究文库

教育部思想政治工作司　组编

# 民办高校
# 思想政治教育协同机制研究

宋 斌◎著

人民出版社

# 目　录

| 第一章 |

# 绪　　论

　　党的十九大提出了中国特色社会主义进入新时代的新论断。在新时代，当代大学生处在一个快速发展的社会中，对外开放环境的扩大，经济全球化浪潮的推进，信息互联互通渠道的快速架构，高等教育改革发展，人才培养模式创新的不断变化，使得每个主体在高度社会化的环境中进行价值选择与人生取向。在这一社会条件下，思想政治教育与过去相比较，其要素如对象、内容、条件与方式等都在发生着深刻的变化，大学生的思想政治素质的形成与发展受无数互相交错的力量的影响表现更为明显，思想政治教育的过程更趋复杂。新时代，民办高校大学生思想政治教育如何因势而谋、应势而动、顺势而为，努力提升工作水平，实现立德树人的历史使命，已成为一个重要的命题。

## 第一节　研究的背景和意义

　　我国高等教育肩负着培养德智体美劳全面发展的社会主义事业建设者和接班人的重大任务，民办高等教育是我国高等教育体系中的重要组成部分，也必然肩负着这一重大使命。充分认识新时代对民办高校思想政治教育提出的新要求，把握好民办高校思想政治教育的现实情况，才能探索出一条符合高校思想政治教育规律、符合民办高校现实状态、符合青年学生成长规律、符合高等教育发展方向的有效路径。

## 一、新时代对民办高校思想政治教育提出了新要求

马克思指出："人们自己创造自己的历史，但是他们并不是随心所欲地创造，并不是在他们自己选定的条件下创造，而是在直接碰到的、既定的、从过去继承下来的条件下创造。"① 要做好民办高校大学生思想政治教育工作，首要的就是把握好工作所处的历史时代与历史方向。党的十九大提出的中国特色社会主义进入新时代的新论断，是从历史与现实、理论与实践、国际与国内等多纬度思考而得出的新结论。新时代的新特征，"形成了高校思想政治教育的历史方位和显著特色，从多方面形成了高校思想政治教育的基本特征"②，也对新时代民办高校思想政治教育提出了新要求。

### （一）新时代民办高校思想政治教育的新方位

党的十九大报告中 35 次出现了"新时代"这个关键词。时代是思想之母，实践是理论之源。要做好工作，首要的就是把握好新时代的新特征。在从站起来到富起来再到强起来的伟大飞跃中，新时代最鲜明的特征是社会主要矛盾已经转化为人民日益增长的美好生活需要和不平衡不充分的发展之间的矛盾，这也成为我国民办高校判断其在高等教育体系中历史方位的重要依据。

改革开放以来我国民办高等教育的恢复发展动因是满足青年学生上"大学"的需要，1998 年，全国仅有民办普通高校 25 所，在校生 2.4 万人③，而到 2016 年底，我国的民办高校已达 742 所（含独立学院 266 所），

---

① 《马克思恩格斯文集》第 2 卷，人民出版社 2009 年版，第 470—471 页。
② 顾海良：《新时代高校思想政治教育的理论指导和发展理念——学习习近平新时代中国特色社会主义思想》，《思想理论教育导刊》2018 年第 1 期。
③ 瞿延东：《我国民办教育的发展与管理》，中国财政经济出版社 2002 年版，第 374—375 页。

在校生 634.06 万人。① 应该说，民办高校明显地新增了高等学校的数量，有效地扩大了高等教育的招生量、扩大了我国高等教育的品种，很好地化解了公办高等教育办学不足的矛盾，也在一定程度上缓解了经济社会发展对人才的需要与高等教育规模制约的矛盾，还吸纳社会资金，增加了高等教育的投入和有效供给，缓解了国家教育投入不足与高等教育发展的矛盾，减轻了政府的财政负担，也形成了社会办高等教育的新机制。

但在新时代，很显然，主要矛盾已经发生了新变化。实现让青年学生上"大学"必须转变到让青年学生上"好大学"的要求上来，为青年学生接受更优质的教育服务，民办高校要为青年学生提供高质量的教育而努力。在新时代，实现人才培养和办学质量的质的提升成为更重要的任务。与此同时，这一主要矛盾的变化也赋予了民办高校思想政治教育的新方位。民办高校思想政治教育既要根据新时代社会的新变化来开展好工作，更要根据民办高校内涵式发展的新要求来开展好工作。

## （二）新时代民办高校思想政治教育的新要求

**以民办高校党的建设作为政治保证**　2016 年 11 月《中华人民共和国民办教育促进法》（以下简称《民办教育促进法》）修正案在总则中增加了第九条，民办学校中的中国共产党基层组织，按照中国共产党章程的规定开展党的活动，加强党的建设。这是在民办教育的发展历程上，第一次从国家法律的层面对加强民办高校党建工作提出了明确要求。在《民办教育促进法》修正案颁布后不久，习近平总书记在全国高校思想政治工作会议上强调指出："我们的高校是党领导下的高校，是中国特色社会主义高校。办好我们的高校，必须坚持以马克思主义为指导，全面贯彻党的教育方针。"② 民办高校也是党领导下的高校，这一根本属性不能动摇。2016 年 12 月，中共中

---

① 《2016 年全国教育事业发展统计公报》，2017 年 7 月 10 日，见 http://www.moe.gov.cn/jyb_sjzl/sjzl_fztjgb/201707/t20170710_309042.html。

② 《习近平谈治国理政》第二卷，外文出版社 2017 年版，第 377 页。

央办公厅出台了《印发〈关于加强民办学校党的建设工作的意见（试行）〉的通知》（中办发〔2016〕78 号），也对新时代加强民办高校党建工作提出了具体要求，并指出领导思想政治工作和德育工作是民办高校党组织的首要政治责任。这是新时代赋予民办高校党组织的新使命。不断加强民办高校党的建设，并提升党建工作科学化的水平，是实现新时代民办高校思想政治教育规范化有效化科学化的重要政治保证。

**以强化对意识形态的领导作为明确目标** 我国的社会制度决定着高校肩负着培养社会主义建设的合格建设者和可靠接班人的基本任务。人才的质量首先体现在培养出来的人才是"为谁服务"的方向上。新时代，我们所处的国际环境日趋复杂，意识形态工作犹为重要。重视意识形态工作是我们党的光荣传统。早在 1927 年，毛泽东同志在《湖南农民运动考察报告》中，根据当时的革命斗争实际归纳总结的农民在农民协会的领导下的十四件大事中，"普及政治宣传"是第八件大事，并把当时政治宣传普及到乡村作为共产党和农民协会的功绩来大力赞扬，体现了他对意识形态工作高度重视。习近平总书记进一步提出："意识形态工作是党的一项极端重要的工作。"[①]高校是意识形态工作的前沿阵地，民办高校更是成为这一阵地中的重要组成部分，需要民办高校的党组织牢牢地把握住对意识形态工作的领导权、话语权和管控权，这是新时代民办高校思想政治教育的明确目标。

**把加强立德树人整体工作作为根本任务** 立德树人是我国教育的根本任务，是高校的立身之本。党的十八大报告中指出：把立德树人作为教育的根本任务，培养德智体美全面发展的社会主义建设者和接班人。2016 年习近平总书记又进一步指出："我国高等教育肩负着培养德智体美全面发展的社会主义事业建设者和接班人的重大任务，必须坚持正确政治方向。高校立身之本在于立德树人。"[②] 这是新时代对高校根本任务的新表述，也充分彰显了

---

① 《习近平谈治国理政》，外文出版社 2014 年版，第 153 页。
② 《习近平谈治国理政》第二卷，外文出版社 2017 年版，第 377 页。

党对高等教育价值指向的准确判断。这一根本任务直接关系到高等教育"为谁培养人""培养什么样的人""如何培养人"等时代命题，也体现了"立什么德"和"育什么人"的高校思想政治教育质量评价的基本指向。在这个问题上，对民办高校与公办高校的要求是没有差异性的，党和政府对民办高校的根本任务的要求是一致的，不能有例外。

**把加强高素质的队伍建设作为基本保障**　教育大计，教师为本。2018年，中共中央、国务院印发了《关于全面深化新时代教师队伍建设改革的意见》，这是党的十九大以来党中央出台的专门面向教师队伍建设的第一个教育文件，文件对新时代教师的职业定位提出了新要求，即：教师承担着传播知识、传播思想、传播真理的历史使命，肩负着塑造灵魂、塑造生命、塑造人的时代重任，是教育发展的第一资源，是国家富强、民族振兴、人民幸福的重要基石。与公办高校相比，民办高校在教育队伍上存在着较大的特殊性，这些特殊性既体现在量的不足上，也体现在质的差异上；既体现在职业能力的低水平上，也体现在职业归宿感的缺失上；还体现在"受办学者对思想政治教育的重视程度的影响以及办学成本等多种因素的制约，许多民办高校在办学过程中往往会有自己的人数计算办法和制度要求，掩盖了这支队伍建设过程存在的不足，致使队伍建设成为增强思想政治教育实效性的瓶颈"[①]。因此，在新时代，要做好民办高校思想政治教育工作，必须花大力气建设一支高素质的队伍，要把董事会、学校党政领导、党团干部、辅导员、管理干部、思想政治理论课教师和专业课教师都纳入思想政治教育的主体系统，形成同心同向、同向同行、同行同德的良好环境。

**把加强创新体制机制建设作为实践导向**　在新时代，民办高校思想政治教育同样面临着教育要求与受教育者思想发展实际的基本矛盾，思想政治教育的矛盾运动过程中必然涉及如何有效地解决思想政治教育的有效供给与教

---

① 刘国辉：《新形势下民办院校思想政治工作队伍建设的主要瓶径及其突破》，《湖北函授大学学报》2015 年第 12 期。

育现实需求之间矛盾的化解。这一矛盾也会随着新时代而发生变化，需要用新时代的新思维、新方法、新手段去加以解决。对于民办高校而言，在思想政治教育的主体、客体、介体、环体四个方面都具有其特殊性，既有做好工作的有利因素，也有影响工作效果的不利因素，需要通过有效的方法来化解工作中存在的问题。加强体制机制创新是最为重要的手段。从领导层面上，应建立党委统一领导、董事会全力支持、行政班子参与落实的学校思想政治工作的领导体制；从实践层面上，应建立党委负责顶层设计、党务部门负责中观制度、基层组织负责微观落实的有效运行机制。而且要妥善地处理董事会、行政班子和党委的关系，有机地将党的建设与行政工作结合在一起，使思想政治教育融入学校各项工作之中。

## （三）新时代民办高校思想政治教育的新路径

大学生思想政治教育在协同理论的视阈下是一个由许多要素组成的具有复杂性的有机结构的整体，既涉及内部各个体系的资源整合与力量聚集，又涉及学校与社会外部资源的匹配与聚集，更要考虑通过整体结构的合理性、相互作用的有序性、局部功能的协同性、工作的可持续性等功能发挥来耦合成整体的功能，从而达到最佳的育人效果。

在新时代，民办高校要把协同创新理念融入学校的思想政治教育，围绕立德树人的教育目标，最大范围地整合学校和社会的教育资源与教育力量，通过全要素的协作配合，实现其内部要素的协同创新，形成教育合力，可以最大化地实现思想政治教育的效果。民办高校大学生思想政治教育的协同机制就是新时代民办高校思想政治教育机制创新的新路径。

# 二、民办高校思想政治教育存在的现实问题

我国高校的思想政治教育在多年的发展历程中，经历了从理论到实践、从课程专业到学科建设、从教育方式方法到工作体制机制的逐步完善过程。

与此同时，民办高校大学生思想政治教育也经历了一个从自发到自觉、从被动到主动、从无序到有序地开展的过程。近年来，民办高校大学生思想政治教育工作取得了一些成效，但客观上仍存在一些亟待解决的问题。

## （一）民办高校思想政治教育自觉性认识不足

思想政治教育是一项目的性强的工作。在对民办高校要不要加强学生思想政治教育的问题上，在民办高校发展的初期，并没有形成共识。部分民办高校的举办者和管理层更多的是关注学校如何生存和发展，关注如何建校园，而且他们还认为民办高校不靠国家投资，更多的是由个人或企业投资、由学生缴纳的学费滚动发展起来的。学校实行的董事会领导下的校长负责制，根本地区别于公办高校的党委领导下的校长负责制。"所以有人提出'无必要论'，认为思想政治教育是公办高校的分内之事，而民办高校无此必要。还有一种'无用论'观点，认为民办高校的学生自己缴费上学，毕业时自谋职业，就业竞争激烈，思想品德课成绩即使好，找工作时也不管用"①。当然，这些错误认识更多的是源于在民办高校发展的早期，人们对民办高等教育的地位和政治方位的认识模糊，对民办高校的办学目标和育人目标定位不清。

1985 年 5 月，中共中央颁布了《关于教育体制改革的决定》，该决定"鼓励各民主党派、人民团体、社会组织、离休退休干部和知识分子、集体经济单位和个人，遵照党和政府的方针政策，采取多种形式和办法，积极地自愿地为发展教育贡献力量"。这是党中央第一次提出鼓励"个人办学"这一突破性决定，并明确要求要遵守党和政府的教育方针政策，这也是第一次把民办教育纳入党的教育方针的覆盖范围。

1987 年 7 月，国家教委印发《关于社会力量办学的若干暂行规定》，明

---

① 刘新玲：《民办高校学生思想政治教育的十年回顾与思考》，《思想教育研究》2005 年第 9 期。

确规定"社会力量办学是我国教育事业的组成部分，是国家办学的补充"，要"坚持四项基本原则，坚持为社会主义物质文明和精神文明建设服务，遵守政府法令，执行国家有关教育的方针政策"。这一规定进一步明确了社会力量办学在我国教育体系中的地位以及办学的基本政治方位。

1993年8月，国家教委颁布《民办高等学校设置暂行规定》，该规定明确"民办高等学校是我国高等教育事业的组成部分"，"应坚持党的基本路线，全面贯彻教育方针，保证教育质量，培养合格的人才。学校要建立共产党、共青团和工会组织，以及必要的思想政治工作制度。"这是第一次在有关民办教育的文件中对民办高校党的建设与思想政治工作提出明确要求。

2004年8月，中共中央、国务院颁布的《关于进一步加强和改进大学生思想政治教育的意见》中专门强调"要重视和加强民办高等学校党的建设和大学生的思想政治教育"。2006年12月，国务院办公厅印发了《关于加强民办学校规范管理　引导民办高等教育健康发展的通知》，就依法规范民办高校办学行为和内部管理明确强调"民办高校要建立健全党团组织。充实包括辅导员、班主任在内的党务干部队伍和思想政治工作队伍"。同月，中共中央组织部、中共教育部党组联合印发了《关于加强民办高校党的建设工作的若干意见》，该意见针对民办高校党建工作中存在的亟待解决的问题，对民办高校党组织的设立、隶属关系、作用、自身建设、改进大学生思想政治教育、维护学校安全稳定、切实加强对民办高校党建工作的领导等方面进行了全面部署，成为该时期加强和改进民办高校党建与思想政治工作的重要纲领性文件。

随着各级各类文件的出台及实施，人们在实践中也在逐步深化对民办高校大学生思想政治教育工作重要性的认识，开展了以马克思主义、中国特色社会主义理论、社会主义核心价值观等为内容的思想政治教育活动，大学生思想政治教育也取得了较为明显的成果，一批高质量的高水平民办大学正在兴起。但从总体上看，加强民办高校大学生思想政治教育的自觉性还是不足的，认识上也存在差距。有的民办高校"为了自身生存和发展，重视招生、就业、专业教学和校园建设工作，认为这些工作非常重要，而思想政治教育工作是'虚功'①"，从而对学校思想政治教育投入不足；有的民办高校把大学生思想政治教育简单地理解为教学中保证思想政治理论课的教学安排就是落实了育人要求，或者把做好学生安全稳定工作、保证学生不出事就是学生思想政治教育工作的头等大事；也有的民办高校的管理者和教职工认为大学生思想政治教育就是辅导员和党务工作者的事，与教学、科研、管理、服务部门无关等，工作始终处于被动状态。导致民办高校大学生思想政治教育水平总体不高，思想政治教育学科建设水平低，大学生思想政治教育的有效性没能充分发挥。

## （二）民办高校思想政治教育基础性投入不足

思想政治教育是一项长期性的工作，需要从给场地、建队伍、配经费、立制度等基础性工作做起，也是一项投入大、见效慢的工作，民办高校办学中有限的资源往往投向那些见效快的地方。思想政治教育工作也是一项做人的工作，是在人的脑子里搞建设，是需要人去做的工作，队伍建设尤为重要，成为民办高校思想政治教育的最基础性工作；但是在队伍建设上，无论在数量与质量上都不能适应民办高校发展和学生思想政治工作的需要。尽管全员育人已成为共识，但实践中民办高校的大学生思想政治教育工作队伍的主体仍是学校的专职党务工作者、共青团干部、辅导员、思想政治理论课老师、班主任等，队伍配备数量不足，质量参差不齐，思想政治理论课水平不高是民办高校的普遍现象。

2008年，《中共中央宣传部 教育部关于进一步加强高等学校思想政治理论课教师队伍建设的意见》（教社科〔2008〕5号）规定："各高等学校要根据专任为主、专兼结合的原则，按照学生人数以及实际教学、科研和社

---

① 洪国志：《十八大以来民办高校思想政治教育工作浅析》，《中小企事业管理与科技》2014年第18期。

会服务的需要，合理核定专任教师编制，配备足够数量和较高质量的思想政治理论课教师。本专科思想政治理论课专任教师要总体上按不低于师生1：350—400的比例配备"。但现实的情况是，"一是专职的党务干部和团干部偏少，许多民办院校的院系党总支，只有一个书记，再无其他工作人员。二是辅导员人数远没有达到教育部规定的1：200比例，大部分都是一名辅导员带300—400名学生，有的学校甚至达到1：450。三是思想政治理论课专职教师队伍，也远没有达到教育规定的1：300标准，有的民办院校甚至根本没有专职思政课教师，其课程均由校外兼职人员完成"①。2016年底，笔者曾对浙江省民办高校进行了调研，全省民办高校思想政治理论课专项教师与学生比达到规定比例的学校不多，队伍总体也比较年轻。近年来浙江省提出了本科高校要建设马克思主义学院的要求，全省也有大部分本科高校落实这一要求，建立了马克思主义学院，但三所民办本科高校当时均没有建立马克思主义学院，教师的思想政治教育学科建设意识不强，部分民办高校尚未将思想政治教育学纳入学校学科建设的体系，即使有，学科建设水平总体也不高，教师科研能力相对较弱。从教学上看，思想政治理论课教师队伍总体比较年轻，对教材内容的把握，对如何把中国特色社会主义理论体系、党的理论创新最新成果转化为思政课教师的话语体系的能力不足，教学压力大，教学效果不佳，思想政治理论入脑入心要求得不到有效体现。

在辅导员队伍建设上，辅导员是工作在大学生思想政治教育的第一线，是直接面对学生各种思想状态和心理需要的人，一支专业化、职业化的辅导员队伍是做好大学生思想政治教育的关键。但从总体上看，大部分民办高校的党务工作队伍和辅导员队伍（在有的民办高校，这两支队伍是重叠的）是一种哑铃式结构，即两头大中间小，聘请的离退休人员和近年来入职的青年干部占有较大比重，而既具有丰富工作经验又具有旺盛工作精力的中年骨

① 刘国辉：《新形势下民办院校思想政治工作队伍建设的主要瓶颈及其突破》，《湖北函授大学学报》2015年第12期。

干数量较少。结构不甚合理。从数量上看，以黑龙江东方学院为例，该校"按照师生比 1∶350 配备专职辅导员，主要来源是招聘硕士学历的党员毕业生。按照 1∶500 比例配备助理辅导员，从本科高年级学生党员中择优选配。二者合起来高于教育部规定的 1∶200 的德育工作师生比要求"①。该校是2012 年我国首批获得服务国家特殊需求硕士学位授予权的五所民办高校之一，如果从正向理解，这是民办高校从自身特点，坚持专兼结合、效率优先的一种探索，但实际上也反映出另一种倾向，即学校举办者会用自己的人员安排方法，如身兼数职法，可以满足不同统计口径对思想政治教育队伍的基本标准，从而掩盖了这支队伍建设过程中存在的不足，致使队伍建设仍然是制约民办高校思想政治教育质量提升的短板。

## （三）民办高校思想政治教育协同性工作不足

思想政治教育是一项系统性工作。协同育人也是近年来高等教育改革的一大亮点。所有课堂都有育人功能，要把做人做事的基本道理、把社会主义核心价值观的要求、把实现民族复兴的理想和责任融入各类课程教学之中，使各类课程与思想政治理论课同向同行，形成协同效应。它还要求要建立部门协作常态机制，形成党委统一领导、各部门各方面齐抓共管的工作格局。

根据笔者在调研中收集到的资料分析，在当前的民办高校中，大多采用直线职能制管理模式，即以直线为基础，在学校领导之下设置相应的职能部门（如教务、科研、学工、人事等部门）从事专业管理，并作为全校该项工作的行政主管，统筹全校，指挥、指导基层教学单位工作。这种行政管理模式的特点是"在一个组织系统内把决策指挥权与咨询执行职能分离，条块分割、各行其职、各负其责"②。这种管理模式下，各部门往往更多地从

① 蔡玉生等：《民办高校一体两翼学生思想政治教育工作队伍建设实践——以黑龙江东方学院为例》，《广西教育学院学报》2014 年第 2 期。

② 刘丽梅等：《新建本科院校校内协同育人模式探索——以邯郸学院为例》，《教育研究》2017 年第 6 期。

自身所肩负的职能出发强调自身工作的重要性，而对其他部门的工作缺少了解和沟通，造成协同困难。在职能部门与二级学院之间，往往职能部门权力大于二级学院，缺乏领导权和督导权，存在工作中部门与学院的权力边界不清晰而导致的协同困难。

在民办高校的思想政治教育校内工作系统中，大多采用直线的工作方式，即：校级层面，一位校领导分管思想政治教育工作，机关设立学生工作处（或学工部）、团委统筹全校学生工作，院系通过分管书记和辅导员开展工作，思想政治理论课教师负责课堂教学与理论传授，全员育人、环境育人的氛围还不浓厚；动员各方力量，把学生思想政治教育工作贯穿学校办学的各个环节、各项工作之中的生态环境尚未建成；思想政治理论课教学与日常教育脱节、思想政治教育与专业教育脱节、思想政治教育与学校管理服务脱节、思想政治教育与学校重点工作脱节；党组织领导思想政治工作的核心作用没能发挥。"一些聘用制人员和部分学生对政治不关心，更多关注现实利益和个人发展前景，参与民主管理和监督意识不强，对党组织缺乏向心力"①，部分民办高校党委没能发挥在大学生思想政治教育中的统领作用，使学校学生思想政治教育工作只是学生线的工作，形成了思想政治工作的"孤岛现象"，大学生思想政治教育没有形成校内合力。

我国的民办高校大多定位为教学型大学，定位为培养高级应用型人才，非常重视校外实践基地、校企合作培养人才等工作，但校外工作系统中特别是校企合作人才培养模式下，高校与企业两个系统的分工与机制尚未完全构建。同时，思想政治教育的内容、方法、载体、制度及工作评价等要素之间存在脱节现象，整体协同功能有待增强。近年来，许多民办高校纷纷建设了新校区，新老校区之间相距大都比较远，多校区之间的协同育人也成为民办高校学生思想政治教育的新命题。这些现实困境使得民办高校思想政治教育

---

① 郑杰、张雁：《民办高校学生思想政治教育探究》，《浙江树人大学学报》2004 年第1 期。

的协同机制研究既是一个理论研究课题，也成为教育实践的一个重要问题。

2012 年，教育部颁布了《关于全面提高高等教育质量的若干意见》，该意见对推动高校协同创新进行了详细部署，之后，高校思想政治教育的协同推进开始引起关注。2014 年，时任教育部思想政治工作司司长冯刚在接受采访时也提出："要注重协同推进。大学生思想政治教育、基层党组织建设、维护高校安全稳定、网络教育与管理统一于立德树人之中，相互关联、相互支撑，同时，还涉及校内外多个领域、多个方面，必须统筹安排、协调推进，形成整体合力"①。立德树人是一项复杂的系统工程，也是一项立体化的长期任务。学校是立德树人的主阵地，教师是立德树人的引路人，社会是立德树人的软环境，要统筹协调、协同推进，营造良好的育人环境和教育氛围。"完成立德树人的根本任务，需要整合学校、教师、社会各方面的力量，形成协同育人的机制，实现全员育人、全过程育人、全方位育人"②。民办高校思想政治教育协同机制建设是一个更为复杂的创新组织方式，需要学校、家庭和社会等方面的共同作用，需要系统的资源整合和无障碍流动，既是对高校组织形式的创新，也是对高校工作实效性的一种提升，加强对这一问题的研究与实践就成为思想政治教育者的一个重要命题和必然选择。

## 三、研究的意义

民办高校思想政治教育是一个涵盖了工作目标、内容、方法、机制、评价等多个环节的一体化过程，是一项由多元主体共同参与，在人才培养、理论研究、制度制定、机制构建、实践校验等多个领域推进的系统工作。它和公办高校的思想政治教育相比，既有共性，更有个性。本书主要研究新时代构建民办高校思想政治教育协同机制的问题。之所以要研究这一选题，其重

---

① 冯刚等：《加强整体设计　注重协同推进　进一步提高高校思想政治工作的针对性实效性——访教育部思想政治工作司司长冯刚》，《思想理论教育导刊》2014 年第 3 期。
② 靳诺：《坚持立德树人　培养优秀人才》，《光明日报》2017 年 4 月 10 日。

要意义至少体现在以下四个方面。

## （一）是实现党对民办高校领导的必然要求

截至 2016 年底，我国的民办高校已达 742 所（含独立学院 266 所），在校生 634.06 万人，在校生占全国普通高校总人数的 23%[①]；民办高校成为我国社会主义高等教育事业的一个重要组成部分。尽管民办高校在领导体制、组织结构、运行模式等方面具有特殊性，但在坚持立德树人的办学目标上、在学校办学的政治方向上和育人导向上是一致的。办人民满意的社会主义大学是民办高校的重要责任。加强党对民办高校的领导，是党在新的历史时期提高执政能力、扩大执政基础、确保教育领导权的客观要求。2016 年 11 月，《民办教育促进法》修正案在总则中增加了第九条，民办学校中的中国共产党基层组织，按照中国共产党章程的规定开展党的活动，加强党的建设。这是在民办教育的发展历程上，第一次将加强民办高校党建工作写入国家法律，同时该法还明确要求民办学校应当对教师进行思想品德教育。2016 年 12 月，习近平总书记在全国高校思想政治工作会议的讲话中强调"要把民办高校纳入高校思想政治工作整体布局，完善体制机制"。2016 年 12 月 29 日，中共中央办公厅出台了《印发〈关于加强民办学校党的建设工作的意见（试行）〉的通知》（中办发〔2016〕78 号），该通知要求：领导思想政治工作和德育工作是民办高校党组织的首要政治责任。同日，国务院印发了《关于鼓励社会力量兴办教育促进民办教育健康发展的若干意见》（国发〔2016〕81 号），该意见要求：要把立德树人作为根本任务，把理想信念教育摆在首要位置，形成全员、全过程、全方位育人的工作格局，提高学生服务国家服务人民的社会责任感、勇于探索的创新精神和善于解决问题的实践能力。要把思想政治教育工作纳入学校事业发展规划，全面提升思想政治教

---

① 《2016 年全国教育事业发展统计公报》，2017 年 7 月 10 日，见 http：//www.moe.gov.cn/jyb_sjzl/sjzl_fztjgb/201707/t20170710_309042.html。

育工作水平。上述对加强民办高校党的建设与做好思想政治工作提出的具体要求都有待于在实践中落实。研究这一党和政府都广泛关注的问题，对于切实贯彻落实党和政府对民办高校的要求具有重要意义。

## （二）是民办高校特殊的办学体制和机制带来的必然命题

民办高校作为改革开放的产物，发展历史相对较短，学校办学过程中除了在早期举办者有少量的经费投入外，后期学校发展主要靠学费积累，重规模高于重效益。在民办高校，校舍、生源、资金和教师队伍等直接影响和制约学校的办学与发展，往往解决好这些问题是学校举办者和领导班子成员首先要解决的问题。而在党建与思想政治教育方面投入明显不足。

但民办高校现实的生源情况又往往在高考录取时属于最后批次，学生的学习兴趣、学习习惯和学习能力是不足的，需要民办高校努力落实"德育为先"的要求，加强对学生世界观、人生观和价值观的教育，加强对学生日常行为习惯的养成教育，又特别需要强化党建与思想政治教育工作，理性需求与现实投入产生了矛盾。尽管我国的民办高校举办者在办学之初大多抱着为国植贤、倾心办教育、不从办学中赢利等目的，但在学校的管理体制架构中，举办者大都直接参与学校管理，担任董事长兼校长的比较多，也有的集学校董事长、校长、党委书记于一身，董事长"收入一人知、支出一支笔、制度一人订、干部一人定"的现象普遍存在，"权力认可度低、群体凝聚力差、职工归属感弱、雇佣思想严重"①。也有的民办高校在办学过程中存在"举办者在举办其他产业中遇到风险、资金链断裂时，挪用借用资金帮助其陷入困境的其他产业走出危机"而给办学带来巨大风险的情况。② 学校办学思想不端正，功利思想严重，育人目标导向不明确，办学水平相对较

---

① 徐绪卿：《我国民办高校内部管理体制改革和创新研究》，中国社会科学出版社2012年版，第10页。
② 金成、王华：《经济回报、权力获得与自我实现——我国民办高校举办者办学动机探究》，《教育发展研究》2016年第21期。

低，社会美誉度不高，实现全员育人、全方位育人、全过程育人的要求面临更多的困难，学校大学生思想政治教育工作要完成的任务更艰巨，对工作的协同性要求更为迫切。

随着高等教育发展，高等教育市场已逐渐饱和，民办高校已置身于激烈的竞争环境中，并逐渐成为买方市场，也就是处于一种被考生选择的被动地位，社会需求量也在下滑。近年来也时常有民办高校招生不足或破产的报道见诸媒体。"民办高等教育要全面快速健康持续发展，赢得政府、社会和用人单位的关心、重视和支持，都需要坚持把德育放在首位，确保学校的方向和声誉，确保学生的水平和质量"①，在高等教育进入内涵式发展的今天，深入研究如何确立民办高校思想政治教育协同机制建设等深层次问题，既是在民办高校这一新型组织形态中加强党建与思想政治工作的需要，更是实现立德树人办学目标，也是回应社会对民办高校要提高办学质量要求的实际举措。

## （三）是提高民办高校思想政治教育水平的必然选择

民办高等教育在我国的发展历史还不长，办学经验还不丰富，目前民办高校大学生思想政治教育工作还呈现出较大的不平衡性，有效的协同工作机制尚未建立，这既有思想认识问题，也存在着缺乏工作指导问题。2012 年，在教育部党组的领导下和教育部思想政治工作司的指导下，全国民办高校党建研究会成立。以此为平台，研究会组织了面向全国的民办普通高校和独立学院的民办高校党的建设和思想政治工作优秀成果评选活动，评选活动每年一次，来自基层的实践经验与理论思考进行了交流。但从客观上讲，这些成果大多是实践经验的总结，缺少理论的分析与规律的探索。而民办高校具有的领导体制、运行机制、师生群体等的特殊性，使得民办高校大学生思想政治教育也呈现出与公办高校不同的特殊性，亟须理论的指导。同时，我们还

---

① 袁贵仁：《切实加强和改进民办高校德育工作》，《思想理论教育导刊》2004 年第 4 期。

看到，2017 年 9 月对民办高校的分类管理全面实施，一方面举办者对营利性或非营利性办学的选择将会对师生带来影响，通过思想政治教育工作，稳定民办高校良好的发展局面将成为学校举办者和管理者的现实需求。同时，提高人才培养质量，培育民办高校良好的社会声誉也将成为学校可持续发展的重要内容。另一方面，党和政府如何对不同类型的学校进行领导和管理也将成为现实问题，我们立足于民办高校工作现实开展的理论研究的成果必定可以为决策提供参考。

### （四）是满足研究者工作实践需要的必然路径

实践需要理论的指导。对于民办高校的思想政治教育工作者而言，将工作与研究相结合，才能使研究工作更扎实、更接地气，另一方面也才能使研究工作有的放矢，研究成果再反哺工作，使得我们的研究更具有价值。

## 四、研究的方法及实施方案

民办高校思想政治教育协同机制的研究，涉及马克思主义与思想政治教育、教育学、心理学等多个学科，需要多维度、多种研究方法进行分析论证，并尽量与工作相结合，开展实证研究。

### （一）主要研究方法

**马克思主义辩证分析方法**　这是本研究的主要方法。在分析研究民办高校思想政治教育主体、客体、介体、环体等面临的新形势新挑战的基础上，善于利用辩证的思维方式，总结、归纳和抽象分析民办高校大学生思想政治教育所独有的特性，再将问题置放于社会和高校的有机整体中去思考，置放于社会现实的各种相互影响、相互制约的关系中去分析，会帮助我们形成对此问题的相对深刻、全面的认识。

**文献研究法**　通过书籍、报纸、期刊、网络和数据库等媒介，广泛收集与本研究主题相关的国内外文献资料，主要的还是国内的文献资料。我们还特别重视对领导讲话、历年政策、历次相关会议等的收集，并在仔细阅读文献的基础上，加以梳理、分析、归类和述评，对课题的研究提供背景分析、例证支持、观点佐证和立论基础等。笔者所在的学校，建有中国民办高等教育研究院，拥有全国唯一的民办高等教育研究数据库，对全国所有的民办高校的基本办学情况均有数据反映，资源丰富，为研究工作提供了方便。

**调查研究法**　因本研究主要还是定位于面向现实、服务应用，需要开展访谈和问卷等调查。课题立项后，课题负责人及成员对广东、广西、贵州、山东、湖北、云南、山西、上海、江苏、内蒙古、宁夏、陕西、福建等10多个省份以及浙江省的杭州、台州、金华、衢州、湖州、绍兴、宁波等地市共60多所民办院校开展了调研工作，同时，还参与了省级的民办高校党建与思想政治工作专项调研，完成调研报告1份，研究报告1份。

**案例分析法**　浙江是全国民办教育综合改革试点的唯一省份，改革开放后的民办教育起点早、在高等教育领域的办学水平居于全国民办高等教育的前列。重点对浙江省改革开放以来民办高等教育的发展情况进行了回顾与总结，提炼出可供参考的经验。在此基础上，进一步全面总结了浙江民办高校党建与思想政治教育取得的成绩、存在的问题，并提出了今后不断创新发展的路径，努力使浙江民办高校的实践能上升为浙江经验，从而更好服务于其他区域民办高校的工作。

**系统分析法**　系统分析法是一种根据客观事物所具有的系统特点，从研究对象的整体出发，着眼于整体与部分、整体与结构、整体与环境等的相互联系和相互作用，以求得效果最大化的研究方法。本研究根据系统论的要求，对民办高校大学生思想政治教育开展了系统研究，并以协同论为基础理论，构建了民办高校思想政治教育协同机制模型，并分为五大平台，开展较为系统的研究。

**会议研讨法**　一方面，笔者利用参与国家社科基金重点项目《民办院校办学体制与发展政策研究》（课题批准号：AFA150012）高水平研究团队的有利契机，向该项目组织的专家会议的各位专家进行请教和研讨，特别是对民办教育治理结构中党组织的地位与作用、思想政治教育的有机协同等问题开展了讨论；另一方面，课题组也组织来自校内外思想政治教育工作者开展理论与实践相结合的研讨，通过互相启发、集思广益，使研究得以有效开展。

### （二）实施方案

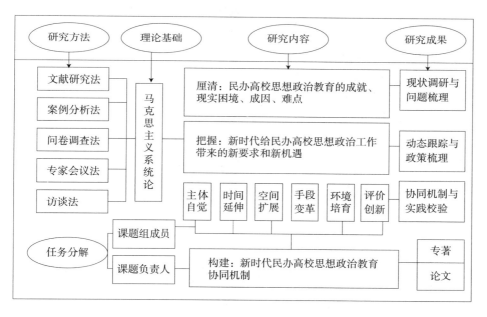

图 1-1　本项目实施方案及步骤示意图

## 第二节　文献综述与实践成果概述

我国新时期民办高等教育的恢复发展始于改革开放以后，对民办高校思想政治教育的研究时间则更晚一些。我们主要通过中国知网开展了相关研究情况的收集与梳理，并重点关注了历次全国高校党建工作会议、全国民办高校德育论坛等会议的情况。

# 一、对民办高校思想政治教育协同机制的研究综述

## （一）期刊文章

因本课题主要研究民办高校思想政治教育协同机制建设问题，我们在中国知网中从不同的角度开展了相关文献的收集和查阅，文献检索的时间范围从有记录到 2017 年 12 月 6 日。

从发表文章的数量看：我们以"民办高校""思想政治教育"为篇名进行检索，检索出 350 篇研究文章，以"民办高校""思想政治工作"为篇名进行检索，检索出 143 篇研究文章，以"民办高校""思想政治教育协同机制"为篇名进行检索，检索结果为零，这也充分说明了理论界对民办高校思想政治教育及其协同机制的研究还很少。上述三个方面的检索结果合计的篇数为 493 篇。我们又以"高校思想政治教育"为篇名进行检索，检索出 23528 篇研究文章，其中仅 2017 年就已公开发表 2149 篇，意味着公开发表的民办高校思想政治教育的 17 年的研究成果总和仅相当于高校思想政治教育 2017 年的 23%，充分反映了民办高校思想政治教育研究的局限。

文章以年度分大致如表 1-1 所示。

**表 1-1　公开发表的相关理论文章年度统计表**

| 检索词 | | | | | | | | | | |
|---|---|---|---|---|---|---|---|---|---|---|
| 民办高校、思想政治教育 | 年度 | 2000 | 2001 | 2002 | 2003 | 2004 | 2005 | 2006 | 2007 | 2008 |
| | 篇数 | 1 | 3 | 2 | 1 | 6 | 5 | 5 | 10 | 7 |
| | 年度 | 2009 | 2010 | 2011 | 2012 | 2013 | 2014 | 2015 | 2016 | 2017 |
| | 篇数 | 18 | 21 | 31 | 29 | 27 | 42 | 45 | 60 | 37 |

续表

| 检索词 | | | | | | | | | | |
|---|---|---|---|---|---|---|---|---|---|---|
| 民办高校、思想政治工作 | 年度 | 2000 | 2001 | 2002 | 2003 | 2004 | 2005 | 2006 | 2007 | 2008 |
| | 篇数 | 2 | 3 | 4 | 1 | 4 | 0 | 7 | 1 | 4 |
| | 年度 | 2009 | 2010 | 2011 | 2012 | 2013 | 2014 | 2015 | 2016 | 2017 |
| | 篇数 | 6 | 8 | 8 | 15 | 12 | 19 | 13 | 27 | 9 |
| 民办高校、思想政治教育协同机制 | 年度 | 各年度未发现相关成果 | | | | | | | | |
| | 篇数 | | | | | | | | | |

从主要研究者的分布看:

通过对 350 篇文章作者的分析,我们看到民办高校思想政治教育的研究者中单个作者的产量不高,最高的一位作者发表了 5 篇相关文章,一位作者发表了 4 篇,三位作者发表了 3 篇,有三十位作者发表了 2 篇相关文章,大部分作者仅有 1 篇,说明研究未能持续深入地开展,研究存在偶发现象。我们对发表论文相对较多的作者的身份进行分析,看到主要还是民办高校的思想政治教育工作者。

### 表 1-2 民办高校思想政治教育主要研究者统计表

| 发表篇数 | 姓名 | 单位 | 发表篇数 | 姓名 | 单位 |
|---|---|---|---|---|---|
| 5 | 曾昭伟 | 长沙医学院 | 4 | 吕春燕 | 黄河科技学院 |
| 3 | 宋博 | 郑州大学 | 3 | 李飞 | 三江学院 |
| 3 | 周倩 | 郑州大学 | 3 | 蔡玉生 | 黑龙江东方学院 |
| 2 | 张善蕊 | 福州外语外贸学院 | 2 | 张峰 | 三江学院 |
| 2 | 郑香妞 | 黄河科技学院 | 2 | 杨慧莹 | 三江学院 |
| 2 | 沈树永 | 上海建桥学院 | 2 | 张书明 | 西京学院 |
| 2 | 葛君梅 | 吉林华桥学院 | 2 | 李姝琦 | 西安培华学院 |

从表 1-2 中统计的 14 位作者来看,其中 12 位来自民办高校,总体上还

是体现了服务于工作实践需要的研究导向。

从研究内容看：

对民办高校思想政治教育重要性的阐述：最早见诸报刊的相关文章为黄河科技学院创始人、时任学校党委书记胡大白 2000 年 8 月 2 日发表在《光明日报》上的文章《民办高校更要加强党建与思想政治工作》，文章主要从三个方面阐述了民办高校比公办高校更需要加强党建与思想政治工作的重要性和迫切性，主要观点有：其一，为了坚持社会主义办学方向，全面贯彻党的教育方针，培养社会主义事业的建设者和接班人，民办高校必须比普通高校更加重视加强党的建设和思想政治工作。其二，为了坚持以质量求生存，以特色求发展，大部分民办高校在实力较弱、条件较差的情况下，要把综合素质较差的生源培养成优秀人才，必须比普通高校更加重视加强党的建设和思想政治工作。其三，为了坚持艰苦奋斗、勤俭办学的优良作风，建立自立更生、自强不息、自我积累、滚动发展的运行机制，民办高校必须比普通高校更加重视加强党的建设和思想政治工作。同年 12 月，她在《黄河科技学院学报》上发表《论民办高校的思想政治工作》，进一步从理论上阐述加强民办高校思想政治工作的必要性和重要性。这一阐述旗帜鲜明地提出了加强民办高校思想政治工作这一重要命题。

2001 年，时任教育部社会科学研究与思想政治工作司副司长靳诺撰文，强调要重视加强民办高校的党建、思想政治工作和德育工作。文中特别强调：民办高校不仅仅是一个知识传授的办学机构，它也有对所培养的人才、对所培养的青年学生进行价值引导的责任。要重视和探索民办高校思想政治工作和德育工作的体制和机制。①

对民办高校思想政治教育机制的阐述：宋斌等在《关于民办高校思想政治工作的几点思考》一文中提出要建立健全具有民办学校特色的思政工

---

① 靳诺：《重视加强民办高校的党建、思想政治工作和德育工作》，《中国高教研究》2001 年第 7 期。

作机制，并重点建好董事会领导下的党政主要领导负责的稳定工作机制、党政工团齐抓共管的思想政治工作机制、思想政治工作经费投入的保障机制。

费鹤祥等在国内比较早地阐述了民办高校思想政治工作机制的概念。2009 年，他们在《论民办高校思想政治工作机制创新》一文中指出：民办高校思想政治工作机制就是指民办高校思想政治教育运行过程中各构成要素的相互关系以及各种变化的相互联系，包括思想政治教育过程中各个侧面和层次的整体性功能及其规律，运行所依据的原理和原则，运行中各部分之间的相互作用以及和思想政治教育系统之外的其他系统之间的交互作用等。文章对民办高校思想政治工作机制的构成要素即思想政治工作运行的主体、运行的目的、运行的动力、运行的环境、运行的控制、运行的方式、运行的程序和运行的保障等八个方面的要素展开了分析。①

河北师范大学刘爱玲《民办高校思想政治工作特点及机制创新研究》的硕士学位论文是全国最早以民办高校思想政治工作为选题的硕士学位论文，该研究以河北省民办高校思想政治工作为切入点，通过实地考察和问卷调查等方法，在全面了解民办高校思想政治工作的基础上，对民办高校现有的思想政治工作现状进行分析，为研究当下民办高校思想政治工作中存在的问题奠定了基础。重点探讨民办高校思想政治工作的运行机制，提出了做好民办高校思想政治工作应处理好的几种关系。

对民办高校思想政治教育客体的阐述：章清等（2004）指出，民办高校学生存在教育成本意识相对较高、学习素质相对较低、自信心相对不足等特殊性，在开展思想政治工作过程中，面临特有的个体与整体、水平与要求、互联网与教育管理等的矛盾。该文特别指出："民办高校应充分发挥机制灵活的优势，探索建立新型的思想政治工作机制，打破原来属于党委的德育工作体系和隶属于行政的智育工作体系'两张皮'的工作格局"，文章还

---

① 费鹤祥等：《论民办高校思想政治工作机制创新》，《思想教育研究》2009 年第 11 期。

提出要加大思想政治工作技术含量，突出工作的时代性。[①] 汪欢（2015）则认为：民办高校存在与学生联系最紧密的授课老师和辅导员流动性大，学生的学习能力及综合素质差异大，学校结构复杂等思想政治工作主体、客体、环境等的特殊性。

对独立学院思想政治教育的阐述：独立学院在内部管理上必须按新机制、新模式运作，并实行董事会领导下的院长负责制。在这种介于公办高校与民办高校之间的办学模式下，党组织如何开展工作，如何加强师生的思想政治工作，如何开展好学生思想政治教育，这是个亟待探讨的新课题。2000年12月宁波大学科技学院教师胡坚达在《宁波大学学报》上发表《民办高校学生思想政治教育初探》，在分析民办高校学生特点的基础上，率先在国内探索了独立学院加强学生思想政治教育这一新要求，并提出了构建"党政结合、教管结合、家校结合"三位一体的学生思想政治教育新模式。2005年，郑鹰在《独立学院党建及思想政治工作初探》一文中比较早地关注到独立学院的党建问题，文章通过分析目前独立学院在党建及师生思想政治工作方面存在的新问题、新矛盾，初步探讨了解决这些问题和矛盾的对策。

其后，越来越多的民办高校的举办者、管理者和工作者围绕推动民办高校思想政治教育（思想政治工作）方面，展开了丰富的实践和理论研究，形成关于民办高校思想政治工作和思想政治教育的理论成果。

（二）专著出版

2014年教育部思想政治工作司组织开展了全国高校德育文库工作，部分反映民办高校党建与思想政治工作的专著或编著入选。其中，浙江树人大学章清、宋斌所著的《民办高校校园文化建设——以浙江树人学院为视角》

---

[①] 章清、金劲彪：《民办高校学生特点及思想政治工作》，《浙江树人大学学报》2004年第2期。

一书，针对民办高校的特点，总结分析了民办高校校园文化建设中取得的成就、存在的问题、现实意义和建设条件；以浙江树人学院的校园文化建设为基本研究点，沿着学校校园文化建设的历史脉络，总结校园文化建设所取得的成果，力求探索出民办高校校园文化建设特有的规律。

长沙医学院何彬生主编的《民办高校党建和思想政治工作研究》一书，从全球化背景下民办高校党建和思想政治工作面临的机遇和挑战出发，围绕为什么要加强民办高校党建和思想政治工作、党建和思想政治工作做什么、怎么做、谁来做等问题，论述了民办高校党建工作的特殊性及其在思想政治教育中的地位和作用、任务和要求，提出了民办高校党建和思想政治工作科学化、规范化建设目标。

广东工商学院邝邦洪等主编的《立德树人之路——来自广州工商学院的探索与实践》一书，系统总结了广州工商学院在立德树人过程中的经验，是一次融合了理论思考与实践探索的德育成果汇报。

尽管民办高校思想政治工作的研究取得了长足的进步，但是目前尚未有公开发表的对民办高校思想政治工作协同机制的认识的研究成果，仅有部分相关成果。如王相东（2014）提出：要构建民办高校内部思想政治教育合力机制。秦小刚（2016）指出：民办高校思想政治教育工作刚刚起步，很多还是停留在完成上级要求的层面上，多被动性地开展工作，自主创新不够，缺乏系统性，合力作用没有形成。蔡玉生等（2016）认为：思想政治工作与学校整体教育体系分离的弊端加剧，不利于学生思想政治教育同教学管理等其他工作协同创新。学校的最高决策机构董事会掌握着学生思想政治教育工作重大问题的决策权。在民办高校建立有效的党领导学生思想政治教育工作的体制机制本身就是独特创举，应该成为民办高校学生思想政治教育的特色。

综观学者对上述问题的研究，我们看到：从总体上对民办高校思想政治工作的认识还停留在学生思想政治教育层面少，缺少从马克思主义整体观的角度对民办高校思想政治工作协同机制的研究。目前国内外对这个问题的研究基本上还是空白。

## 二、主要会议概况

民办高校党建与思想政治教育的开展过程中，会议是民办高校之间沟通情况、探索路径和交流经验的良好途径。我国民办高校党建与思想政治教育从自发到自觉、从不规范到完善、从零散到形成体系，在这个过程中，各民办高校结合实际，开展了很好的探索，并通过会议的形式，使这些有益的经验成为共识。

### （一）参加全国高校党建工作会议情况

1990 年，中共中央颁发了《关于加强高等学校党的建设的通知》。当年，中央组织部、中央宣传部和中共国家教委党组联合召开了第一次全国高校党建工作会议。但在前十年中，一直没能见到民办高校的身影。2000 年黄河科技学院和江西蓝天学院出席第九次全国高校党建工作会议，这是会议举办十年来第一次吸纳民办高校的代表参加。2003 年起，西京学院、浙江树人大学、青岛滨海学院、黑龙江东方学院等民办高校分别在全国高校党建工作会议上做了典型发言，到 2014 年止，共有 9 所民办高校（含独立学院、中外合作大学）的党组织和上海市民办高校党工委在全国高校党建工作会议上做了交流发言，集中展示了全国民办高校党建与思想政治工作的成就。各民办高校典型发言情况详见表 1-3。

表 1-3　历届全国高校党建工作会议上民办高校做典型发言情况一览表

| 时间 | 会议 | 发言单位 | 发言主题 |
|---|---|---|---|
| 2003 年 10 月 | 第十二次 | 西京学院 | 夯实民办高校党建工作基础，切实做好发展党员工作 |
| 2005 年 12 月 | 第十四次 | 浙江树人大学 | 实施"先锋工程"，探索民办高校党建工作新路子 |
| 2006 年 12 月 | 第十五次 | 青岛滨海学院 | 建设平安和谐的民办大学校园 |

| 时间 | 会议 | 发言单位 | 发言主题 |
|---|---|---|---|
| 2008 年 12 月 | 第十七次 | 黑龙江东方学院 | 加强党建工作　促进民办高校健康发展 |
| 2010 年 12 月 | 第十九次 | 中共上海市民办高校工委 | 围绕中心抓党建　服务大局促发展 |
| 2012 年 1 月 | 第二十次 | 北京城市学院 | 以高质量党建保障民办大学建设 |
| 2013 年 1 月 | 第二十一次 | 武汉生物工程学院 | 典型引领　促进学生成长成才 |
| | | 宁波诺丁汉大学 | 明确定位　创新渠道　探寻接点，开创中外合作高校党建工作新思路 |
| 2013 年 12 月 | 第二十二次 | 云南工商学院 | 未查到 |
| 2014 年 12 月 | 第二十三次 | 郑州科技学院 | 加强思想引领　强化服务功能　推动民办高校立德树人取得新成效 |

## （二）组织民办高校德育论坛情况

2001 年，全国高教学会高校思想政治教育研究会在河南省郑州市召开了第一届民办高校思想政治教育工作研讨会，将民办高校思想政治教育工作正式纳入视野。

2002 年 6 月，由全国高等学校思想政治教育研究会主办，上海民办高校党委、上海建桥学院承办的第二届全国民办高校思想政治教育研讨会在上海举行，会议取得了六点共识，找出了存在的七个方面的问题，提出了六点对策与建议。

2004 年 3 月，第三届全国民办高校思想政治教育研讨会在京举行。本届研讨会以探讨民办高校学生思想政治工作的特点及民办高校德育面临的新情况、新问题为主要内容。与会代表形成共识，在我国民办高校由单纯依靠政府办学向多种办学模式共同发展的形势下，进一步加强对民办高校大学生的思想政治教育，增强其针对性和有效性应摆在更加重要的日程。各民办高校一定要以扎实有效的工作，开创新时期民办高校思想政治教育工作的新局面。在这次会议上，全国高等学校思想政治教育研究会拟筹划设立"民办高校德育专题委员会"，以推动和促进民办高校德育工作深入有效地开展。从第四届开始，更名为"民办高校德育论坛"。

2005 年 6 月，全国高等学校思想政治教育研究会民办高校德育委员会成立会暨第四届民办高校德育论坛在京举行。论坛围绕"如何拓宽民办高校学生思想政治教育的有效途径"等议题展开讨论，集中探讨了民办高校德育工作面临的新情况、新问题。时任教育部副部长袁贵仁到会并作重要讲话，他对民办高校加强大学生思想政治教育工作提出了指导意见。教育部社政司有关负责人表示，主管思想政治工作的司局及相关职能部门将与全国民办高校德育工作委员会一起为民办高校的德育工作提供更好的支持，创造更好的发展空间和平台。在这次会议上，通过了民办高校德育委员会名单，选举了委员会主任和副主任，北京城市学院党委副书记、常务副校长刘林同志被选举为民办高校德育委员会第一届会长。

2006 年 1 月，由全国高校思想政治教育研究会主办、浙江树人大学承办的第五届全国民办高校德育论坛在浙江省杭州市召开。会议主题是以中央 16 号文件精神为指引，回顾总结民办高校德育研究的新进展，科学认识全国民办高校德育工作面临的形势和任务，分析探讨民办高校德育工作的特点和规律，进一步推进民办高校的德育研究工作。

2007 年，第六届全国民办高校德育论坛在吉林省长春市举行，本届论坛以《中共中央　国务院关于进一步加强和改进大学生思想政治教育的意见》精神为指引，回顾总结民办高校德育研究的新进展，科学认识民办高校德育工作面临的形势和任务，分析探讨民办高校德育工作的特点和规律。论坛就民办高校党建工作研究、民办高校辅导员队伍建设现状及对策、民办高校不稳定因素探查及维护稳定工作研究、民办高校学生教育与管理模式的改革与创新研究等方面开展理论研讨。

2008 年 10 月，第七届全国民办高校德育论坛在江西省南昌市举行，会议就加强大学生的思想政治教育进行专题研讨。与会代表还就各校近年来德育工作的新思路、新做法、新经验进行了交流，并就社会主义核心价值体系融入学生教育全过程、加强大学生素质教育、新形势下加强和改进大学生思想政治教育的途径和方法、学校德育工作的整体规划与系统实施、大学生思想政治教育队伍建设现状及对策、和谐校园建设、大学生党员发展和基层党组织建设等问题进行了探讨。

2010 年 8 月，第八届全国民办高校思政教育论坛暨党委书记座谈会在北京召开。论坛以"民办高校党建与思想政治教育"为主题，就民办高校党建与思想政治教育工作面临的新情况、新问题、新思路、新经验进行了广泛交流与深入探讨，并研讨筹建"中国民办教育协会高校党委书记联席协作会"，以期进一步加强全国民办高校党组织之间的联系和交流，促进共同提高。

2011 年 8 月，第九届全国民办高校德育论坛在湖北省宜昌市召开，会议围绕"民办高校党的建设科学化与民办教育可持续发展"的主题，开展了广泛的交流与探讨。

2014 年 5 月，第十届全国民办高校德育论坛在广东省广州市举行，会议围绕"落实立德树人根本任务，积极培育和践行社会主义核心价值观"这个主题进行了探讨。

2015 年 5 月，第十一届全国民办高校德育论坛在河南省郑州市举行，本届论坛由全国民办高校德育研究会主办，郑州大学西亚斯国际学院承办，以"加强中华优秀文化教育，弘扬社会主义核心价值观"为主题。

2016 年 12 月，第十二届全国民办高校德育工作研讨会暨第四届全国民办高校党建工作研讨会在北京召开，会议由教育部思想政治工作司指导，全国民办高校党建研究分会、全国民办高校德育研究分会主办，这是首次将德育论坛与党建工作年会合并举行。此次会议的举行，正值全国高校思想政治工作会议召开、全国人大审议通过《全国人民代表大会常务委员会关于修改〈中华人民共和国民办教育促进法〉的决定》之际。大会以"深入贯彻十八届六中全会精神，加强民办高校党的建设"为主题，学习贯彻党的十八届六中全会精神，学习习近平总书记系列重要讲话和治国理政新理念新思想新战略，总结交流民办高校党建和思想政治工作与立德树人的典型经验和先进做法，表彰第四届全国民办高校党的建设和思想政治工作优秀成果和德育工作优秀论文，研讨加强党对民办高校的领导、加强和改进民办高校党建和思想政治工作。上述会议简况也可以通过表 1-4 反映。

**表 1-4  历届民办高校德育论坛情况一览表**

| 时间 | 会议名称 | 地点 | 会议主题 |
| --- | --- | --- | --- |
| 2001 年 | 第一次民办高校思想政治教育工作研讨会 | 郑州 | 民办高校思想政治教育 |
| 2002 年 | 第二届全国民办高校思想政治教育研讨会 | 上海 | 民办高校思想政治教育 |
| 2004 年 | 第三届全国民办高校思想政治教育研讨会 | 北京 | 探讨民办高校学生思想政治工作的特点及民办高校德育面临的新情况、新问题；筹划设立"民办高校德育专题委员会" |
| 2005 年 | 全国高等学校思想政治教育研究会民办高校德育委员会成立会暨第四届民办高校德育论坛 | 北京 | 如何拓宽民办高校学生思想政治教育的有效途径 |
| 2006 年 | 第五届全国民办高校德育论坛 | 杭州 | 以中央 16 号文件精神为指引，推进民办高校的德育研究工作 |
| 2007 年 | 第六届全国民办高校德育论坛 | 长春 | 回顾总结民办高校德育研究的新进展 |
| 2008 年 | 第七届全国民办高校德育论坛 | 南昌 | 就加强大学生的思想政治教育进行专题研讨 |
| 2010 年 | 第八届全国民办高校思政教育论坛暨党委书记座谈会 | 北京 | 研究民办高校党建与思想政治教育，筹建"中国民办教育协会高校党委书记联席协作会" |
| 2011 年 | 第九届全国民办高校德育论坛 | 宜昌 | 民办高校党的建设科学化与民办教育可持续发展 |
| 2014 年 | 第十届全国民办高校德育论坛 | 广州 | 落实立德树人根本任务，积极培育和践行社会主义核心价值观 |
| 2015 年 | 第十一届全国民办高校德育论坛 | 郑州 | 加强中华优秀文化教育，弘扬社会主义核心价值观 |
| 2016 年 | 第十二届全国民办高校德育工作研讨会暨第四届全国民办高校党建工作研讨会 | 北京 | 学习《民办教育促进法》，加强和改进民办高校党建和思想政治工作 |

历届民办高校德育论坛紧紧围绕民办高校大学生思想政治教育的时代要

求，开展了经验交流和理论探索，形成了一个良好的会议传递经验的机制。

### （三）组织民办高校党建工作论坛情况

2012 年，在教育部思想政治工作司的指导下，全国民办高校党建研究分会成立。其后，研究会在西安、大连、厦门、北京分别召开了 4 届"全国民办高校党建工作论坛"。成功举办了 4 届"全国民办高校党的建设与思想政治工作优秀成果评选"活动和 3 次年度优秀论文评选活动；配合教育部思政司于 2012 年 7 月完成了教育部在上海召开的"全国民办高校党的建设工作座谈会"及在西安、吉林、杭州三地召开的"民办高校党建工作调研座谈片组会"的组织、联系工作。同时，对全国 644 所（其中民办普通高校 383 所，独立学院 261 所）民办高校开展了党建专题调研，完成了可供主管部门进行决策参考的调研报告；自 2014 年开始，研究会组织实施了 2 期"全国民办高校党建与思想政治工作骨干培训班"；编辑出版了《探索与创新——全国民办高校党的建设与思想政治工作优秀成果集》。研究会的活动得到了中组部、教育部有关部门领导及各省、自治区、直辖市党委教育工作部门、教育厅（教委）的大力支持以及全国各地民办高校的积极响应，并产生热烈反响。全国民办高校党建研究分会持续开展的民办高校党的建设理论与实践问题的研究，有力地推动了民办高校党建工作科学化水平不断提升，促进了民办高等教育事业持续健康发展。

2017 年 11 月 19 日，教育部在武汉东湖学院召开全国民办高校党建工作推进会，贯彻落实党的十九大精神，学习贯彻习近平新时代中国特色社会主义思想，研究部署进一步加强民办高校党建工作的举措安排。会议要求：深入学习宣传贯彻党的十九大精神，是当前和今后一个时期民办高校的首要政治任务和头等大事。各地各民办高校党委要提高政治站位，用十九大精神统领民办高校党的建设，始终把牢正确政治方向、正确办学方向、正确服务面向，完善体制机制，延伸工作手臂，促进民办高校党的建设和思想政治工作全面提升、全面加强。要强化政治核心，扎实推进党的组织和工作覆盖，选育管并举建强党组织书记队伍，推动党的领导与民办高校法人治理有机融合。要加强政治建设，进一步强化和发挥民办高校党组织政治把关、思想教育、团结引领功能，着力提升思想政治工作质量和水平。要严格政治责任，落实好党委教育工作部门直接责任、民办高校党委主体责任，强化民办高校党的建设督查落实责任，把管党治党这一根本政治责任承担起来，切实把民办高校党的建设抓实抓好。在这次会议上，有关省份交流了近年来抓实抓好民办高校党建工作的创新做法和主要经验，这些发言摘登在 2017 年 11 月 20 日的《中国教育报》上。会议发言情况见表 1-5。

表 1-5　2017 年全国民办高校党建工作推进会发言情况汇总表

| 序号 | 发言单位 | 主要内容 |
| --- | --- | --- |
| 1 | 中共北京市委教育工作委员会 | 切实发挥民办高校党组织政治核心作用 |
| 2 | 中共江苏省委教育工作委员会 | 着力加强民办高校党员队伍建设 |
| 3 | 中共湖北省委教育高等学校工作委员会 | 不断提升民办高校思想政治工作质量 |
| 4 | 中共广东省委教育工作委员会 | 建立健全民办高校党组织参与决策和监督机制 |
| 5 | 中共陕西省委高等教育工作委员会 | 通过强化指导规范管理提升民办高校党建工作水平 |

2018 年 2 月 3 日，由中国民办教育协会组织的全国民办教育党建工作推进会在无锡太湖学院召开，教育部副部长孙尧在讲话中指出，要求民办学校要坚定政治方向，在立德树人上下功夫，在牢牢把握意识形态工作领导权上下功夫，在加强思想政治工作上下功夫，要让民办学校党建工作焕发生机活力。这次会议上，宣布成立中国民办教育协会民办学校党建工作委员会和全国民办学校党建研究中心，搭建了全国范围内民办教育党建工作及研究的新平台。

通过对各类会议，特别是民办高校党建工作会议的情况来看，对民办高校党建与思想政治教育的认识正在逐步提高，实践探索逐步深入，对规律的认识也在逐步清晰，民办高校党建与思想政治工作的水平也在逐步提高，为实现立德树人的办学目标，为培养社会主义事业的建设者和接班人奠定了坚实的政治基础，为办好人民满意的高等教育提供了强有力的组织保障。

### 三、实践成果概述

笔者所在的学校集聚了一批有志于民办高校思想政治教育工作的管理者和研究者。他们根据特殊的体制与机制、特殊的主体与客体等现实情况，以问题为导向，服务于工作需要，开展了一系列研究与实践。

### （一）结合"成才规划"的制订及实施关注到协同性问题（2002—2008 年）

"成才规划"是笔者所在的学校在大学生思想政治教育工作中开展的一项原创性活动，之所以实施这项活动，是基于民办高校学生实际。在工作实践中，我们发现，学习目的性不强、学习习惯不好、学习能力不高、学习素质相对较低是我校学生的一个较为明显的特点。始于 2002 年的这一活动通过指导大学生结合自身实际，对每个学习阶段的知识、能力、素质等方面规划预期目标，并通过周期性的评价和绩效监控，使学生在自我设计、自我激励、自我约束过程中，增强自我效能感、促进自信成才。其本质特征既是以大学生全面发展为目标的综合性育人过程，又是以学生自我激励为基础的自主成才过程。

在探索实施这一工作的同时，我们深深地感受到思想政治教育不仅仅是专职思想政治教育者的责任，更是需要全员育人，从而对民办高校思想政治教育的协同性有了关注和思考，并初步形成了基于"成才规划"的显性课程与隐性课程协同教育模式。

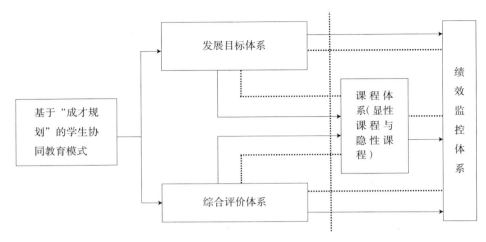

图 1-2　基于"成才规划"的学生协同教育模式

## （二）结合思想政治理论实践教学改革开始协同机制研究（2009—2012 年）

自 2009 年 9 月起，学校思想政治理论教学按照"课堂教学"、"学期内实训实践"和"暑期校外社会实践"三个板块构成的要求，开始在学生中实施思想政治理论实践教学的改革与探索。整合理论教学、校内实训、校外实践等多种模式和力量，逐步探索了全新的协同育人的《思想政治理论实践教学教程》，并构建了基于思想政治理论课实践教学改革设置的学生思想政治教育协同机制，这一探索获得校教学成果一等奖。

## （三）结合高等教育改革逐步凝聚研究方向（2013 年至今）

在开展"成才规划"和思想政治理论课教学改革的过程中，团队逐渐形成，有定期的学术研讨会和日常交流沟通机制，共同分享研究体会。同时我们也深刻地体会到，"成才规划"不仅仅只是一个引领学风建设的机制，更是一个将社会主义核心价值观内化到大学生的思想政治教育的平台；不仅仅是一个学生评价的导向体系，更是一个学校服务青年学生德智体美劳全面

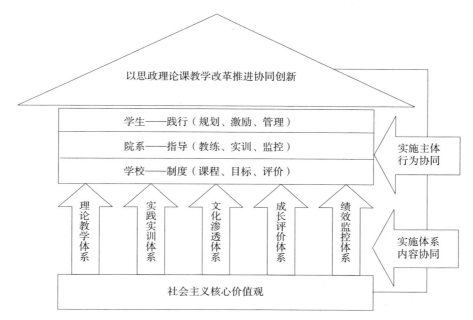

图 1-3　基于思想政治理论课实践教学改革设置的学生思想政治教育协同机制

发展的协同工作机制；思想政治理论课不再只局限于课堂，而须建设课内课外、校内校外的协同教育机制等。新形势下，这一工作机制的探索需要进一步深化，团队逐步形成，并着力于如何构建一个科学有效的民办高校思想政治教育协同机制的研究与实践。

民办高校思想政治教育协同机制的内涵包含两方面的内容：一是通过机制的运行来厘清各个系统之间的关联，找出它们之间非线性的相互作用以及各自独立运行的特点；二是通过机制的运行来强化系统之间的关联运动，使得整个思想政治教育系统有序、稳定且高效地工作，实现协同育人的效应。基于此，团队结合所在高校实际出发，拟构建以社会主义核心价值观为引领的民办高校思想政治教育协同机制，并力图结合团队成员的工作实际，在工作中进行验证性研究，不断探索民办高校大学生思想政治教育的规律，并在规律的指引下，更有效地指导工作和提炼理论成果。

图 1-4 表示了民办高校思想政治教育协同机制及运行是一个不断路径

选择，具体实施、过程监控、评价反馈，再路径修正、新的具体实施的运转循环互动过程。模型确定了协同机制的内核及其所涵盖的重要内容，将其细化为操作性较强的实践方案，其目标指向就是努力促进思想政治教育的创新发展。这成为团队研究的总体目标。

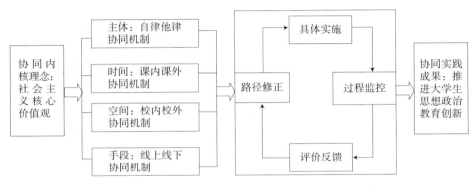

图 1-4　民办高校思想政治教育协同机制及运行模型图

尽管研究取得一定的理论成果和实践经验，但尚未形成完善的民办高校思想政治教育协同机制，需要继续深入研究与实践校验。

## 第三节　相关的概念及选择

对概念的认识过程就是对研究内容逐渐清晰的过程，特别是在选择研究高校思想政治工作还是思想政治教育的问题上，我们进行了较为系统的梳理和深入的分析，并选择了民办高校思想政治教育协同机制作为研究的主要对象，使我们的研究方向逐渐凝练，研究对象逐渐清晰。

### 一、思想政治教育近似相关概念

思想政治教育是思想政治教育二级学科的核心范畴，是学科中重要的基础性概念，是思想政治教育全部学科理论研究的前提和基础，在学科范畴体系中处于主要和支配地位。但在思想政治教育相关的概念中，人们通常还用到政治工作、思想工作、思想政治工作等。特别是思想政治教育与思想政治工作这两个概念，人们通常将两者视为可通用或代替，但是研究我国思想政治教育学科的发展脉络，我们还是能分析出不同概念之间存在着本质的差异。

## （一）政治工作

政治工作是源于政治的需要而产生的概念，它是指一定的阶级、政党、团体为实现自己的纲领和根本任务而进行的活动。[①] 具体地说，阶级斗争、政权建设、党的组织工作、统战工作、纪检工作、干部工作等都是属于政治工作的范畴。以郑永廷教授为代表的专家认为，政治工作是整体，思想政治工作和思想政治教育等都是政治工作的组成部分。

## （二）思想工作

思想工作是指一定的阶级、政党、组织帮助人们树立与社会发展需要一致的思想，改变偏离社会发展要求的思想所进行的活动。[②] 思想工作既包括政治性的思想工作，也包括非政治性的思想工作。

## （三）思想政治工作

思想政治工作是在政治工作和思想工作两个概念的基础上发展而来的，它是与思想政治教育关系最近的一个概念。1951 年刘少奇在第一次全国宣传工作会议上提出了"思想政治工作"这个概念，强调执政条件下党的思想政治工作的必要性更加提高了，更加需要加强党的思想领导。但在报告中

---

① 张耀灿、徐志远：《思想政治教育及其相关重要范畴的概念辨析》，《思想·理论·教育》2003 年第 Z1 期。

② 张耀灿、郑永廷等：《现代思想政治教育学》，人民出版社 2006 年版，第 50 页。

对概念未作阐释。1957 年毛泽东在《关于正确处理人民内部矛盾的问题》中讲道"在知识分子和青年学生中间，最近一个时期，思想政治工作减弱了，出现了一些偏向。在一些人的眼中，好像什么政治，什么祖国的前途、人类的理想，都没有关心的必要。好像马克思主义行时了一阵，现在就不那么行时了。针对着这种情况，现在需要加强思想政治工作。思想政治工作，各个部门都要负责任"，他连续讲到了思想政治工作，也大致对思想政治工作的任务作了界定。1964 年《人民日报》"元旦社论"中指出"思想政治工作就是使人革命化的工作，就是用社会主义和共产主义的思想武装人们的头脑的工作，就是用马克思列宁主义的普遍真理和中国具体的实际相结合的毛泽东思想，来武装人们头脑的工作"[1]，这是党和政府对思想政治工作进行的官方阐述。1983 年 7 月，中共中央关于批转《国营企业职工思想政治工作纲要（试行）》的通知里专门讲道"职工思想政治工作，主要是指职工的思想政治教育，它是党的政治工作的一个重要组成部分，但不是政治工作的全部"。

学界对思想政治工作概念的认识也比较多。1995 年谢祖鹏提出："思想政治工作主要是根据党的政治原则、政治立场、政治方向等，围绕人们在思想意识、思想观念和思想方法等方面存在的或可能存在的问题所开展的群众性思想工作，是一种以疏导为主的辅助性思想工作，就是以党领导的各级各类群众为主，如工会、共青团、妇联等到群众组织，开展横向联系，广泛听取群众意见，协助党的各级宣传部门，进行群众性的思想工作，以保证党的路线、方针、政策顺利地贯彻执行。" 2003 年张耀灿等人主张："思想政治工作是政治工作中的思想部分和思想工作中的政治性部分的总和"[2]。前者主要指解决人们的世界观、政治观、法制观等方面的思想工作，后者是指政

① 中共中央文献研究室编：《建国以来重要文献选编》第十八册，中央文献出版社 1998 年版，第 5—6 页。

② 张耀灿、徐志远：《思想政治教育及其相关重要范畴的概念辨析》，《思想·理论·教育》2003 年第 Z1 期。

治性的思想工作。思想政治工作是做人的工作，是要解决人们的思想、观点、立场问题，以提高人们的思想政治觉悟和认识世界改造世界的能力。实际上，对这个概念的认识仍在不断深化中。

## 二、思想政治教育

思想政治教育是中国共产党在进行思想政治教育理论建设和实践探索中提出和使用的，从历史线索和逻辑发展来看，这一概念的形成大致经历了"政治工作—政治思想工作—思想政治工作—思想政治教育"的历程。1984 年我国高校成立了思想政治教育专业，思想政治教育学科建设开始起步，对思想政治教育的内涵、本质、特征等的分析也随之展开。研究者们从不同视角阐述了对思想政治教育的认识，具有代表性的主要观点见表1-6。

表 1-6　学界对"思想政治教育"的代表性观点一览表

| 学者 | 主要观点 | 来源及时间 |
|---|---|---|
| 陆庆壬 | 是一定的阶级或政治集团，为实现一定的政治目标，有目的地对人们施加意识形态的影响，以期转变人们的思想，进而指导人们行动的社会行为 | 《思想政治教育学原理》，复旦大学出版社 1986 年版 |
| 邱伟光 | 培养、塑造一定社会新人思想道德素质的教育实践活动，包括思想教育、政治教育、道德教育 | 《思想政治教育学概论》，天津人民出版社 1988 年版 |
| 王礼湛 | 是社会有组织地定向引导人们形成符合特定社会和时代以及人类自身发展要求的思想政治观点和行为品格的教育工程 | 《思想政治教育学》，浙江大学出版社 1989 年版 |
| 李春 | 是研究人们的社会主义、共产主义思想、意识和道德品质形成，发展的规律以及如何按照这些规律实施教育的科学 | 《高校思想政治教育概论》，河北教育出版社 1989 年版 |
| 陆庆壬 | 是受政治制约的思想教育，是侧重于思想理论方面的政治教育，是思想教育与政治教育互相交叉、互相渗透、互相结合并融为一体的社会实践活动 | 《思想政治教育学原理》，天津人民出版社 1991 年版 |

| 学者 | 主要观点 | 来源及时间 |
|---|---|---|
| 邹学荣 | 一定的阶级、政党或社会群体，为实现一定的政治目标，用本阶级的思想去教育人们和转变人们与本阶级相反的思想，进而指导他们行动的教育实践活动 | 《思想政治教育学》，西南师范大学出版社 1992 年版 |
| 陈秉公 | 一定的阶级或政治集团，为了实现其政治目标和任务而进行的，以政治思想教育为核心和重点的思想、道德和心理综合教育实践 | 《思想政治教育学》，吉林大学出版社 1992 年版 |
| 张耀灿、郑永廷等 | 是指一定的阶级、政党、社会群体用一定的思想观念、政治观点、道德规范，对其成员施加有目的、有计划、有组织的影响，使他们形成符合一定社会、一定阶级所需要的思想品德的社会实践活动 | 《现代思想政治教育学》，人民出版社 2001 年版 |
| 郑永廷 | 一种有目的性、具有超越性的实践活动这种实践活动随着社会的发展和人们的主体性的增强，其作用越来越重要。思想政治教育在社会生活中，是一种多属性、多因素的特殊活动 | 《论思想政治教育的本质及其发展》，《教学与研究》2001 年第 3 期 |
| 秦在东 | 一定的社会政治集团或政治组织机构，为实现其特定的政治目标，通过一定的精神方式和相应的物质载体，对所辖区域内的民众施加有计划和有组织的意识形态影响，使之具备较高思想政治素质的社会教育活动 | 《思想政治教育管理论》，湖北人民出版社 2003 年版 |
| 王勤 | 一定的阶级或政治集团，为实现一定的政治目的，有目的地对人们施加意识形态的影响，以期转变人们的思想，塑造人们的品德，进而指导人们行为的社会实践活动 | 《思想政治教育学新论》，浙江大学出版社 2004 年版 |
| 孙其昂 | 一定政党或集团组织开展的，对所属成员进行以政治为核心的思想教育，培育新人，动员大家为当前和长远目标而奋斗的社会实践活动 | 《思想政治教育学基本原理》，河海大学出版社 2015 年版 |

从上述各种对思想政治教育的界定中，学者至少在几个问题上基本达成了一致。一是思想政治教育是一种社会实践活动或教育实践活动，是将理论与实践相结合的教育活动；二是思想政治教育具有意识形态性，是一定社会或国家的意识形态教育，因而也具有了阶级性；三是思想政治教育具有目的性，是为了巩固上层建筑、促进社会进步和人的全面发展而开展的活动。

2004 年中共中央和国务院联合发布的《关于进一步加强和改进大学生

思想政治教育的意见》（以下简称《意见》）指出，加强和改进大学生思想政治教育，提高他们的思想政治素质，把他们培养成中国特色社会主义事业的建设者和接班人，事关党和国家的长治久安，事关中华民族的前途命运，需要从全局和战略的高度进行把握；《意见》提出，加强和改进大学生思想政治教育工作，必须坚持以马克思列宁主义、毛泽东思想，中国特色社会主义理论为指导，全面落实党的教育方针，以理想信念教育为核心、以爱国主义教育为重点、以思想道德建设为基础、以大学生全面发展为目标。明确了大学生思想政治教育的主要任务。

2005 年 12 月 23 日发布的《国务院学位委员会　教育部关于调整增设马克思主义理论一级学科及所属二级学科的通知》指出：思想政治教育是运用马克思主义理论与方法，专门研究人们思想品牌形成、发展和思想政治教育规律，培养人们正确世界观、人生观、价值观的学科。新时期对"思想政治教育"及其学科概念的准确把握最终以文件的方式在全社会范围内统一起来。

其后，研究者们在这一框架下，从新时期思想政治教育面临的环境、任务、主客体情况等发生的变化出发，对思想政治教育的内涵外延继续进行研究，创新性地提出了新的观点。如孙梦云等提出：思想政治教育是指运用意识形态的教育理论，结合受教育者的实践水平和认识水平，探索意识形态教育理论及其规律，缩小教育者与受教育者思想品德认识的差距，建立和谐稳定的社会而施加一种有目的有组织的柔性的社会教育活动。① 侯勇、孙其昂、韩兴雨提出：思想政治教育是教育者按照社会发展要求和人的思想行为活动规律进行的以政治为核心的思想，通过内外化过程来引导人改造主客观世界，促进人的全面发展的社会实践活动。②

---

① 孙梦云等：《关于思想政治教育与思想政治工作概念的比较研究》，《思想政治教育研究》2007 年第 2 期。
② 侯勇等：《"思想政治教育"概念学科辨析与新认识》，《学术论坛》2010 年第 5 期。

### 三、思想政治工作与思想政治教育的不同点及我们的选择

在研究的初期，我们对思想政治工作与思想政治教育两个概念存在模糊的认识，觉得这是同一事物的两种不同表述，含义上区别不大，在日常教育管理和工作中可以通用。但在对上述概念的认识过程中，我们对思想政治工作与思想政治教育的不同点的认识逐渐清晰。

综合上述专家学者的研究，我们认为，两者的主要区别点在于：一是使用范围不同。思想政治工作主要运用于群众性政治工作领域，范围更广、思想政治教育主要运用于教育领域。二是着力点不同。思想政治工作强调通过理论研究，再运用于改造人们的思想实践；思想政治教育则侧重于主流意识形态的灌输与教育，帮助人们树立正确的世界观、人生观和价值观。三是内容不同。思想政治教育是侧重于思想理论方面的政治教育和实践活动；思想政治工作则在理论教育之外还有大量的组织工作与实践活动，其内容更丰富。

从高校的基本情况出发，由于其肩负着培养社会主义事业合格建设者和可靠接班人的重要任务，更重视学校的学生思想政治教育工作。因为学校的思想政治教育更多地强调以学生为主要对象的立德树人活动，这是高校人才培养的根本目标，也是高校办学的根本之所在。从上述考虑出发，我们选择了思想政治教育这个范畴作为本课题的研究对象。但由于思想政治教育系统各构成要素之间存在复杂的关系和矛盾，在研究中，肯定会超越这一范畴的内涵和外延，而与大学生成长成才的教育教学、党建思政、校园文化、创新创业、实践实训、服务保障等都联系在一起进行研究。

## 第四节　研究内容和研究展望

当前民办高校思想政治教育中存在的工作基础比较薄弱、力量比较分

散，实现全员育人、全方位育人、全过程育人的要求面临更多的困难，学校思想政治教育要完成的任务更艰巨，提高思想政治教育水平的要求更迫切。特别是在实行董事会领导下的校长负责制的民办高校，通过有效的工作协同来解决当前民办高校思想政治教育所面临的困难，更需要深入研究思想政治教育协同机制建设等深层次问题，这也是本书要重点回应的问题。

## 一、本书的主要研究内容及框架

本书将在厘清基本概念的基础上，围绕构建有效的民办高校思想政治教育协同机制开展研究，内容共有九章。

第一章，绪论。主要讲述四个方面问题：一是研究的背景及研究的意义，明确新时代对民办高校思想政治教育的新要求。二是文献综述及实践成果概述。三是厘清相关的基本概念及选择。四是研究的主要内容及展望。

第二章，民办高校思想政治教育的政策要求与实践差距。主要讲述四个方面问题：一是分析民办高校思想政治教育的特殊性。二是梳理民办教育政策演进中的党建与思想政治教育政策的历史演进。三是把握民办高校思想政治教育的现实情况。四是创新视域下民办高校学生思想政治教育的协同性要求，并提出了基于系统论的民办高校思想政治教育的协同机制。

第三章，党委领导下的民办高校思想政治教育协同机制。主要讲述三个方面问题：一是深化对民办高校党组织政治核心作用的认识。二是民办高校党建工作的现实困境及应对。三是民办高校党组织落实首要政治责任的创新路径，构建了民办高校思想政治教育协同机制模型，形成了以董事会支持、党委为核心、行政班子参与的思想政治工作领导机制和各工作部门、校院两级协同的工作机制。

第四章，以社会主义核心价值观为内核的协同育人导向机制。主要讲述三个方面问题：一是价值观及价值观教育的政策演进，构建了以学生为主体的社会主义核心价值观教育模型。二是当前民办高校社会主义核心价值观教育的聚合与分离。三是以社会主义核心价值观为内核的协同育人导向机制的探索，构建了以社会主义核心价值观为内核的协同育人导向机制模型，分析了实践路径。

第五章，民办高校思想政治教育的多课堂协同育人机制。主要讲述三个方面问题：一是民办高校思想政治教育多课堂协同育人的理论基础，梳理了新中国成立以来高校思想政治理论课设置的变迁及其启示。二是找准民办高校思想政治教育多课堂协同育人存在的问题。三是探索了民办高校思想政治教育多课堂协同育人的创新路径，并构建了民办高校思想政治教育多课程协同机制的模型，形成多课堂的协同育人机制。

第六章，民办高校思想政治教育的校内校外协同育人机制。本章围绕党的十九大报告提出的"深化产教融合、校企合作"这一实践要求，主要讲述四个方面问题：一是校企合作及政策演进。二是民办高校校企合作协同育人探索中的特殊优势与劣势。三是在产教融合的大背景下，构建民办高校思想政治教育的校内校外协同育人机制模型；并以行业学院为例，开展了实证研究和分析。

第七章，民办高校思想政治教育的线上线下协同机制。本章主要讲述三个方面问题：一是正确认识新媒体对大学生思想政治教育的影响。二是分析新媒体时代民办高校思想政治教育存在的突出问题和思想政治教育范式转换的特点，以话语重塑为重点，建构新的育人机制。三是建构基于新型舆论场的民办高校思想政治教育线上线下协同机制，构建思想政治教育新型生态圈，进而提升思想政治教育的整体性和协调性。

第八章，民办高校思想政治教育多校区协同育人机制构建。本章主要讲述三个方面问题：一是探索我国高校多校区办学成因、功能定位、管理模式等基本情况。二是通过比较提出民办高校多校区办学的特殊性及由此而带来的育人困境。三是创造性提出构建民办高校思想政治教育多校区协同育人机制模型，并以此为基础，从不同视角提出了加强民办高校多校区思想政治教育协同育人机制构建的有效举措。

第九章，浙江民办高校党建与思想政治教育的实证研究。2011年浙江省被确定为全国唯一的民办教育改革试点省份，浙江省的民办教育改革与发展始终走在全国前列，形成了具有较大影响力的"浙江模式"。本章主要讲述三个方面问题：一是回顾总结改革开放40年浙江民办高校教育的发展成就与历史经验。二是准确把握当前浙江民办高校党建与思想政治教育工作基本情况。三是形成民办高校党建与思想政治教育"浙江经验"的主要对策与建议。

## 二、研究展望

党的十八大以来，以习近平同志为核心的党中央高度重视大学生思想政治教育工作。2016年11月，《民办教育促进法》修正案在民办教育的发展历史上第一次将加强民办高校党建工作写入国家法律。2016年12月29日，中共中央办公厅出台的《印发〈关于加强民办学校党的建设工作的意见（试行）〉的通知》（中办发〔2016〕78号）明确提出，领导思想政治工作和德育工作是民办高校党组织的首要政治责任。上述对加强民办高校党建和思政工作的国家政策法规都有待于在民办学校的办学实践中贯彻落实，同时以实践为基础进行理论热点难点问题的有效突破，以此充分彰显理论自觉和理论自信。

思想政治教育协同机制的建设是当前克服民办高校思想政治教育中的短板、提升思想政治教育质量的一个重要路径，也是把民办高校的思想政治教育纳入高校思想政治教育整体布局，完善体制机制的具体探索。民办高校思想政治教育协同机制研究，涉及民办高校内部教育与管理问题，也涉及党和政府对民办高校的领导、校外实践基地的支持等问题，需要跨学科、多维度，采用多种方法进行研究，并尽可能在实践中得到检验与修正。我们将在学习领会习近平新时代中国特色社会主义理论、贯彻全国及全省高校思想政治工作会议精神和新修订的《民办教育促进法》及配套法规政策的实施等的基础上，着力破解思想政治教育中的"孤岛现象"，构建协同一致、合力育人的思想政治工作格局，使学校各方力量、各种资源、各门课程都能发挥育人功能，从而真正实现育人的"协同效应"。

今后一段时间，民办高校的党建与思想政治工作者们要以习近平新时代中国特色社会主义思想为根本指导，以十九大之后教育部党组印发的《高校思想政治工作质量提升工程实施纲要》（教党〔2017〕62号）为重要指南，将研究方向进一步聚焦于民办高校如何通过"党建固本汇聚力量""思政铸魂引领方向"，以全面提高人才培养能力为关键，强化基础、突出重点、建立规范、落实责任，一体化构建内容完善、标准健全、运行科学、保障有力、成效显著的民办高校思想政治工作质量体系，破译并掌控学校长效发展的"基因密码"。

# 第二章

# 民办高校思想政治教育的
# 政策要求与实践差距

　　民办高校思想政治教育协同机制是理论研究与实践创新的产物，在研究过程中，首要的便是要对本书研究所涉及的相关概念进行梳理，寻找其理论基础，为研究的有效开展打好基础。同时厘清民办高校与公办高校在思想政治教育上存在的特殊性，是针对性地推动民办高校思想政治教育的实践基础。

## 第一节　民办高校思想政治教育的特殊性

　　学界在对思想政治教育的基本要素的认识上有三要素、四要素、五要素、六要素、八要素说等等。但是从总体上看，人们较为认可的还是四要素说，即思想政治教育主要由四个方面组成，即思想政治教育主体、教育客体、教育介体、教育环体，它们之间的相互关系大致可由图2-1反映。四要素说提出把思想政治教育过程作为实践和认识的出发点，运用主体、客体、介体和环体等概念划分思想政治教育过程的诸要素，具有高度的概括性，突出了教育过程主要参与者，囊括了与思想政治教育相关的几乎所有方面。

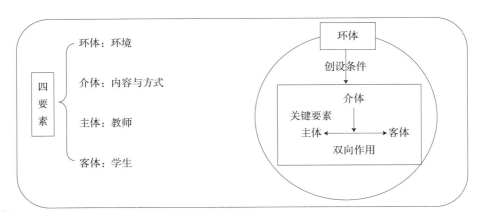

图 2-1　民办高校思想政治教育的基本要素及相互关系图

与公办高校相比，民办高校的管理体制、生源素质、队伍构成等都有较大差异性，从而决定了在思想政治教育基本要素的四个方面都有一定的特殊性。正是由于这些特殊性的存在，使得构建民办高校思想政治教育协同机制成为一种必然选择。

## 一、民办高校思想政治教育主体的特殊性

高校思想政治教育的主体有广义与狭义之分。从广义上看，民办高校的所有教职工都肩负着对学生开展思想政治教育的责任，这是实现全过程全方位全员育人的主体要求。但是从工作主要内容的侧重点出发，我们则从狭义上理解思想政治教育主体，主要包括学校党委、学生管理部门、辅导员、思想政治理论课教师等，他们是民办高校直接从事学生思想政治教育的主体和核心力量。但受限于民办高校办学体制机制的约束，民办高校思想政治教育主体具有特殊性。具体来看，这些特殊性大致可归纳为以下几点。

### （一）数量相对不足

近年来，民办高校落实中央及教育部党组相关要求，在专职的党务干部

的配备上基本上能做到二级单位党组织至少有一名专职的领导，但对"院系党组织应至少配备 1 名专职组织员"的要求则难以落实，党务干部整体人数少，占在校生的 3%。在笔者的调研中发现，某高校现有在校生 19000 名，近千名教职工，学生党员每年发展 580 名，教师党员 470 余名，但该校组织部（含统战部）仅 2 人，人员配备偏少。辅导员人数也不足。对照教育部规定的 1∶200 的辅导员配备标准，大部分民办院校都达不到这一比例，一名辅导员带 300—400 名学生，个别学校甚至达 1∶450，仅应付事务性的工作就耗费了大量时间，事实上也就没有更多的精力去完成细致的学生思想政治教育任务。思想政治理论课教师人数也偏少，很少有民办高校思政课教师数量能够达到教育部规定的 1∶300 的标准。"有的民办院校甚至根本没有专职思政课教师，而对于教育部规范的思政课课程，或者被私自减少，或者都由外校兼职人员完成。队伍数量不足自然就没有足够的力量去完成其相关的工作任务。"①

### （二）素质相对不高

队伍总体比较年轻，经验不足，做好思想政治教育工作的基本素养不足。在 2016 年我们开展的个别访谈中，有过这样的案例：在问及一位教工党支部书记"两学一做"的"两学"是指什么时，回答是"学做人、学做事"，另一人回答是上一年就开始了"两学一做"学习教育，时间上也不相符合；在问及两位基层党支部书记党费多长时间交一次时，均回答"半年"，而且对自己过去每月交多少，现在每月交多少都不能准确回答。从这当中能充分反映民办高校的基层党务工作者自身对党的基础知识就欠缺，依靠他们来开展党建与思想政治教育工作，质量堪忧。

### （三）结构相对不合理

民办高校思想政治教育队伍具有明显的"哑铃式"结构，即年龄在 60

---

① 刘国辉：《加强民办院校思想政治工作队伍建设的现实意义》，《新西部》2015 年第 3 期。

岁以上和 30 岁以下的人员占主体，年富力强经验丰富的中年力量较少。职称结构上，70% 以上属于初级职称，中级和高级职称比例偏少。性别结构不合理，男性教师少，女性教师占大多数。

## （四）程序相对不到位

按照党章规定，基层党组织负责人由民主选举产生，经上级党组织批准。实际操作中，民办高校实行聘任制，党组织主要负责人的选拔考核难以落实，真正通过选举产生的较少。调研反映多所民办高校尚未召开过党的代表大会，没有通过党代会来进行党委换届选举工作，除个别高校外，党委宣传部部长、组织部部长基本上都没进党委，在学校思想政治教育工作层面上能发出的声音较弱。

## 二、民办高校思想政治教育客体的特殊性

21 世纪初，笔者参与了教育部及所在学校组织开展的民办高校大学生特殊性研究，当时民办高校举办层次从绝大多数属于专科（学制一般为三年）层次，少量的本科院校也是"三本"（本科第三批招生），学生群体以专科为主。在调研的基础上，我们认为：从全国范围看，总的来讲，民办高校大学生同样具有当代大学生的特点。从客观上看，存在着"两多两大"，即：在校大学生人数不断增多；不同学校及同一学校不同专业间的分差不断加大、层次更为明显；学生群体不断增多；毕业生就业压力不断增大。从主观上看，存在着"六强六弱"，即：使命感强，责任感弱；求知欲强，辨析力弱；社会道德认同感强，基础文明素养弱；自主意识强，自律意识弱；成才愿望强，抗挫折能力弱；个人进取观念强，集体主义观念弱。并提出民办高校学生还存在教育成本意识相对较高、学习素质相对较低、自信心相对不足、参与学校管理的积极性相对较高等明显特征。

《民办教育促进法》及《民办教育促进法实施条例》实施以来，我国的

民办教育得到了新的发展。2004 年，全国民办普通高校和成人高校 228 所，在校生 139.75 万人（含独立学院学生），其中 2003 年教育部印发了《关于规范并加强普通高校以新的机制和模式试办独立学院管理的若干意见》的通知，独立学院一枝独秀，发展迅速。经过十余年的发展，我国民办高等教育发生了深刻变化，无论从办学规模还是办学层次都有了质的飞跃。

表 2-1　2005—2015 年全国民办高校数和在校学生数统计表

| 年份 | 民办高校数（所） | 其中独立学院数（所） | 在校学生数（万人） | 其中硕士（人） | 本科（万人） | 高职（专科）（万人） | 其中独立学院在校学生数（万人） |
|---|---|---|---|---|---|---|---|
| 2015 | 734 | 275 | 610.90 | 509 | 383.33 | 227.52 | 259.42 |
| 2014 | 728 | 283 | 587.15 | 408 | 374.83 | 212.28 | 269.06 |
| 2013 | 718 | 292 | 557.52 | 335 | 361.64 | 195.85 | 275.85 |
| 2012 | 707 | 303 | 533.18 | 155 | 341.23 | 191.94 | 278.40 |
| 2011 | 698 | 309 | 505.07 | — | 311.82 | 193.25 | 267.44 |
| 2010 | 676 | 323 | 476.68 | — | 280.99 | 195.70 | 260.32 |
| 2009 | 658 | 322 | 446.14 | — | 252.48 | 193.66 | 未单独统计 |
| 2008 | 640 | 322 | 401.30 | — | 223.30 | 178.00 | 未单独统计 |
| 2007 | 615 | 318 | 349.69 | — | 186.80 | 162.88 | 186.62 |
| 2006 | 596 | 318 | 280.49 | — | 138.99 | 141.50 | 146.70 |
| 2005 | 547 | 295 | 212.63 | — | 100.50 | 112.13 | 107.46 |

注：该表数据来源于教育部网站历年教育事业展统计公报和教育统计数据，由笔者整理形成。

从表 2-1 可以看出，民办高校经过近十余年的发展，体现出以下几个明显的变化。

## （一）实现了硕士教育的突破

2011 年在国家特殊需要人才培养项目试点中，北京城市学院等 5 所民办本科院校获得硕士招生资格，2012 年共招收在校硕士生 155 人，到 2015 年有在校硕士生 509 人，实现了人才培养的新跨越。尽管这一学生群体的比例还很低，但他们成为民办高校校园中思想更为成熟、学习更为主动的典型代表，具有示范效应。

## （二）办学由专科层次为主转向以本科层次为主

2005 年，全国民办高校专科与本科在校生数比为 1.12：1，专科生占在校生总人数的 52.73%，到 2015 年专科与本科在校生数比为 0.6：1，专科生占在校生总人数的 37.24%，专科学生不再是学生群体的主体。

## （三）独立学院学生在民办高校学生群体中占有较大比重

独立学院始于 1999 年，是指实施本科以上学历教育的普通高等学校与国家机构以外的社会组织或者个人合作，利用非国家财政性经费举办的实施本科学历教育的高等学校。从表 2-1 的统计数据看，独立学院的在校生数占全国民办高校在校生数的一半左右。以 2007 年为例，全国共有独立学院318 所，在校生 186.62 万人，占全国民办高等教育在校生总人数的 53.4%；其中独立学院本科在校生 165.7 万人，占全国民办本科高等教育在校生总人数的 88.7%。由于独立学院的举办者首先必须是普通本科高校，具有一定的办学经验，特别是一批由"985 工程"、"211 工程"高校举办的独立学院办学起点高、母体文化复制快、学生生源较好、办学质量较高，成为民办高校中质量立校的佼佼者。基于上述情况，我们认为：当前民办高校学生的结构调整较为明显，也使得民办高校学生的特殊性在传承以往的基础上，又有着自身的新特点，需要我们在实践中根据这一客体的变化而及时采取更有针对性的方法。

基于民办高校在校学生群体素质的提升，学者在研究民办高校学生特征时充分肯定了民办高校大学生具有中国大学生的爱党爱国爱人民、积极健康向上、努力进取创新等共性，当然，从提高思想政治教育针对性和实效性的要求出发，我们更重视当前民办高校学生所具有的个性特征，特别是存在的弱点。一是在学习上，"表现为学习动机的功利主义和实用主义思想倾向，学生执著地追求学习目的，却对所学内容本身无兴趣、无内在需要"①，非智力因素决定了民办高校学生在学习习惯、学习方法和学习能力上，仍存在较大的群体性差异。二是在精神上，"学生出现了商品化和世俗化的现象，大学生虽承认思想政治教育是最重要的，却认为是党和国家的事，与个人关系不大"②。绝大多数学生有正确的道德认知和品行，但部分学生缺乏责任感和对社会的热情。三是在行为上，表现出重实践轻理论的倾向。与当前民办高校定位于应用型人才培养相关，校企合作、实践育人是一个重要的渠道，以使学生在步入社会后能够较快地胜任工作岗位的需要，在企业实训时间都较长，部分学生对理论学生不重视，基础理论不扎实，其实对学生进入社会后的发展会带来影响。民办高校学生思想政治教育客体的特殊性给我们的工作提出了新要求。

### 三、民办高校思想政治教育介体的特殊性

教育介体是把教育者已经认同和掌握的教育内容传导给受教育者并促进其思想转化，形成良好品行的一系列中间要素和环节的总和③，是教育主客体相互联系、相互作用的联系介质和转化过渡环节。思想政治教育介体则是指思想政治教育主体和客体之间相互联系和作用的中介因素，主要包括思想政治教育者作用于受教育者时的思想信息内容和思想政治教育方式。大学生思想政治教育作为诸多教育类别中的一种，既有一般教育的共性，更有其特殊性。

按照党和政府对高校的要求，民办高校思想政治教育在内容上、方式上与公办高校没有任何区别，从本质上也不存在任何特殊要求。但从民办高校

---

① 徐生：《论我国高等职业教育的价值取向——基于马克思主义人学的视角》，《哈尔滨学院学报》2009 年第 9 期。

② 蔡玉生等：《民办高校学生思想政治教育工作体制机制的创新》，《高教论坛》2016 年第 9 期。

③ 王立仁等：《论思想政治教育过程的主体和介体》，《北京交通大学学报（社会科学版）》2010 年第 4 期。

办学体制机制、教师队伍构成、学生的实际思想状况、行为习惯等出发，民办高校学生思想政治教育的内容又具有一定的特殊性，如更需要加强学生的自信心教育、更需要加强学生的良好行为习惯养成教育、更需要爱校教育等。从教育方式上看，尽管思想政治教育主要还是依托课堂教学，通过教师讲授、学生学习的方式完成，但它和一般的专业教育又有区别，不仅要让大学生接受一定的知识，更重要的是让他们接受主流意识形态和价值观的熏陶和指引。民办高校在资金投入方面，往往倾向于校园建设、实验室建设等，但对于思想政治教育在师资、课程建设、教学设备等方面投入不足，这就导致"两课"的主渠道往往达不到第一课堂应取得的效果；民办高校的党团组织、社团活动、校园文化活动等第二课堂建设也不充分，发展不健全，思想政治教育方式有所欠缺。

近年来，有学者进一步提出：教育者必然都是掌握教育内容的教育者，而教育内容必须都是教育者掌握的教育内容。教育者是在认同和掌握教育内容，获取教育势能和话语权后才成为教育主体的，而在把教育内容传递给客体的教育过程中，思想政治教育主体也具有介体的职能。

## 四、民办高校思想政治教育环体的特殊性

1995 年张耀灿在其《思想政治教育学概论》中首次将思想政治教育环境确立为思想政治教育系统中的一个要素，命名为"环体"，之后，思想政治教育环体作为高校思想政治教育系统的重要组成部分进入研究和实践的领域，并日益引起人们的重视。高校思想政治教育环体由社会环境、文化环境和技术环境构成，受到社会经济文化发展的影响最为深刻，特别是进入新媒体时代后，高校思想政治教育的社会环境、文化环境和技术环境发生着重大变化，民办高校思想政治工作的环体更有其特殊性。由于大学生思想品德的形成和发展既受到主观内部因素的制约，更受到客观外部条件的影响，因此，只有当环体中的各个要素以不同的方式对受教育者发生的作用与社会发

展方向和教育目标相一致时，才能形成合力，促进大学生的思想品德的发展，否则，就会抵消学校教育的成果。

## （一）从民办高校当前所处的社会环境来看

尽管近年来我国的民办高等教育已有了质的飞跃，但当前社会各方面在对民办高等教育存在价值的认识上还带有一定的偏见。一些人片面地认为"民办教育就是为赚钱"，对民办高等教育抱有不信任甚至不友好的态度；一些新闻媒体对少数民办高校办学不规范行为所进行的过度渲染和失真报道，加剧了大众对民办高校的不良印象和负面评价；人们还持有"民办高校教育质量总是不如公办高校""重公办、轻民办"的传统观念等，使得社会对民办教育水平的评价较低，社会美誉度也不高，民办高校所处的社会环境并不理想，使得进入民办高校求学的学生对学校的认可度不高。

## （二）从民办高校的内部文化环境来看

尽管各民办高校重视并花大力推进校园文化建设，但由于办学历史不长、文化积淀不深、文化氛围不浓，使得以文化人、文化育人的功效没有得到有效的彰显。"尽管民办高校重视思想政治工作宣传舆论载体与校园活动载体建设，但被调查的学生认为校园文化活动对自己思想政治觉悟的提升'有作用'的仅占56.03%，'作用不大'和'没有作用'的共占43.97%。这表明，民办高校校园文化活动在一定程度上起到了提升大学生思想政治觉悟的作用，但民办高校校园文化对大学生的思想政治影响力还有待进一步提高"[①]，内部文化环境的培育还需要进一步增强。

## （三）从民办高校所处的时代技术环境来看

新媒体技术取代了传统技术，特别是自媒体的发展，给民办高校带来了

---

① 周倩、宋博：《民办高校思想政治教育现状调查与分析》，《黄河科技大学学报》2014年第2期。

革命性的变化。"自媒体"概念是硅谷著名的 IT 专栏作家丹·吉尔默在 2002 年提出的。他认为新闻媒体第一代是指传统媒体或旧媒体，第二代是指新媒体或者叫跨媒体，而第三代就是以博客、微博为代表的自媒体。2004 年，他对"自媒体"概念作了深入的阐述。他认为，自媒体是伴随着互联网新技术不断发展而产生的一种交互式媒体报道方式，这种新报道形式的提供者不再是原来的一个人或几个人，而是综合了不同层次、不同经历的共同思想成果，其传播方式也实现了由"点到面"向"点到点"的转变。在自媒体时代之前，高校思政工作者通过掌控话语权，对青年学生传播含有特定内容和明确导向的信息，以促使学生的思想、行为发生转变。然而，自媒体的出现使信息的传播逐步脱离政府和学校的控制，使大学生们有了成为"新意见阶层"的可能，并在特殊事件、特殊时间节点引发公众效应而增大思想政治教育工作的难度。

当前自媒体的出现超越了时空的界限，形成了一个更自我、更迅捷的虚拟空间，民办高校思想政治教育工作环境已经演变成现实校园、社会环境和自媒体空间"三位一体"密切联系的新环境。这种环境的变化要求民办高校思想政治教育主体必须适应时代的新要求，主动、自觉地深入到自媒体工作环境中，充分利用自媒体时代的新载体、新手段、新方法，积极创设民办高校思想政治工作的良好环体。要善于运用新媒体新技术，推动思想政治教育传统优势同信息技术高度融合，增强思想政治教育的时代感和吸引力。

# 第二节　民办高校党建与思想政治
## 教育政策的历史沿革

民办高校党的建设与思想政治教育是新中国成立后中国共产党领导下的我国教育事业健康发展中的重大命题，党和政府也高度重视民办高校党的建设与思想政治教育。改革开放以来，党和国家颁布了支持和鼓励民办教育发展的一系列政策、文件，推动了新时期我国民办教育的发展，在这些政策的历史演进中，我们能寻找到加强民办高校党的建设与思想政治教育的政策依据。但是在每次政策制定和执行的过程中，我们都能寻找到民办高校的实践与政策要求的差距。

## 一、民办教育政策演进中的党建与思想政治教育要求

根据改革开放以来到党的十八大前我国民办教育的发展脉络，我们大致可以把党和政府对民办教育事业中党建与思想政治教育的要求分为三个时期。

### （一）民办教育初创时期：学校党的建设与思想政治教育政策缺失（1978—1992 年）

1982 年，全国人大第五届五次会议通过了《中华人民共和国宪法》，其中第十九条第四款规定："国家鼓励集体经济组织、国家企业事业组织和其他社会力量依照法律规定举办各种教育事业。"这一规定明确了民办教育的法律地位，为民办教育的举办提供了法律依据。

1985 年，中共中央颁布了《关于教育体制改革的决定》，该决定提出"地方要鼓励和指导国营企业、社会团体和个人办学，并在自愿的基础上，鼓励单位、集体和个人捐资助学"，"鼓励各民主党派、人民团体、社会组织、离休退休干部和知识分子、集体经济单位和个人，遵照党和政府的方针政策，采取多种形式和办法，积极地自愿地为发展教育贡献力量"。这是党中央第一次提出鼓励"个人办学"这一突破性决定，并明确要求要遵守党和政府的教育方针政策，这也是第一次把民办教育纳入党的教育方针的覆盖范围。

1987 年，国家教委印发《关于社会力量办学的若干暂行规定》，明确规定："社会力量办学是我国教育事业的组成部分，是国家办学的补充"，要

"坚持四项基本原则，坚持为社会主义物质文明和精神文明建设服务，遵守政府法令，执行国家有关教育的方针政策"。这一规定进一步明确了社会力量办学在我国教育体系中的地位，坚持四项基本原则就是坚持党的领导、坚持马克思主义。

在这一时期，民办教育恢复发展处于起步阶段，大多数社会力量办学也是组织高复班、高等教育自学考试助学等，从国家政策层面上还主要是在鼓励民办教育如何重新成为教育体系的一部分，尚未清楚地涉及民办学校党的建设与思想政治教育问题。

## （二）民办教育规范化发展时期：党的建设与思想政治教育得以体现（1993—1998 年）

1993 年 8 月，国家教委颁布《民办高等学校设置暂行规定》，该规定明确："民办高等学校是我国高等教育事业的组成部分"，"应坚持党的基本路线，全面贯彻教育方针"，"学校要建立共产党、共青团和工会组织，以及必要的思想政治工作制度"。这是第一次在有关民办教育的文件中对民办学校党的建设与思想政治教育工作提出明确要求。

1997 年 7 月，国务院颁布《社会力量办学条例》，该条例第九条规定："社会力量举办的教育机构应当遵守法律、法规，坚持社会主义的办学方向，贯彻国家的教育方针，保证教育、教学质量。"这部条例是新中国成立以来首部民办教育的专门法律，使社会力量办学进入法治化轨道，并明确了要坚持社会主义的办学方向。但条例中未涉及社会力量办学中党的建设问题。

1998 年 8 月，《中华人民共和国高等教育法》颁布，规定："国家举办的高等学校实行中国共产党高等学校基层委员会领导下的校长负责制。中国共产党高等学校基层委员会按照中国共产党章程和有关规定，统一领导学校工作"，"社会力量举办的高等学校的内部管理体制按照国家有关社会力量办学的规定确定"。而《社会力量办学条例》并没有提到党建问题，使得社会力量办学过程中党的建设与思想政治教育缺失现象仍存在。

（三）民办教育快速发展时期：党的建设与思想政治教育得到重视（1999—2015 年）

始于 1998 年的高校扩招等带来了民办教育发展的春天，特别是民办高等教育进入快速发展时期。根据国家教育部每年发布的教育事业发展统计公报的数据显示，从 1999 年到 2015 年底，我国民办高校（含独立学院）的数量从 37 所增加到 734 所，增长了近 20 倍；在校生人数从 4 万人增加到 610.9 万人，增长了 152 倍。在量的增长的同时，民办高校的办学层次得到提升，2012 年全国 5 所高校获批服务国家特殊需求硕士点。

这一时期，为加强党对社会力量办学的领导，培养社会主义事业的合格建设者和可靠接班人，2000 年 6 月，中共中央组织部、中共教育部党组印发了《关于加强社会力量举办学校党的建设工作的意见》，这是第一个针对民办学校党建工作的指导性文件，使民办学校党建工作在地位、任务和要求上得到了基本明确。

2002 年 12 月，《民办教育促进法》颁布，明确："民办教育事业属于公益性事业，是社会主义教育事业的组成部分"，"致力于培养社会主义建设事业的各类人才"。该法的颁布是我国民办教育进入法治化的重要标志，但该部法律也并未涉及民办学校党的建设问题，

2004 年 2 月，《民办教育促进法实施条例》颁布，但遗憾的是，作为《民办教育促进法》配套政策的这一实施条例，也并未涉及民办教育中党的建设问题，仅在第二十五条中提出："民办学校应当建立教师培训制度，为受聘教师接受相应的思想政治培训和业务培训提供条件。"体现对教师思想政治素质的要求，客观上使得民办教育发展中加强党的领导存在了法律依据。党的建设弱化现象在其后的一段时间内在部分学校较为突出，一些民办学校在招生、管理、教学等方面存在不少混乱现象和严重问题，也相继发生因学籍、学历、收费等问题而导致的学生群体性事件。

2004 年 8 月，中共中央、国务院颁布了《关于进一步加强和改进大学

生思想政治教育的意见》，该意见中专门强调："要重视和加强民办高等学校党的建设和大学生的思想政治教育"。但由于实践中对民办学校中党组织的地位与作用、职责与权限等问题的认识还不统一，工作中有效的办法还不多，民办学校的党建工作与思想政治教育水平总体上还不高。

2006年12月21日，国务院办公厅印发了《关于加强民办学校规范管理 引导民办高等教育健康发展的通知》，就依法规范民办高校办学行为和内部管理明确强调："民办高校要建立健全党团组织。充实包括辅导员、班主任在内的党务干部队伍和思想政治工作队伍，加强对学生的服务、管理和思想政治教育"。

2006年12月31日，中共中央组织部、中共教育部党组联合印发了《关于加强民办高校党的建设工作的若干意见》，该意见针对民办高校党建工作中存在的亟待解决的问题，对民办高校党组织的设立、隶属关系、作用、自身建设、改进大学生思想政治教育、维护学校安全稳定、切实加强对民办高校党建工作的领导等方面进行了全面部署，成为该时期加强和改进民办高校党建与思想政治工作的重要纲领性文件。文件特别在改进大学生思想教育方面提出了民办高校党组织要领导学校思想政治工作和德育工作，并就加强和改进民办高校大学生思想政治教育提出了把社会主义核心价值体系融入教育全过程、努力拓展教育的有效途径、加强辅导员班主任队伍建设等三个方面的具体要求，这为做好民办高校学生思想政治教育奠定了初步的制度基础。

2007年2月，教育部颁布了《民办高等学校办学管理若干规定》，该规定第九条明确："民办高校必须根据有关规定，建立健全党团组织。民办高校党组织应当发挥政治核心作用。"对于民办高校党团组织的建立提出了"必须"的要求。该规定第十八条重申了："民办高校应当按照国家有关规定建立学生管理队伍。按不低于1：200的师生比配备辅导员，每个班级配备1名班主任"。

2010年，《国家中长期教育改革和发展规划纲要（2010—2020年）》发布，规划提出：要切实加强和改进大学生思想政治教育工作，构建大中小学有效衔接的德育体系。要积极发挥民办高校党组织的作用。这是民办高校做好党建与思想政治教育工作的重要依据。2012 年 6 月，教育部《关于鼓励和引导民间资金进入教育领域促进民办教育健康发展的实施意见》中提出要切实加强民办高校党的建设工作，实现民办高校党组织全覆盖。至此，我国民办高校党建工作在政策演化上实现了从无到有、从模糊到清晰的演进，全国民高学校按党组织设立全覆盖、党组组织起政治核心作用的定位，创新性地开展。但遗憾的是，恢复民办教育以来的法律中均没有讲到党在民办高校的领导问题。2015 年新修订的《中华人民共和国高等教育法》中沿袭了 1998 年法律的规定，即"社会力量举办的高等学校的内部管理体制按照国家有关社会力量办学的规定确定"，其实也没有从正面回应党在民办高校的领导权的实现问题，民办高校党的建设无法可依的局面并未得到有效改善。

## 二、党的十八大以来民办学校党建与思想政治教育政策及特点

由于历史的因素等问题，近年来，有些人动辄必称中国的民办高等教育应向国外的私立教育体制学习，而忽视了中国的水土，从民办学校党建工作的角度来看，"党组织覆盖率比较低、隶属关系不顺畅，党组织书记队伍还不强，党员教育管理比较松散，党组织保证监督作用发挥不到位"等现象仍然存在，这些都不利于民办学校实现立德树人的办学目标。

党的十八大以来，以习近平同志为核心的党中央站在新的历史方位，提出了全面依法治国等"四个全面"战略布局，民办学校党的建设问题也纳入了法治化的视野。其实对中国的高校而言，无论公办、民办，都是党办，这是由中国共产党在中国的领导核心地位所决定的。民办教育进入分类管理的新时期，与此同时，民办学校党建与思想政治教育实现法治化。

2016 年 11 月 7 日，全国人大常委会通过了《关于修改〈中华人民共和

国民办教育促进法〉的决定》，《民办教育促进法》总则增加了第九条："民办学校中的中国共产党基层组织，按照中国共产党章程的规定开展党的活动，加强党的建设。"这是第一次将民办学校党的建设写入国家法律，仔细研读这一条款，它很明确地规定了民办学校必须设立党的基层组织，而且还强调了民办学校的党组织按照党章规定开展活动，这一明确规定，使得民办学校的党的建设有法可依，有章可循，也使民办学校党建工作站在更高的起点，这对民办学校党组织发挥政治核心作用，确保民办学校始终坚持社会主义办学方向提供了法理依据。《民办教育促进法》第三十条规定："民办学校应当对教师进行思想品德教育和业务培训。"这是对民办高校加强思想政治教育的明确要求。

2016 年 12 月 29 日，中共中央办公厅出台了《印发〈关于加强民办学校党的建设工作的意见（试行）〉的通知》（中办发〔2016〕78 号），这是党中央站在历史的新方位作出的重大决策，也充分反映了新形势下加强民办学校党建工作的重要性和迫切性。比较这一文件与前文所述两个党建工作的专门文件，我们看到：一是文件发文部门层次提升。以往两个专门文件发文主体是中组部和教育部党组，而这一文件由中共中央办公厅发文，表明民办学校党的建设工作已上升为中央层面的工作。二是文件发放范围扩大。这一文件直接发到各省、自治区、直辖市党委，中央各部委，国家机关各部委党组（党委），解放军各大单位、中央军委机关各部门党委、各人民团体党员，这表明从实践层面，要求党政军及人民团体中党组织要按照全面从严治党的要求，高度重视做好民办学校党的建设的重要性紧迫性，在全党全军全国范围内形成民办学校党的建设的齐抓共管机制。三是对实践中困扰民办学校党的建设的几个实际问题进行了回应。如：民办学校党组织谁来管——主管部门管理与属地管理相结合，主管部门党组织管理为主；党组织负责人如何产生——民办学校党组织负责人全面选派；党组织管什么——保证政治方向、凝聚师生员工、推动学校发展、引领校园文化、参与人事管理和服务、加强自身建设；党组织如何管——参与决策与保证监督等。四是对抓好思想政治教育和德育工作提出明确要求。首次提出领导思想政治教育和德育工作，是民办学校党组织的首要政治责任。这些规定，使得民办学校党的建设着力点更清晰，将民办学校党组织按照党章规定开展活动落在实处，将成为今后一段时间加强民办学校党组织抓实抓好思想政治教育工作的重要指南。

同一天，国务院印发了《关于鼓励社会力量兴办教育　促进民办教育健康发展的若干意见》（国发〔2016〕81号），文件要求切实加强民办学校党的建设和思想政治教育工作，增强政治意识、大局意识、核心意识、看齐意识。文件还要求各地要把民办学校党组织建设、党对民办学校的领导作为民办学校年度检查的重要内容。在完善学校法人治理结构中，提出了党组织负责人进入董事会、监事会中应有党组织领导班子成员等要求。这些规定对于实现党组织的参与决策权和发挥保证监督作用具有重要意义。

2016年12月30日，教育部等五部门颁布了《关于印发〈民办学校分类登记实施细则〉的通知》（教发〔2016〕19号），其总则第二条规定："民办学校应当遵守国家法律法规，全面贯彻党的教育方针，坚持党的领导，坚持社会主义办学方向，坚持公益性导向，坚持立德树人，对受教育者加强社会主义核心价值观教育，培养德、智、体、美等方面全面发展的社会主义建设者和接班人。"这是在实施分类管理背景下，对所有民办学校坚持党的领导，加强党的建设的总体要求。教育部、人力资源社会保障部、工商总局出台的《关于印发〈营利性民办学校监督管理实施细则〉的通知》（教发〔2016〕20号）（以下简称"教发〔2016〕20号"）第三条也体现了上述要求，唯一的不同之处在于规定："营利性民办学校应当坚持教育的公益性，始终把培养高素质人才、服务经济社会发展放在首位，实现社会效益与经济效益相统一。"这一规定进一步强调了营利性学校的公益性办学导向，这是涉及办学方向的根本问题。同时，在第十六条中明确："营利性民办学校应当建立董事会、监事（会）、行政机构，同时建立党组织、教职工（代表）大会和工会。"第二十二条中明确："营利性民办学校应当抓好思想政治教育和德育工作。"

2017年2月，中共中央、国务院印发了《关于加强和改进新形势下高校思想政治工作的意见》。文件提出要"高度重视民办高校、中外合作办学中党的建设和思想政治工作，探索党组织发挥政治核心作用的有效途径，完善政策保障和经费支持，为加强和改进高校思想政治工作创造良好条件"。这是民办高校做好党建与思想政治教育的重要政策依据。

2017 年 6 月，共青团中央、教育部印发《关于加强和改进新形势下高校共青团思想政治工作的意见》，该意见指出："参与做好高校思想政治工作，是高校共青团的核心使命任务。"面对新的形势和要求，高校共青团要从推进伟大事业、建设伟大工程、进行新的伟大斗争的高度，切实增强立德树人的责任感使命感紧迫感，在高校思想政治工作和"大思政"工作格局中发挥生力军作用，努力做大学生成长的引路人和好伙伴，不断巩固和扩大党执政的青年群众基础。高校共青团要突出核心任务，着力加强大学生思想政治引领和价值引领。

2017 年 12 月，中共教育部党组印发了《高校思想政治工作质量提升工程实施纲要》（教党〔2017〕62 号），纲要是提升高校思想政治工作质量的顶层设计，分为目标原则、基本任务、主要内容、实施保障等 4 个部分，详细规划了课程、科研、实践、文化、网络、心理、管理、服务、资助、组织等"十大育人"体系的实施内容、载体、路径和方法。通过课堂教学改革、优化科研环节和程序，完善科研评价标准等方面，让高校思想政治工作更好适应和满足学生成长诉求。

《民办教育促进法》新法的颁布与实施，中共中央、国务院等文件的密集下发，从法律和政策的高度确立了党的领导的合法地位，弥补了实践层面上民办学校党的建设无法可依的缺憾，为民办学校加强党的建设与思想政治教育提供了法律依据，也从操作层面提供了现实参考。

## 三、新中国成立以来国家层面民办教育文献目录

除上述与民办高校党建与思想政治教育内容直接有关的政策外，从 20 世

纪 80 年代初到 2017 年，国家层面和各省市还出台了一系列关于民办教育的文件，引导、规范、促进了我国民办高等教育的健康可持续发展。笔者收集整理了新中国成立以来国家层面有关民办教育的部分文献目录，限于研究者的能力，该目录尽管不一定完整，部分文献也已宣布作废，但从总体上能看出国家对民办教育政策的发展轨迹，将该目录收在本书中，供民办教育的研究者们参考。

表 2-2　改革开放以来国家层面有关民办教育政策的部分文献目录

| 年份 | 文献名称 | 发布主体 |
| --- | --- | --- |
| 1950 | 《私立高等学校管理暂行办法》 | 教育部 |
| 1980 | 关于高等教育自学考试试行办法的报告 | 教育部 |
| 1987 | 关于社会力量办学的若干暂行规定 | 国家教委 |
| | 社会力量办学财务管理暂行规定 | 国家教委、财政部 |
| 1988 | 关于社会力量办学几个问题的通知 | 国家教委 |
| | 社会力量办学教学管理暂行规定 | 国家教委 |
| 1990 | 普通高等学校举办非学历教育管理暂行规定 | 国家教委 |
| 1991 | 社会力量办学印章管理暂行规定 | 国家教委、公安部 |
| | 关于不得擅自颁发高等教育毕业证书的通知 | 国家教委 |
| 1993 | 民办高等学校设置暂行规定 | 国家教委 |
| 1994 | 关于社会力量举办的非学历高等教育机构名称问题的批复 | 国家教委 |
| | 关于民办学校向社会筹集资金问题的通知 | 国家教委 |
| 1995 | 关于高等教育自学考试社会助学工作的意见 | 国家教委 |
| | 中外合作办学暂行规定 | 国家教育 |
| 1996 | 关于进一步做好高等教育学历文凭考试试点工作的意见 | 国家教委 |
| | 高等教育学历文凭考试试点工作（考试部分）实施意见 | 国家教委 |
| | 关于社会力量办学管理经费问题的意见 | 国家教委 |
| | 关于加强社会力量办学管理工作的通知 | 国家教委 |
| 1997 | 关于加强高等教育自学考试社会助学管理工作的通知 | 国家教委 |
| | 社会力量办学条例 | 国务院 |
| | 关于实施《社会力量办学条例》若干问题的意见 | 国家教委 |
| 1998 | 关于社会力量办学征收个人所得税问题的批复 | 国家税务总局 |

续表

| 年份 | 文献名称 | 发布主体 |
|---|---|---|
| 2000 | 关于加强社会力量举办学校党的建设工作的意见 | 中共中央组织部、中共教育部党组 |
| | 关于加强社会力量举办的高等学校团的建设工作的意见 | 共青团中央、教育部 |
| | 关于在高等教育自学考试社会助学中加强德育工作的意见 | 教育部 |
| 2001 | 关于印发《教育类民办非企业单位登记办法》（试行）的通知 | 民政部、教育部 |
| | 关于社会力量办学契税政策问题的通知 | 财政部、国家税务总局 |
| 2002 | 关于在社会力量举办的学校建立工会组织的意见 | 全国总工会、教育部 |
| | 关于进一步做好民办高等教育机构招生工作的意见 | 教育部 |
| | 民办教育促进法 | 全国人民代表大会 |
| | 关于进一步规范民办教育机构办学秩序的通知 | 教育部 |
| 2003 | 关于规范并加强普通高校以新的机制和模式试办独立学院管理的若干意见 | 教育部 |
| | 关于对各地批准试办的独立学院进行检查清理和重新报批工作的通知 | 教育部 |
| | 中外合作办学条例 | 国务院 |
| 2004 | 民办教育促进法实施条例 | 国务院 |
| | 关于启用《民办学校办学许可证》有关问题的通知 | 教育部 |
| | 中华人民共和国中外合作办学条例实施办法 | 教育部 |
| 2006 | 关于加强民办学校卫生防疫与食品卫生安全工作的通知 | 教育部 |
| | 关于大力发展民办中等职业教育的意见 | 教育部 |
| | 关于加强民办高校规范管理　引导民办高等教育健康发展的通知 | 国务院 |
| | 关于加强民办高校党的建设工作的若干意见 | 中共中央组织部、中共教育部党组 |
| | 教育部关于当前中外合作办学若干问题的意见 | 教育部 |
| 2007 | 民办高等学校办学管理若干规定 | 教育部 |
| | 关于加强民办学前教育机构管理工作的通知 | 教育部 |
| 2008 | 独立学院设置与管理办法 | 教育部 |
| | 关于修订和换发民办学校办学许可证的通知 | 教育部 |
| | 关于民办本科学校、民办高等专科学校核发民办学校办学许可证的通知 | 教育部 |

续表

| 年份 | 文献名称 | 发布主体 |
|---|---|---|
| 2009 | 关于民办高校校长变更（连任）核准有关规定的通知 | 教育部 |
| 2012 | 关于鼓励和引导民间资金进入教育领域促进民办教育健康发展的实施意见 | 教育部 |
| | 关于开展民办高校党的建设情况督查调研的通知 | 教育部 |
| 2016 | 关于修改《中华人民共和国民办教育促进法》的决定 | 全国人民代表大会常务委员会 |
| | 中华人民共和国民办教育促进法（2016修正） | 全国人民代表大会 |
| | 关于加强民办学校党的建设工作的意见（试行） | 中共中央办公厅 |
| | 关于鼓励社会力量兴办教育 促进民办教育健康发展的若干意见 | 国务院 |
| | 关于印发《民办学校分类登记实施细则》的通知 | 教育部、人力资源和社会保障部、民政部、中央编办、工商总局 |
| | 关于印发《营利性民办学校监督管理实施细则》的通知 | 教育部、人办资源社会保障部、工商总局 |

## 第三节  民办高校思想政治教育现状分析

民办高校是中国特色社会主义教育事业的重要组成部分，为我国经济社会发展和人才培养作出了重要贡献。在加强党对民办高校的领导，支持和规范民办高校发展的大背景下，抓好民办高校学生思想政治教育是实现学校立德树人目标的重要路径，也是增强民办高校办学竞争力的现实需要。明确要求、认清现状、总结经验、查找问题、分析原因，是加强和改进民办高校思想政治教育的基本路径。

### 一、民办高校思想政治教育取得的主要成绩

我国民办高校学生思想政治教育从无到有、从零散到系统、从自发到自

党，经历了一个在探索中逐渐完善和加强的过程，在民办高校提高办学质量、实现"立德树人"的办学目标上发挥着重要作用，也取得了明显的成绩。

## （一）对民办高校思想政治教育重要性的认识形成共识

民办高校要不要开展和加强思想政治教育，对于这个问题，在民办高校发展的初期，有关部门没有明确规定。所以在恢复民办高等教育的初期，既没有明确规定由谁来负责在校内建设和管理党的组织，也没有明确思想政治理论课的课程设置、队伍配置等，大家对这个问题没有形成共识，仅根据各个学校自身的情况，探索成立党的支部、开设德育课程等。直到 1993 年 8 月，国家教委颁布的《民办高等学校设置暂行规定》中明确要求："学校要建立共产党、共青团和工会组织，以及必要的思想政治工作制度"。首次对民办高校党的建设与思想政治教育工作提出明确要求。2000 年，教育部印发《关于在高等教育自学考试社会助学中加强德育工作的意见》，文件强调："社会助学是高等教育自学考试的一个重要组成部分，助学活动中的德育工作直接关系着考生的思想道德素质，关系着高等教育自学考试造就和选拔人才的质量"。并对助学中德育工作的任务提出了明确要求，即："以马克思列宁主义、毛泽东思想和邓小平理论为指导，依据党和国家确立的教育方针和德育工作总体目标，以分层递进的原则，对考生进行文明习惯的养成教育、品德教育、纪律教育、法制教育和思想政治教育，对考生进行科学的世界观和正确的人生观、价值观教育，使其形成高尚的道德品质和良好的思想素质，成为有理想、有道德、有文化、有纪律的社会主义现代化建设事业的合格人才。"之后，加强和改善民办高校德育工作和思想政治教育工作逐渐成为各民办高校的重点工作，特别是随着各民办高校办学规模的不断扩大，在学校办学起点相对低、办学经费相对紧、师资力量相对弱、学生素质相对差、教学任务相对重、思想问题相对多的情况下，在化解各类矛盾、协调各种关系、理顺负面情绪、形成共同愿景、稳定学校发展等方面，思想政治教育的作用越来越明显，思想政治教育不再是可有可无，而是民办高校的生命线。"多数民办高校的领导层逐渐认识到：加强和改革民办高校思想政治教育，是坚持以质量求生存，以特色求发展，在竞争中立于不败之地的需要，是民办学校学生自身的特点所决定的"①。更多的学校认识到："从民办高校科学发展的角度看，加强学生思想政治教育，有利于民办高校坚持社会主义办学方向、更新办学理念、提升学校核心竞争力、促进办学特色形成、促进学生全面发展和提高竞争能力"②。随着实践的深入和认识的提升，民办高校大多把学生思想政治教育工作上升到学校战略层面，贯穿于学校的各项工作，对民办高校学生思想政治教育必要性和重要性的认识形成共识。

## （二）对民办高校思想政治理论课的建设形成标准

思想政治理论课是思想政治教育的主渠道，更是落实学生立德树人根本任务的主渠道。1996年，原国家教委在高等教育学历文凭考试试点工作的有关文件中明确确定：政治理论课作为高等教育学历文凭考试全国统考的课程，把它作为民办高校开展大学生德育工作的主渠道、主阵地。1999年初，教育部印发了《关于高等教育自学考试公共政治课程改革设置及其实施工作的通知》，明确了高等教育自学考试公共政治课程是全面贯彻党的教育方针，对考生系统地进行思想政治教育的重要渠道和阵地，从高等教育自学考试的专业考试计划制定方面为助学活动的德育工作实施提供了根本保证。文件还要求在思想品德教育课建设中，要抓好三个要素的形成，即思想品德课教师队伍建设；课程模式的创建与创新；考核方式方法的探索与实践。这一规定成为当时主要开展自考助学和学历文凭考试等办学形式为主要内容的民办学校加强思想政治理论课建设的重要指南。2005年，为切实加强大学生

① 刘新玲：《民办高校学生思想政治教育的十年回顾与思考》，《思想教育研究》2005年第9期。
② 蔡玉生：《学生思想政治工作在民办高校科学发展中的作用》，《高教论坛》2012年第9期。

思想政治教育，中共中央宣传部、教育部印发《关于进一步加强和改进高等学校思想政治理论课的意见》，对四年制本科设置了4门必修课，即《马克思主义基本原理概论》《毛泽东思想、邓小平理论和"三个代表"重要思想概论》《中国近现代史纲要》《思想道德修养与法律基础》，同时，开设"形势与政策"课，另开设"当代世界经济与政治"等选修课。通知要求民办高等学校和中外合作高等学校的课程设置，按照本规定执行。2015年教育部印发《高等学校思想政治理论课建设标准》，这一标准没有公办与民办之分，标准颁布后，全国的民办高校思想政治理论课建设纳入同一标准统一管理，思想政治理论课以标准为引领，规范有效地开展各项建设工作，无论在课程建设还是队伍建设上都取得了一定成果。有研究者的调研显示，担任民办高校思想政治理论课的教师中"专职教师""兼职教师""外聘教师"的比例分别占83.25%、14.29%、2.46%[1]，这一比例明显高于各民办高校的专兼职教师比例。来自湖北省的统计显示：全省民办高校有专职辅导员2010人，专职思想政治理论课教师1253人，专职心理健康教育教师188人，师生总体比例达到规定要求。[2] 实现了工作有人做、工作有足够的人去做的目标。

经过十余年的建设和发展，各民办高校在开好思想政治理论课的基础上，注重挖掘其他课程的思政元素，如吉林华桥外国语学院强调"知识、能力、人格"三位一体的成才观。以培养学生的综合素质为主要目标，制定和实施了《本科全套人才培养规格及方案》，科学设计了学生从大一到大四全过程的知识目标、能力目标和素质目标，除专业教学外，在课程设置上增加了心理健康讲座、管理学概论、礼仪知识讲座、公关知识讲座等公共必修课程；在公共选修课上加大了人文素质课程的数量和类别，增加了国学课

---

[1] 周倩、宋博：《民办高校思想政治教育现状调查与分析》，《黄河科技大学学报》2014年第2期。

[2] 中共湖北省委高等学校工作委员会：《不断提升民办高校思想政治工作质量》，《中国教育报》2017年11月20日。

程，培养学生的爱国主义情操。还设定了就业教育、养成教育、品德教育、素质教育、实践能力与创新能力的培养和心理健康教育等，由思政课、专业课、社会实践课等构成的思想政治理论教育课程体系基本形成，每类课程都"守好一段渠""种好一片田"，与思政课同向同行的格局初步形成。

### （三）对民办高校思想政治教育模式的探索形成特色

如何开展有效的民办高校学生思想政治工作经历了一个照搬或参照公办高校的做法到自主创新构建具有学校特色的思想政治教育模式的过程，近年来，更是立足各民办高校的实际情况，在探索中提炼出许多有效的做法。如：黑龙江东方学院整合教与学资源、创新制度体系、建立协作机制，在探索中形成了"一体两翼"的民办高校学生思想政治教育工作队伍，形成了学生思想政治教育工作特色；针对民办高校普遍存在的思想政治教育工作难做、效果不理想等问题，郑州科技学院推出大学生思想教育的"春雨计划"和"影视教育工程"，结合社会热点，播放时事教育、环保教育、雷锋精神教育等方面的影片，组织学生写出观影感，召开研讨会，撰写理论文章，出版优秀影评文集，参加社会公益活动，让学生在活动中经受锻炼，形成特色鲜明的学生思想政治教育模式；浙江树人大学则形成了以学生思想政治教育工作的八大体系构建"八大校园"的模式，即以党建工作为龙头，以思政理论课为主阵地的思想教育体系、以"明德计划"为核心的学生素质养成体系、以"成才规划"为基础的学风建设体系、以"民办对接民营"为指导的招生就业服务体系、以"三真行动"为主题的学生帮扶体系、以"树人文化"为品牌的校园文化建设体系、以完善预警及处理机制为重点的校园稳定保障体系、以专兼职结合为导向的德育队伍建设体系，实现了由先锋校园、文明校园、勤奋校园、顺畅校园、温馨校园、多彩校园、平安校园而打造成的"和谐校园"。

### （四）对思想政治教育重要载体的校园文化建设形成品牌

党和国家始终高度重视文化在高等教育发展中的重要作用。1992 年 10

月，江泽民同志在中国共产党第十四次全国代表大会上明确提出："搞好社区文化、村镇文化、企业文化、校园文化的建设"。① 加强校园文化建设首次成为全党的共识。2004 年，为加强和改进高校校园文化建设，教育部、共青团中央下发了《关于加强和改进高等学校校园文化建设的意见》（教社政〔2004〕16 号），文件明确指出："高等学校校园文化是社会主义先进文化的重要组成部分。加强校园文化建设对于推进高等教育改革发展、加强和改进大学生思想政治教育、全面提高大学生综合素质，具有十分重要的意义。"同时，文件还就高等学校校园文化建设的总体要求、主要任务、建设路径、保障机制等提出了明确要求，使高校校园文化建设有了明确的指导思想和发展方向，成为 21 世纪以来全国高等学校开展校园文化建设的指南，也是民办高校开展校园文化建设的重要指南。民办高校的校园文化建设与其自身的发展轨迹密切相关，经历了由低到高、由被动到主动的发展过程。尽管短短的三十多年历史不足以承载文化这样大的命题，但客观地说民办高校在艰难的创业中不断探索着学校的发展和校园文化的建设，取得了一些成绩。这些成绩集中体现在：第一，彰显出勇于创业的精神。新时期我国民办高校的发展史，也是一部抢抓机遇、敢为人先的创业史，因此民办高校的校园文化也自然地彰显出鲜明的创业精神。如 1984 年成立的黄河科技学院在办学实践中，逐渐形成了自己的大学精神——"黄科大精神"：开拓、拼搏、实干、奉献；吉林华桥外国语学院在办学中注重精神文化的培育和塑造，努力培养师生形成共同的价值观，学院凝练了四种华桥精神：一是"求公致远，追求百年"的公益精神；二是"会通中外，服务祖国"的桥梁精神；三是"开拓进取，负重拼搏"的创业精神；四是"严细科学，务实求精"的治学精神，这些精神深刻地影响着华桥人的言行，对人才培养起到了潜移默化的积极作用。第二，呈现出敢于创新的品格。创新是民办高校得以生存和发展的法宝，创新意识深深地烙印在民办高校办学的轨迹中，也

---

① 《江泽民文选》第一卷，人民出版社 2006 年版，第 238 页。

塑造了敢于创新的校园文化品格。如黑龙江东方学院确立"四位一体"法人治理结构，构建现代民办高校管理制度。学校将决策行政系统、党组织系统、学术系统和民主管理与民主监督系统有机融合构建成"四位一体"的法人治理结构，并把办学治校的权利和义务，分别配置于相应的治理主体之中，健全了决策、执行、保证、监督机制，初步实现了治理结构之间的协调配合与相互制衡。以法人治理结构为基石，形成了现代民办大学制度的基本框架，为学校依法自主办学提供了制度保证。第三，反映出与企业文化相互交融的色彩。我国的民办高校有相当部分的举办者是企业，企业的制度与文化与民办高校的校园文化建设交融明显。通过两者的交融，让学生充分感受到企业的竞争压力，体会企业哲学、精神、理念中进取向上的竞争意识，看到企业发展的艰辛、生存的困难，懂得扎实的专业理论知识、熟练的实践动手能力起到的作用。让学生清醒地认识到拥有良好的"职业素质"和熟练的"职业能力"是步入社会生存、发展的本领，树立强烈的危机意识和紧迫意识，使学生认识到社会和企业需要什么样的人，自身应该具备什么样的素质和能力，激发学生的学习热情和潜能。[1] 如烟台南山学院把自己的大学精神确立为"崇尚奉献，追求卓越"，这不仅是学校校风校训的内在反映，更是学校的投资者南山集团的优良传统。南山集团在其实践中形成了"南山精神"也成为南山学院的精神。第四，展示出注重环境文化建设的特点。一些实力强的民办高校因为已经突破了资金"瓶颈"的制约，在校园地理环境、占地面积、建筑艺术水平和风格、活动场馆、教学设施、图书馆建设等方面堪与公办高校相媲美，甚至赶超。物质文化是最显性的文化，如四川国际标榜职业学院以田园学堂的形式存在。秉承植根田园、融入时代、博雅为内、精专为形、学做结合、理实一体、标新创意、榜样人格的治校准则，使得学生在精神气质、文化内涵、校园形态等各个层面都散发勃勃生机。经

---

① 于锡金：《企业文化对民办高校校园文化的影响》，《沈阳师范大学学报（社会科学版）》2012 年第 4 期。

过精心建设，学校成为国家 3A 级景区，使置身校园的师生在一个良好的环境中工作与生活、求学与成长。第五，体现出以学生为中心的文化氛围。与民办高校诞生的特殊社会背景及其自身的使命相适应，民办高校的诞生及发展均离不开市场，其生存的基础是生源。为了吸引和留住学生，保证生源，民办高校能更加坚持以学生为本，突出学生的主体地位。如青岛滨海学院确立了"以德立校，文化兴校"的特色战略，借鉴"泡菜理论"整合资源，全力酿制"文化泡菜水"，从德育文化、制度文化、精神文化、物质文化四个层面建构起以德育为核心的富于民办高校特色的"滨海"大学文化体系，为完成大学育人使命奠定基础。

## 二、民办高校思想政治教育存在的突出问题

尽管民办高校思想政治教育取得了长足的进步和积极的成效，在实现学校立德树人的办学目标等方面起着积极的作用，但客观地讲，当前，民办高校思想政治教育仍存在一些问题，这些问题突出表现在以下方面。

### （一）党组织领导思想政治教育的首要政治责任尚未落实到位

思想政治教育工作是管党治党的重要内容，高校党委在加强和改进思想政治教育工作中承担着主体责任，中办发〔2016〕78 号文件进一步明确指出："领导思想政治教育和德育工作，是民办学校党组织的首要政治责任。"在我国，公办高校实行党委领导下的校长负责制，党委对高校的领导是全面的，能顺利实现在思想政治教育领域的主导地位。但在民办高校，董事会领导下的校长负责制使党委工作受到限制，特别是"学校的最高决策机构（理事会或董事会）掌握着学生思想政治教育工作重大问题的决策权"[1]，

---

① 蔡玉生等：《民办高校学生思想政治教育工作体制机制的创新》，《高教论坛》2016 年第 9 期。

使得党组织从学校顶层设计入手履行首要政治责任缺少保障，部分民办高校党组织在领导思想政治工作上想法不多、办法不多、手段也不多。

同时党管意识形态的意识不强。在我国，无论民办高校还是公办高校，办的都是社会主义的大学，培育的都是社会主义事业的建设者和接班人，意识形态领域事关高校培养什么人的问题。在宣传思想文化工作上，因事关学校招生等问题，民办高校一般都重视学校形象宣传，在学校对外宣传上舍得花钱。一些民办高校对学校宣传工作所需要的经费无预算，可实报实销，而除此之外的全校党建与思想政治教育工作经费的预算则较少。对意识形态领域重视不够，往往将意识形态领域的工作简单地认识为思想政治理论课的任务，主动放弃了对意识形态领域的领导权。

## （二）思想政治教育队伍尚未建设到位

我国的民办高校从 1984 年恢复办学以来，队伍建设一直是发展的"瓶颈"，从兼职教师为主到专兼结合，经过了一个发展阶段，也取得了长足的进步。但从民办高校内部看，民办高校党建与思想政治教育工作力量仍然薄弱，目前，民办高校党群机构大多采用合署办公或"两块牌子一套班子"的方式，专职党建与思想政治工作者队伍总体存在数量偏少、年龄偏轻、职称偏低、党务工作能力不足、发展定位不清、上升空间不足等现状，工作能力与工作水平有待提升。队伍的定位也不准。有些学校的思想政治教育工作队伍被工具化，视为维护校园安全稳定的"消防员"，基层工作的主要责任是不要出事，保安全稳定，思想政治教育职能被弱化。

## （三）思想政治教育制度体系尚未形成到位

制度带有根本性和全局性的作用，是做好学生思想政治教育的基本保障。从总体上看，民办高校思想政治教育工作有其特殊性，工作中也有特殊要求与做法，但在制度设计上参照公办高校的做法比较普遍，少数参照企业的做法，使民办高校思想政治教育工作的特色培育不明显。特别是在学校章程等制度设计中对如何保障党组织发挥政治核心作用、领导好学校思想政治教育和德育工作的内容反映得并不充分或缺失。近年来在学生的教育管理上，针对民办高校教师队伍特殊性和学生队伍特殊性，各民办高校开展了积极的探索，每年的民办高校党建与思想政治工作交流会上，也有很多好的实践经验，但这些探索与实践大都没有上升到制度的层面，形成制度保障，这也使得民办高校思想政治教育工作的开展还没有一种较为成熟完善的理论模式或工作实践模式，缺少理论指导与范式引领，思想政治教育工作依靠行政指令被动运行，而不是依靠制度自主运行。

### （四）思想政治理论课主渠道作用尚未发挥到位

思想政治理论课具有重要的导向功能和育人功能。但目前全国民办高校思想政治理论课水平整体不高。目前全国仅有少数民办本科高校成立马克思主义学院，思想政治教育学科建设意识不强，部分民办高校尚未将思想政治教育学纳入学校学科建设的体系；即使有，学科建设水平总体不高，教师科研能力相对较弱，特别是争取高级别课题的能力不足。以浙江省哲学社会科学规划项目"高校思想政治工作专项"立项情况看，近三年共立项103项，14所民办高校占其中5项，仅占4.85%。从教学上看，思想政治理论课教师队伍总体比较年轻，对教材内容的把握，对如何把中国特色社会主义理论体系、党的理论创新最新成果转化为思政课教师的话语体系的能力不足，思想政治教育课有效的手段和办法还不多，教学压力大。结合民办高校学生的心理特点、认知水平、行为习惯、思想困惑等自编的思想政治理论课的校本教材还较少，因材施教还存在距离。

### （五）思想政治教育合力机制尚未构建到位

思想政治教育工作是一项系统的育人工程，需要民办高校内部各方面齐心协力、通力合作、形成合力。但从实际情况来看，大部分民办高校主要依靠思想政治理论课教师和党务工作者、辅导员来做这项工作，其他部门的思想政治教育功能没有充分发挥。一方面由学校党委来统筹全校思想政治教育工作的主动性上作用发挥不明显，缺少合力育人机制的顶层设计，特别是党委领导下的董事会和学校行政领导支持参与的思想政治教育领导机制建设有所欠缺。二是在课堂教学方面，大部分民办高校仍停留在思政课程上，仅仅围绕五门思政课程来开展思想政治教育，而不是挖掘每门课的育人元素而走向课程思政，专业课教师的思政育人自觉性不足。三是教书育人、管理育人和服务育人的结合还不够紧密。民办高校处处是育人空间，时时是育人时间，良好习惯的养成、优良品德的育成都是渗透在学校各项工作中，这是思想政治教育实现时空接续、无缝对接的重要组成部分，但在民办高校，由于工作分工的不同，往往各条线各自为战，思想政治教育"一盘棋"还不明显。

### 三、民办高校思想政治教育困境的主体因素

人的因素是思想政治教育工作中最活跃的因素，也是思想政治教育是否取得实效的最重要因素。民办高校思想政治教育当前处于困境中，有很大的原因在于主体因素。

#### （一）民办高校举办者角度

民办高校与公办高校虽然同属高等教育，共同承担培养社会主义建设者和接班人的任务，但两者之间差异较大（见表2-3）[1]。

表2-3　民办高校与公办高校办学差异表现

| 项目　　　　学校类别 | 民办高校 | 公办高校 |
|---|---|---|
| 举办者 | 社会机构、企业或个人 | 各级国家政府 |

---

[1] 廖华跃：《略论民办高校党建工作评价体系的构建》，《浙江树人大学学报（人文社会科学版）》2013年第4期。

续表

| 项目 \ 学校类别 | 民办高校 | 公办高校 |
|---|---|---|
| 经费来源 | 自筹（以举办者投入与学费收入为主） | 政府全额拨款 |
| 领导体制 | 董事会或理事会领导下的校长负责制 | 党委领导下的校长负责制 |
| 人事管理 | 人事代理、合同用工 | 事业编制 |
| 干部序列 | 学校自行管理 | 纳入政府组织部门管理 |
| 党组织地位作用 | 政治核心、监督保证 | 领导核心 |
| 党组织隶属关系 | 教育部门、所在地党组织、举办者、企业等党组织 | 政府行政部门党组织 |
| 党务部门 | 合署办公 | 单独设置 |
| 党务干部 | 行政人员兼任为主 | 有独立设置的队伍 |

在以上的差异中，举办者的不同是影响或者决定其他方面的关键因素。民办高校举办者的育人困境及成因主要表现在以下几个方面。

一是囿于体制原因，举办者对思想政治教育普遍存在认识不足、重视不够的问题。民办高校的投资主体绝大多数为企业、私人，少部分为滚动发展，举办者多为企业或热衷于教育的个人。许多举办者也亲身参与到了学校的管理和运行中，董事长兼校长的情况比比皆是，家族式管理的情况也屡见不鲜。举办者如不亲身参与办学实际，也是希望聘任完全听命的校长管理大学，一旦出现董事长与校长的矛盾，最终结果往往是"校长走人"。因此，举办者的意志实际就是民办大学的办学意志，而现行官方评价、社会评价、考生评价，往往将一所大学的学科专业、师资教学、办学硬件作为评价的核心，鲜有将育人列入其中的。因此，从现实角度出发，民办高校举办者就会出现重硬件建设、轻软件投入，重科研教学、轻德育党建，重业务、轻思想等情况，就会普遍存在将德育、思想政治教育、党建等工作弱化虚化、边缘化、行政化的倾向。

二是囿于办学成本，举办者对思想政治教育的投入存在不足的问题。因民办高校由企业或个人出资办学，具备较强的成本意识，并将之贯彻到了学校办学的方方面面，寻求办学效益、寻求办学的合理回报成为许多办学者的很重要的目标。由此，就会出现举办者对科研、教学等确保办学的硬件投入较多，但对柔性方面，如党建工作、思想政治教育、文化建设等德育工作的经费、人员投入都不足的问题。

三是囿于管理水平能力，举办者对思想政治教育的整体性、系统性设计不够。在具体的德育工作开展过程中，民办高校存在着注重"叫得响、看得见"的一些品牌的建设，而忽视了基本的"立德树人"育人者、对象的基础性工作，而且往往存在基础性育人工作持续力不强的现象。

## （二）民办高校育人队伍角度

民办高校的育人队伍包括：教师队伍、思想政治工作队伍、行政队伍和后勤队伍，较之公办高校，有比较鲜明的特点。民办高校育人队伍总体来说呈现以下鲜明的特点：

一是民办高校育人队伍来源多样、身份多重。与公办高校教工事业编制，身份归属单一相比，民办高校育人队伍来源多样，身份多重。从教工来源看，有正式招聘、长期聘用、临时聘用的人员；教师队伍中有身份不归学校主体，但聘用任课、专聘指导学科专科建设；在思政工作、行政管理、后勤管理岗位上还有较多的退休返聘、外包的岗位等。在身份归属上，有部分事业编制的人员，也有学校编制、企业编制人员，劳务派遣及临时雇佣的人员等。

二是民办育人队伍学历偏低、职称不高。一方面由于民办高校普遍办学历史较短，学科专业实力不强，提供给教师发展的平台及支持力度有限；另一方面，民办高校机构精简、人员精干，教工普遍工作强度较大，再加之民办高校初创期，招聘的人员相较公办高校人员在学历、职称上偏低等，由于这些历史和现实的原因，民办高校人员普遍在学历职称上偏弱，而且人员的学历职称梯度存在断层，进一步提升和发展的空间受限。另外，由于民办高校本身的发展平台有限，因此在吸引高学历、高职称人才方面不具备竞争优势。

三是民办高校育人队伍归属感、稳定性问题不强。因人员的身份问题、收入待遇问题、个人职业生涯规划等，民办高校育人队伍普遍存在着归属感低、职业规划模糊、对工作环境待遇不满等问题，造成了队伍的不稳定，甚至，许多民办高校一度成为公办高校师资的培养基地，成为少部分老师的跳板。多校区办学后，多数高校的新校区距离中心城市有一定的物理距离，造成工作生活的诸多不便，这也加剧了人才流动的可能性，致使育人队伍更加不稳定。而一旦队伍不稳定，构建协同育人机制将面临更加巨大的挑战。

四是民办高校育人队伍发展平台受限、创新提升不足。囿于民办高校体制机制原因及原有运行机制模式的窠臼，要想在短时间内创造队伍学历职称、能力水平的大幅提升的平台有限，形成创新创造的氛围较为困难，而协同育人机制构建的前提就是思想意识的统一与大胆的创新改革，这之间的矛盾无法有效解决，将对思想政治教育的推进造成巨大阻碍。

## （三）民办高校大学生群体角度

高校办学初心、教育核心就是培养人，如何深入细致地了解教育对象的特点，分析其需求，是办好人民满意教育的出发点。笔者于 2014 年 5 月在某民办高校开展了"大学生调查问卷"，该问卷最终总体分析样本共 3948 个，其中男生占 41%，女生占 59%；本科生为 3608 人，专科生为 340 人；年级分布为：一年级被调研人数为 1728 人，二年级为 1381 人，三年级为 839 人。

通过调研，我们深入了解了民办高校在校学生的思想、学习、生活等基本情况，深入分析了民办高校"90 后"在校生的主要特点，这为我们针对教育对象的特点构建有效的协同机制提供了现实依据。通过对调研数据的分析，我们得出民办高校学生在思想上存在以下四个方面的显著特征。

第一，开放化与封闭化并存。民办高校的学生思想存在着高度开放与行为的相对封闭并存的鲜明特征。"开放化"特征表现在：思维活跃、敏感、易接受新生事物，乐于参与信息量大、内容丰富、互动性强、新事件层出不穷的网络行为；价值取向日趋多元化，对现实及虚拟世界中大量哗众取宠的、片面的、个性突出的非主流信息及事件并不排斥，有时甚至会引发比较大的认同感。"开放化"特征主要有两个维度的成因：一是时代特征的烙印。实行改革开放40多年的中国日益接轨经济全球化、政治多极化、文化多元化的世界发展潮流，开放的时代环境日益影响着学生的价值取向和思想观念。二是民办高校自身特征的潜移默化。我国的民办高校诞生于20世纪80年代，是国家改革开放的产物，其办学经费自筹、办学体制机制灵活、管理高效，办学兼容并蓄，具有天然的开放性，这种特征也潜移默化地影响着学生。

学生在主观意愿开放的同时，存在着诸多"封闭化"的特征，主要体现在：一是交往方式的封闭。较多地局限于学生群体内部的交往，甚至部分学生群体内部交往亦十分有限；与社会其他群体交往接触较多地带有被动情绪和恐惧心理，与社会脱节严重，越来越多的学生选择了"宅男、宅女"的生活。二是娱乐方式的封闭。通过调查，民办高校学生群体在娱乐方式上日益呈现以电脑、手机等电子设备为主体的网络媒介，周上网时长达到了24小时以上，内容主要集中在网络游戏、音乐、视频、文学等纯娱乐行为，BBS、博客、微博、QQ空间等交互平台和微信、QQ、QQ群、电子邮件等即时通讯工具及网络购物、网上支付、网络炒股等商贸交易。三是自我发展意识的封闭。由于长期受到应试教育评价方式的影响，使民办高校学生对自我发展能力和空间的认知产生偏差，进而对素质拓展、职业发展产生封闭倾向。

第二，独立性与依赖性伴生。民办高校学生主观寻求独立与学习生活的惯性依赖伴生的特征鲜明，具体表现为：自尊心强，希望得到尊重，但又有着较强自卑心理。大学生在社会身份上已是成人，脱离父母约束后的宽松环境催生了其思想上的强烈独立意识，具有充分表达个人见解和愿望的诉求。

民办高校学生群体相比公办高校家庭经济情况较好的现状，也为其独立提供了良好的经济基础。与此同时，作为纯消费群体，学习、生活开支的来源完全依赖于父母和家庭；生涯规划、知识架构、专业课程等学业基本依赖于校方和老师的教育及引导；就业的取向、行业、岗位依赖于父母家庭的关系网和校方导师的推荐等原因，使民办高校学生群体又有很强的依赖性。

第三，接受度与选择度冲突。民办高校学生群体易于接受与难以选择的冲突特征鲜明，具体表现为：自主意识强，但被功利化驱使，缺乏担当意识。一方面由于民办高校灵活的办学机制，开放的办学环境的特点，其教师队伍构成中除自有师资外，还灵活聘用了相当部分所在区域公办高校、政府、业界的优秀师资，多元的师资机构、兼容并蓄的思想思维培养了民办高校学生"乐于接受、广泛接受、多元接受"的自主思想意识。另一方面，由于民办高校的生源处于整个高等教育群体的中后端，基础教育的挫折经历，使其思想素养、学习习惯、生活习惯不佳，缺乏自信心和自我约束能力，因此在面对学业机会、就业机遇、情感问题、生涯规划、价值判断等问题时，出现了不会选择和不敢选择的状况。

第四，成就感与茫然感同在。民办高校学生群体渴望成功与现实茫然同在的特征鲜明，具体表现为：学业方向感强，希望学有所成，但学习素养不足。民办高校办学经费自筹，为维持正常的办学，其收费较之公办高校而言，高出一倍甚至几倍。以浙江省本科高校为例，民办高校的学年收费在15000元到20000元之间，而同类型的公办高校的学年收费基本在3000元到7000元左右，四年投入的倍差在2倍至7倍之间。从经济学和心理期望的维度分析，学生及其家庭对教育的高投入，必然期望着高收益。学生渴望成功，家长期盼子女成才的心理尤为迫切。但是，由于民办学校办学历史较短、办学资源有限，尤其是高水平师资、学科专业的匮乏，较之同类型公办高校，往往办学的能力、水平和声望处于劣势，无法为学生的成功成才提供同等的竞争条件。同时，民办高校的学生生源基本处在高等教育的中后段，其自身的学习素养与习惯较之公办院校的同学相比要弱。由此，从心理的高期盼和现实的较大落差，带来了民办高校学生的较大茫然感，茫然于学校声望、茫然于成长经历、茫然于社会竞争。

综合以上分析，我们可以看出民办高校生源绝大多数来源于同类型招生的中后段，中等教育阶段的惯性，使得他们的学习习惯不佳、生活自理能力偏弱，加之他们理想与现实之间的矛盾综合，使得自身很难催发自我思想教育的主动性和自觉性。在自律无法实现良好效果的前提下，必须靠他律引发必要的自律，以达到自我的主观世界与客观世界的统一。

## 第四节　建设民办高校思想政治教育的协同机制

近年来，民办高校从注重规模发展，转向内涵建设，随着质量的提高，出现了一批有办学特色、办学水平高的学校，成为我国社会主义高等教育事业的一个重要组成部分，这也契合了《国家中长期教育改革和发展规划纲要（2010—2020 年)》提出的"办好一批高水平民办学校"的要求。在这一变化中，民办高校思想政治教育的协同性成为实现教育部《关于全面提高高等教育质量的若干意见》提出的要"加强民办高校内涵建设，办好一批高水平民办高校"，提高人才培养质量的目标的一个重要举措。

### 一、基于系统论的民办高校思想政治教育协同性要求

在 19 世纪下半叶，随着系统知识、系统思想的逐渐形成，马克思、恩格斯在创立唯物辩证法的过程中就继承和吸收了前人的系统思想，使得以整体眼光和联系观念为特征的系统观成为马克思主义世界观的重要组成部分。这些思想对于我们从系统观的要求出发，重视民办高校思想政治教育的系统性、协同性具有重要的理论指导意义。

## （一）马克思主义系统论

联系的观点是马克思主义唯物辩证法的重要内容，马克思、恩格斯都曾指出，当我们考察自然、社会和思维的时候，它们都是以一幅由种种联系和相互作用交织起来的画面出现在我们面前的，因此，世界上的万事万物都是普遍联系的，大至宇宙天体，小至基本粒子，从自然界到人类社会和人的活动，一切事物、现象和过程都不是孤立存在的，相互之间存在着一定的有机关联，进行着物质、能量和信息的交换与传递，而系统就是在事物的普遍联系中形成的。

马克思、恩格斯在构建其辩证唯物主义与历史唯物主义的科学理论体系时，坚持用系统的观点认识世界。他们全面、深刻地阐述了客观世界是一个有机联系的集合体，认为世界上的一切事物和过程几乎都是自成系统的，呈现在人类面前的客观世界，是一个纵横交织、立体网状结构的"系统世界"。恩格斯曾指出："我们所接触到的整个自然界构成一个体系，即各种物体相联系的总体"。[1] 这里清楚地表达了自然界是一个有机整体系统的思想。他还明确提出和使用了"系统"概念，如认为自然界的万事万物都是普遍联系在一起的，只有弄清楚了这种普遍联系，才能"以近乎系统的形式描绘出一幅自然界联系的清晰图画"[2]。马克思也从系统的整体性出发，详细阐述了人类社会是一个有机整体，论证了人类社会是在人类实践的基础上，在人类与自然界的相互作用关系中所形成的，是一个囊括人类及其生活的全部条件、要素和关系所构成的相互联系、相互依存、相互作用的有机整体，是一个总体性范畴。在此基础上，他们还进一步指出，由各种要素或部分共同构成的系统整体不仅具有要素或部分在孤立状态时所不具有的性质和功能，而且还往往大于要素或部分的功能之和。

---

① 《马克思恩格斯选集》第 3 卷，人民出版社 2012 年版，第 952 页。
② 《马克思恩格斯选集》第 4 卷，人民出版社 2012 年版，第 252 页。

现代系统科学理论认为，系统的各个要素之间不是孤立的、毫无联系的堆砌，而是以各种复杂的相关机制组合而成的，在这个结构中，处于相互关联中的某个或某些要素的变化会引起整个结构功能的变动，从而影响和改变整个系统的结构。只有掌握系统内部各要素、部分之间的关联方式和作用机制，才能在把握要素、部分的属性和功能的基础上认清系统整体所具有的新的属性与功能。①

## （二）高校思想政治教育系统观

马克思主义的系统观从根本上为我们提供了一种工作的出发点和落脚点，即要把高校思想政治教育视为一个系统，运用系统的观点、系统的思维、系统的方法去统筹工作。

高校思想政治教育系统观就是要求我们在思想政治教育实践中，分析和把握思想政治教育各构成要素的特性，分析和把握各构成要素之间的相互联系、相互作用，分析和把握思想政治教育系统与其他教育系统、社会系统之间的联系与协调，坚持用系统理论考察思想政治教育，构建系统的工作机制，促进思想政治教育工作创新，提高思想政治教育的有效性。

作为系统性强的思想政治教育，需要高校统筹其与大学发展、与人才培养的关系；需要正确处理思想政治教育中理论研究、学科与课程建设、队伍建设、教学改革、环境建设、机制建设等各子系统间的关系；需要凝聚思想政治教育理论课教师、研究者、管理者、辅导员和学生的共识。要注重协同推进思想政治教育的各项工作，"大学生思想政治教育、基层党组织建设、维护高校安全稳定、网络教育与管理统一于立德树人之中，相互关联、相互支撑，同时，还涉及校内外多个领域、多个方面，必须统筹安排、协调推进，形成整体合力"②。

---

① 赵国营、张荣华：《论马克思主义中的系统思想》，《广西社会科学》2017 年第 1 期。
② 冯刚等：《加强整体设计 注重协同推进 进一步提高高校思想政治工作的针对性实效性——访教育部思想政治工作司司长冯刚》，《思想理论教育导刊》2014 年第 3 期。

2004 年，中共中央、国务院《关于进一步加强和改进大学生思想政治教育的意见》中指出："高等学校各门课程都具有育人功能，所有教师都负有育人职责。""要把思想政治教育融入到大学生专业学习的各个环节，渗透到教学、科研和社会服务各个方面。""各级党委和政府要为高等学校创建良好的育人环境"，"党政机关、社会团体、企事业单位以及街道、社区、村镇等要主动配合做好大学生思想政治教育工作。学校要探索建立与大学生家庭联系沟通的机制，相互配合对学生进行思想政治教育。"上述规定都充分体现了高校思想政治教育系统观的要求，成为新时期各民办高校在系统视域下加强学生思想政治教育的重要依据，也是近年来我国民办高校学生思想政治教育工作取得显著成效的一个重要原因。

## 二、民办高校思想政治教育的协同机制

从前文所述民办高校政治教育特殊性的现实出发，基于系统观的要求，要实现较快地提高民办高校思想政治教育的实效性的目标，我们必须探索构建民办高校思想政治工作协同机制。

### （一）协同

"协同"一词是随人类社会的出现而出现，并随着人类社会的进步而发展的。中国传统文化中大致从以下几种不同的含义上来使用"协同"一词：一是指谐调一致。如《汉书·律历志上》："咸得其实，靡不协同"，意思是"都掌握了它的实际情况，没有不协调一致的"。二是指团结统一。如《三国志·魏志·邓艾传》："艾性刚急，轻犯雅俗，不能协同朋类，故莫肯理之。"三是指协助、会同。如清代李渔在《比目鱼·奏捷》中写道："若果然是他，只消协同地方，拿来就是了。"四是指互相配合。如范文澜、蔡美彪等在《中国通史》第四编第三章第一节中写道："遇有战事，召集各部落长共同商议，调发兵众，协同作战。"

理论界一般认为，真正在西方提出协同理论的是德国物理学家赫尔曼·哈肯，1971 年，他提出了"协同"的概念，认为"协同是系统中各子系统的相互协调的、合作或同步的联合作用及集体行为，结果是产生宏观尺度上的结构和功能"①。1976 年，他又系统地论述了协同理论，发表了《协同学导论》。所谓协同，是指一个大的整体系统在子系统自动适应调节或者借助外部指令的条件下，各子系统之间呈现出相互配合、相互作用的关系并且相互协调，产生所谓的"协同效应"。哈肯认为自然界中所有的系统都是开放系统，且系统内各个运行方式并非是无序增长的，而是有序竞争或有序合作的。最终哪个结构得以实现，取决于各个集体运动形式的增长率，当几个序参量的增长率一致时，将产生有序合作，从而在外部环境作用之下，产生宏观有序升级。② 从这样的定义出发，协同侧重于强调双方或几方在同一时刻具有相同的地位、不可替代的作用和同心合力、相互依存、相互配合的关系，更注重因系统内部各子系统或者各个部门之间的合作而产生的新的结构和功能。当各子系统能够借助某种介质而将各自的能量集聚到一定的状态，并建立合作关系，在资源共享与时间选择上有组织地协同运行，这时，整个系统在宏观上以一种有序状态向系统共同目标前进，同时实现各个子系统单独无法实现的功能。这种合作行动的过程是在系统内在宏观机制的作用下实现的，是自发形成的合作并最终实现新质的自组织过程。

## （二）协同创新

20 世纪 90 年代，国内外学者在研究中把创新理论和协同理论结合起来，提出了"协同创新""协同育人"等概念。程蓉认为"协同创新是指以提高协同度为核心，各项创新相关要素如技术、市场、战略、文化、制度、

---

① ［德］赫尔曼·哈肯：《协同学——大自然构成的奥秘》，凌复华译，上海译文出版社1995 年版，第 7—15 页，转引自王海建：《协同创新：高校思想政治教育创新发展的必然路径》，《探索》2013 年第 1 期。

② 王岩、刘志华：《协同学视阈下的教育治理体系现代化》，《教育评论》2016 年第 1 期。

组织、管理等有机配合，通过复杂的非线性相互作用产生单独要素所无法实现的整体协同效应的过程"①，但这一理解更多的是从企业发展的需求出发的。孙长青在此基础上将协同创新参与主体与要素概括化，指出"协同创新是指不同创新主体以合作各方的共同利益为基础，以资源共享或优势互补为前提，合理分工，通过创新要素有机配合，经过复杂的非线性相互作用，产生单独要素所无法实现的整体协同效应的过程"②。目前多数学者采用了孙长青对协同创新所下的定义。学者们将协同创新引入学生思想政治教育领域，如王海建认为"协同创新主要是指在一个系统中各子系统或要素，基于共同目标，通过形成共享的观念，构建沟通机制，搭建资源共享平台，相互配合、协调一致形成新的整体系统，产生新的协同效应的过程"③，并提出高校思想政治教育育人模式、教育方法、教育内容等都需要协同创新。

2011 年 4 月，胡锦涛同志在清华大学百年校庆典礼上的讲话中强调"要积极推动协同创新"，2012 年教育部《关于全面提高高等教育质量的若干意见》（教高〔2012〕4 号）中对推进协同创新作出详细部署，协同创新成为我国提高高等教育质量的重要依托。

## （三）协同育人

研究者和高校思政工作者们将协同理论引入高校人才培养，提出了"协同育人"的理念及模式，并运用于实践中，成为高等教育改革的一大亮点。2013 年，时任教育部高等教育司司长张大良在《中国教育报》上发表的文章中指出："完善协同育人机制、吸引更多社会资源投入人才培养，是高校创新人才培养机制的重要方式，也是提高人才培养质量的有效途径"④。有学者在研究中尝试建立全员育人、全过程育人、全方位育人

---

① 程蓉：《基于产品设计链的企业协同创新研究》，武汉理工大学硕士学位论文，2008 年。
② 孙长青：《长江三角洲制药产业集群协同创新研究》，华东师范大学博士学位论文，2009 年。
③ 王海建：《协同创新：高校思想政治教育创新发展的必然路径》，《探索》2013 年第 1 期。
④ 张大良：《完善协同育人机制　提高人才培养质量》，《中国教育报》2013 年 12 月 24 日。

的协同育人工作模式，从而在社会、学校、家庭之间都充分开展协同育人，形成积极的协同创新效应①，这一模式如图 2-2 所示，但该模式仅反映了育人主体之间的联动，对各主体在协同机制中所扮演的角色及承担的责任等并未涉及。

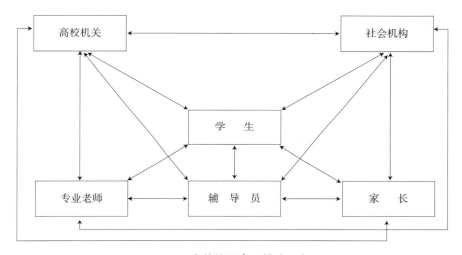

图 2-2　高校协同育人模式示意图

在实践中，国内已有初步形成彰显实效的协同育人模式。如安徽农业大学在开展协调育人实践中，基本形成了"党政联动—科教融合—校企互动—内外延伸—开放办学—服务社会的维恩型协同育人模式"②，该模式如图 2-3 所示。但该模式更多地将各项工作进行了并列，并未明确主要责任、主要渠道等。

从上述理论探索与实践经验的成果出发，我们认为：协同育人就是各高校根据人才培养定位与目标，合理地配置和利用校内外资源，调动校内外各方主体，开展全方位合作与协同，有效地组织各种教育教学活动，实现培养

---

① 李良华：《协同育人视角的高校学生工作创新的现实路径》，《成都师范学院学报》2014 年第 11 期。
② 朱绍友等：《对高校协同育人及其机制构建的若干思考——以安徽农业大学为例》，《高等农业教育》2015 年第 7 期。

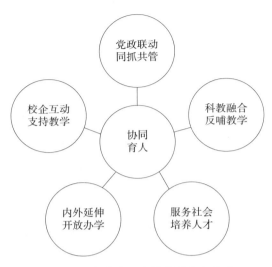

图 2-3　安徽农业大学协同育人模式

社会主义合格建设者和可靠接班人的目标的过程。这一概念也成为我们探索民办高校学生思想政治教育协同工作的重要依据。

## （四）民办高校学生思想政治教育协同机制

"机制"一词源于希腊文，最早出现在工程学中，原义是指机器的构造和工作原理。现已广泛应用于系统学、管理学、经济学等多个学科领域。2010年，笔者在研究民办高校党建工作机制时，曾对机制有过如下认识：机制是指能动地实现某种功能的有机结构，包括三个方面的含义：一是指要素、结构和功能的结合体，是特定的要素按照一定的结构组合以实现特定功能的有机体系。二是指要素组合也具有能动性和有机性。三是指机制具有较强的功能指向性。机制的建立和完善，必须以功能的实现为前提，同时，其运行状况也必须以功能的实现程度为评价指标。[1] 机制的作用机理也就在于通过一定的运行方式，使系统内各个有机组成以及系统外各个关联部分都能

---

[1]　章清、宋斌：《民办高校党建工作的理论与实践》，浙江人民出版社2010年版，第26页。

协调运行和协同运行，从而使系统发挥更高的整体性作用，取得更好的工作成效。

从上述机制的定义出发和民办高校思想政治教育的组成要素出发，我们认为：民办高校思想政治教育协同机制就是民办高校思想政治教育主体与客体互动、内部与外部联动、各种因素协同的整合了各因素的结构、功能及相关关系的作用过程和运行方式，从而实现民办高校思想政治教育特定功能的有机整体。

从实现立德树人目标出发，以系统的观点、动态的管理和整体的推进为要求，可以整合构建起民办高校三全育人的人才培养大系统和民办高校思想政治教育协同机制。

其中，民办高校三全育人的人才培养大系统（见图2-4）由理论课程体系、实践教学体系、校外活动体系、竞赛活动体系及文化环境体系五大体系组成，每个体系所要完成的基本任务和实现的目标各有不同，但通过五大体系的建设可以形成思政课、通识课、专业课等的深度融合，实现显性教育与隐性教育在学生思想政治教育上的同向发力。在体系建立的基础上，进一步构建起如图2-5所示的民办高校思想政治教育协同机制模型图。

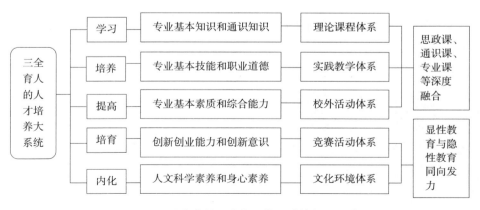

图2-4 民办高校三全育人的人才培养大系统

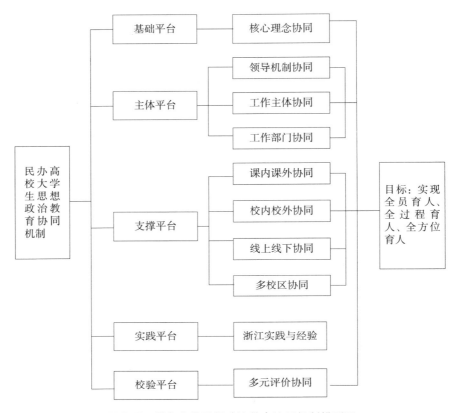

图 2-5 民办高校思想政治教育协同机制模型图

民办高校思想政治教育协同机制（见图 2-5）由基础平台、主体平台、支撑平台、实践平台和校验平台五大平台组成，在平台运行的基础上，通过核心理念协同、领导机制协同、工作主体协同、工作部门协同、课内课外协同、校内校外协同、线上线下协同、多校区协同、多元评价协同九大协同工作的开展，形成一个覆盖面广、运行有效的机制，真正实现全员育人、全过程育人和全方位育人。本书后面几章的研究内容也将围绕着图 2-5 所涵盖的内容开展。

# 第三章

# 党委领导下的民办高校
# 思想政治教育协同机制

　　领导思想政治教育和德育工作，是民办学校党组织的首要政治责任。这是中办发〔2016〕78 号文件对民办学校党组织提出的明确要求。2016 年《民办教育促进法》新法（以下简称《新法》）也对加强和改善民办高校党建工作提出了新要求。2017 年 2 月 27 日，中共中央、国务院印发了《关于加强和改进新形势下高校思想政治工作的意见》，该意见也特别强调要"高度重视民办高校、中外合作办学中党的建设和思想政治工作"。民办高校思想政治教育是覆盖全校全员全过程的工作，应建立党组织领导下的思想政治教育协同机制。

## 第一节　把握好新时代民办高校党组织
## 政治核心作用的新内涵

### 一、民办高校党组织起政治核心作用

　　随着民办高校不断发展，党和国家也越来越重视民办高校的党建工作，

出台了一些具有指导性、针对性的法规和文件。文件明确规定了民办高校（指从事学历教育的全日制教育高校）党组织的作用，主要体现为政治核心作用。

## （一）相关法律规定

2002 年《民办教育促进法》正式颁布，该法虽对民办高校党组织的地位与作用未作出明确界定，但其第三条明确规定：民办教育事业属于公益性事业，是社会主义教育事业的组成部分。要求民办学校应当遵守法律、法规，贯彻国家的教育方针，保证教育质量，致力于培养社会主义建设事业的各类人才。就是将民办教育置于社会主义教育事业的体系中，体现出党和国家要重视对民办高校的政治领导，以确保民办高校的社会主义办学方向。

2007 年教育部令第 25 号《民办高等学校办学管理若干规定》也指出，民办高校必须根据有关规定，建立健全党团组织。民办高校党组织应当发挥政治核心作用，民办高校团组织应当发挥团结教育学生的重要作用。该项法律条文第一次对民办高校党组织的政治核心地位作出了法律规定。

## （二）有关文件规定

2000 年中共中央组织部和中共教育部党组联合下发了《关于加强社会力量举办学校党的建设工作意见》（中组发〔2000〕7 号），这是第一个针对民办学校党建工作的指导性文件，使民办高校党建工作在地位、任务和要求上得到了基本明确。文件特别强调："社会力量举办学校党组织在教职员工和学生中发挥政治核心作用"。概括地讲，即：在坚持正确的办学方向、全面贯彻党的教育方针中发挥好政治核心作用；在加强以师德建设为核心，以提高学科水平和教学质量为重点的建设中发挥好政治核心作用；在大学生思想政治教育、正确成才观教育中发挥好政治核心作用；在强化对学校工会、共青团、学生会等群团组织领导中发挥好政治核心作用；在牢固树立"育人为本"的观念，逐步形成"全员育人、全过程育人、全方位育人"的整体合力中发挥好政治核心作用。

2006 年，根据不断变化的情况，中共中央组织部、中共教育部党组联合下发了《关于加强民办高校党的建设工作的若干意见》（教党〔2006〕31号）（以下简称"教党〔2006〕31 号"），这是 21 世纪以来关于加强民办高校党建工作的又一个专门文件。文件明确规定：民办高校党组织应发挥政治核心作用，要充分发挥民办高校党组织凝聚人心、推动发展、促进和谐的作用，为促进民办高校的健康发展提供坚强有力的政治保证。

2006 年，国务院办公厅《关于加强民办高校规范管理　引导民办高等教育健康发展的通知》（国办发〔2006〕101 号）中明确指出：民办高校党组织发挥政治核心作用，要以邓小平理论和"三个代表"重要思想为指导，全面贯彻落实科学发展观，坚持育人为本、德育为先，结合民办高校的办学特点和工作实际，采取有效措施，加强民办高校党的思想、组织、作风和制度建设，充分发挥民办高校党组织凝聚人心、推动发展、促进和谐的作用，为促进民办高校的健康发展提供坚强有力的政治保证。

2016 年，中共中央办公厅出台了《印发〈关于加强民办学校党的建设工作的意见（试行）〉的通知》（中办发〔2016〕78 号），文件提出：民办学校党组织是党在民办学校中的战斗堡垒，发挥政治核心作用。主要体现在保证政治方向、凝聚师生员工、推动学校发展、引领校园文化、参与人事管理和服务、加强自身建设等六个方面。这是首次将民办学校党建工作从教育部党组、中组部等部分层面的工作上升到中央层面的工作。

综合上述规定，我们认为：民办高校党组织的政治核心作用十分明确，领导学校思想政治教育的要求也十分明确。

## 二、新时代赋予民办高校党组织政治核心作用新内涵

民办高校党组织发挥政治核心作用这一表述是 2007 年首次提出，随着民办高等教育的发展和民办高校党建工作的实践，新时代赋予了民办高校党

组织政治核心作用的新内涵。

## (一) 正确把握"政治核心"的内涵

关于"政治"的内涵，不同的学者有不同的解释。从党的建设这一维度来认识政治的内涵，至少可以从以下几个方面来把握：一是政治的本质。这个角度的政治主要体现为党和人民群众的关系。毛泽东同志指出："一切问题的关键在政治，一切政治的关键在民众"。① 江泽民同志也强调："什么叫政治？从根本上说，政治问题主要是对人民群众的态度问题、同人民群众的关系问题。"② 二是政治的内容。对一个政党而言，政治的内容就是党的政治路线。邓小平同志曾经指出："社会主义现代化建设是我们当前最大的政治"③，而我们的党是一个与时俱进的党，党的政治路线随着党的各个不同历史阶段的新任务发生着新变化。三是政治的运作方式。这是体现政治本质，实现政治内容的外在表现形式，这个角度的政治是指与政治体制、政治制度和政治文化等联系在一起的权力的运作方式。在中国，最根本的是把坚持党的领导、人民当家作主和依法治国有机结合起来。从上述分析我们可以看到：在民办高校，必须要讲政治。民办高校作为我国高等教育的重要组成部分，具有明显的政治属性。政治就是要求民办高校党组织要从密切党和人民群众的关系出发，从当前党的中心任务出发，通过有效的途径保证民办高校按照党的要求发展。

对于"政治核心"的理解，首要的是从"政治"的角度来看，明确民办高校党组织在学校发挥的是政治作用。党章里规定的党的基层组织的基本任务，归结起来都是政治工作任务；一系列的法规、文件等规定的民办高校党组织发挥政治核心工作、围绕学校改革稳定和发展开展工作的党组织的主要任务，归结起来也还是政治工作任务。

---

① 《毛泽东文集》第三卷，人民出版社 1996 年版，第 202 页。
② 江泽民：《论党的建设》，中央文献出版社 2001 年版，第 193 页。
③ 《邓小平文选》第二卷，人民出版社 1994 年版，第 163 页。

其次，从"核心"角度来把握，明确民办高校党组织在学校发挥的是政治领导作用。在民办高校，教学是中心工作，育人是核心任务，这是没有异议的。核心作用必须围绕中心来开展，政治核心作用就是政治领导作用，就是要坚持民办高校党组织对民办高校的政治领导。民办高校的政治工作，学校董事会、行政班子、党组织、工会、共青团、民主党派等组织都要做，都要发挥各自在政治工作中的优势，但党组织在政治工作中处于核心地位，要发挥领导作用。

值得注意的是：民办高校党组织的作用，与相应的责任紧密联系，意味着在民办高校，党组织要承担政治领导责任，也就是说，民办高校的政治表现，党组织要负主要责任；民办高校的办学方向，党组织要负重要责任。

## （二）准确把握"政治核心作用"的内容

2006 年，教党〔2006〕31 号文件对民办高校党组织的政治核心作用的发挥提出了七个方面的内容，即：

1. 宣传和执行党的路线方针政策，致力于培养社会主义建设事业的各类人才；2. 引导和监督学校遵守法律法规，参与学校重大问题的决策，支持学校决策机构和校长依法行使职权，督促其依法治教、规范管理；3. 支持学校改革发展，及时向上级党组织和政府职能部门反映学校的合理要求，帮助解决影响学校改革发展稳定的突出问题；4. 全面加强学校党的思想、组织、作风和制度建设，做好党员教育管理工作；5. 领导学校思想政治工作和德育工作；6. 领导学校工会、共青团、学生会等群众组织和教职工代表大会；7. 做好统一战线工作，支持学校内民主党派的基层组织按照各自的章程开展活动。

文件对民办高校党组织政治核心作用的明确要求成为加强和改善民办高校党建工作的重要指南。也是在这一文件的要求下，民办高校的党建工作越来越规范，党组织作用发挥日趋突出。

时隔十年，根据经济社会发展的新形势和高等教育的新任务，2016年，中办发〔2016〕78号文件从整体上对民办学校党组织的政治核心作用的发挥提出了六个方面的内容，即：

1. 保证政治方向。宣传执行党的理论和路线方针政策，执行上级党组织的决议，坚持社会主义办学方向和教育公益性原则，宣传执行党中央、上级党组织和本组织的决议，引导学校全面贯彻党的教育方针，依法办学、规范办学、诚信办学，坚决反对否定和削弱党的领导，反对西方所谓"普世价值"等错误思潮传播，反对各种腐朽价值观念。2. 凝聚师生员工。把思想政治工作贯穿学校工作各方面，贯穿教育教学全过程，密切联系、热忱服务师生员工，关心和维护他们的正当权益，统一思想、凝聚人心、化解矛盾、增进感情，激发教职工主人翁意识和工作热情。3. 推动学校发展。支持学校董（理）事会和校长依法依章行使职权，开展工作，参与学校改革发展稳定和事关师生员工切身利益的重大事项决策，帮助学校健全章程和各项管理制度，促进学校提高教育质量、培养合格人才。4. 引领校园文化。坚持用社会主义核心价值观塑造校园文化，加强社会公德、职业道德、家庭美德、个人品德教育，开展精神文明创建活动，组织丰富多彩的文化活动，推动形成良好校风教风学风。5. 参与人事管理和服务。参与学校各类人才选拔、培养和管理工作，在教职工考评、职称评聘等方面提出意见建议，主动联系，关心关爱，调动他们的积极性和创造性。6. 加强自身建设。完善组织设置和工作机制，加强党组织班子成员和党务干部管理，做好发展党员和党员教育管理服务工作，严格组织生活制度，认真贯彻民主集中制，强化党组织日常监督和党员民主监督，抓好党风廉洁建设。领导学校工会、共青团等群团组织和教职工大会（代表大会），做好统一战线工作。

## （三）民办高校党组织"政治核心作用"的新内涵

从 2016 年党中央对民办学校党组织政治核心作用的新要求出发，我们认为：新形势下，党中央根据全面从严治党的新要求，把社会主义核心价值观教育、党管人才等工作也体现在民办高校的实际工作中。民办高校党组织发挥政治核心作用的六个方面可体现在保证方向、凝聚共识、参与决策、推动发展、引领文化、参与管理、维护权益、重在自身等几个关键词上，这六个方面构成一个有机整体。其中政治上的领导权、决策上的参与权和行为上的监督权最为重要。

政治上的领导权主要体现在全面领导学院党建、思政工作和德育工作宣传和执行党的路线，执行上级党组织的决议，坚持社会主义办学方向和教育公益性原则，宣传执行党中央、上级党组织和本组织的决议，引导学校全面贯彻党的教育方针，坚决反对否定和削弱党的领导，把握党对意识形态工作的领导权、管理权、话语权，切实保证社会主义的办学方向，培养合格的社会主义建设者和可靠的接班人。

决策上的参与权主要体现在参与学校改革发展稳定和事关师生员工切身利益的重大事项决策，并参与教学、科研、行政管理、学校各类人才选拔、培养和管理工作等问题的讨论与决策。民办高校党委要通过多种途径对学校的发展规划、人事安排、干部队伍建设、财务预算、基本建设、招生收费等重大事项提出意见和建议。要及时跟踪学校决策的实施情况，帮助解决影响改革发展稳定的突出问题。

行为上的监督权主要体现在引导和督促学校坚持教育公益性原则，引导民办高校依法办学、规范办学、诚信办学，办人民满意的民办高等教育。还要着力加强党的自身建设，强化党组织日常监督和党员民主监督。

通过政治核心作用的发挥，使民办高校党的组织得到了不断健全和加强，使广大党员在民办教育事业的健康发展、维护学校稳定、推进学校建设中作出积极贡献，真正为民办高校的和谐健康发展提供了坚强的政治保障，也是实现党对民办高校的领导的重要举措。

## 三、重视党的十八大以来新政策带来的新要求

对中国的高校而言，无论公办、民办，都是党办，这是由中国共产党在中国的领导核心地位所决定的。但由于历史的因素等问题，近年来，有些人动辄必称中国的民办高等教育应向国外的私立教育体制学习，而忽视了中国的水土，从民办学校党建工作的角度来看，"党组织覆盖率比较低、隶属关系不顺畅，党组织书记队伍还不强，党员教育管理比较松散，党组织保证监督作用发挥不到位"等现象仍存在，这些都不利于民办学校实现立德树人的办学目标。2016 年下半年，以《新法》颁布为代表，标志着我国民办学校党建工作进入法治化新阶段，也给民办高校党建工作提出了新要求。

### （一）《新法》为民办学校党建工作奠定了法治化基础

《新法》总则增加了第九条："民办学校中的中国共产党基层组织，按照中国共产党章程的规定开展党的活动，加强党的建设。"这是第一次将民办学校党建工作写入国家法律，仔细研读这一条款，它很明确地规定了民办学校必须设立党的基层组织，而且还强调了民办学校的党组织按照党章规定开展活动，这一明确规定，使得民办学校的党的建设有法可依，有章可循，也使民办学校党建工作站在更高的起点，这对民办学校党组织发挥政治核心作用，确保民办学校始终坚持社会主义办学方向提供了法理依据。

### （二）中央文件为民办学校党建工作法治化实施创设了基本条件

《新法》对加强民办学校党的建设提出的是一个原则要求，关键在于如何落实。2016 年 12 月 29 日，中共中央办公厅出台了《印发〈关于加强民办学校党的建设工作的意见（试行）〉的通知》（中办发〔2016〕78 号），

这是党中央站在历史的新方位作出的重大决策，也充分反映了新形势下加强民办学校党建工作的重要性和迫切性。比较这一文件与 2000 年、2006 年的两个民办学校党建工作的专门文件，我们看到：一是文件发文部门层次提升。这一文件由中共中央办公厅发文，表明民办学校党的建设工作已上升为中央层面的工作。二是文件发放范围扩大。文件直接发到各省、自治区、直辖市党委，中央各部委，国家机关各部委党组（党委），解放军各大单位、中央军委机关各部门党委，各人民团体党员，这表明从实践层面，要求党政军及人民团体中党组织要按照全面从严治党的要求，高度重视做好民办学校党的建设的重要性紧迫性，在全党全军全国范围内形成民办学校党的建设的齐抓共管机制。三是对实践中困扰民办学校党的建设的几个实际问题进行了回应。如：民办学校党组织谁来管——主管部门管理与属地管理相结合，主管部门党组织管理为主；党组织负责人如何产生——民办学校党组织负责人全面选派；党组织管什么——保证政治方向、凝聚师生员工、推动学校发展、引领校园文化、参与人事管理和服务、加强自身建设；党组织如何管——参与决策与保证监督等。这些规定，使得民办学校党的建设着力点更清晰，将民办学校党组织按照党章规定开展活动落在实处，将成为今后一段时间加强民办学校党的建设的重要指南。

（三）《新法》配套政策为民办学校党的建设进一步夯实了工作基础

中办发〔2016〕78 号文件颁布的当天，国务院印发了《关于鼓励社会力量兴办教育促进民办教育健康发展的若干意见》（国发〔2016〕81 号），文件要求切实加强民办学校党的建设，增强政治意识、大局意识、核心意识、看齐意识。文件还要求各地要把民办学校党组织建设、党对民办学校的领导作为民办学校年度检查的重要内容。在完善学校法人治理结构中，提出了党组织负责人进入董事会、监事会中应有党组织领导班子成员等要求。这些规定对于实现党组织的参与决策权和发挥保证监督作用具有重要意义。

2016 年 12 月 30 日，教育部等五部门颁布了《关于印发〈民办学校分类登记实施细则〉的通知》（教发〔2016〕19 号），其总则第二条规定："民办学校应当遵守国家法律法规，全面贯彻党的教育方针，坚持党的领导，坚持社会主义办学方向，坚持公益性导向，坚持立德树人，对受教育者加强社会主义核心价值观教育，培养德、智、体、美等方面全面发展的社会主义建设者和接班人。"这是在实施分类管理背景下，对所有民办学校坚持党的领导，加强党的建设的总体要求。教育部、人力资源社会保障部、工商总局出台的《关于印发〈营利性民办学校监督管理实施细则〉的通知》（教发〔2016〕20 号）（以下简称"教发〔2016〕20 号"）第三条也体现了上述要求，唯一的不同之处在于规定："营利性民办学校应当坚持教育的公益性，始终把培养高素质人才、服务经济社会发展放在首位，实现社会效益与经济效益相统一。"这一规定进一步强调了营利性学校的公益性办学导向，这是涉及办学方向的根本问题。同时，在第十六条中明确："营利性民办学校应当建立董事会、监事（会）、行政机构，同时建立党组织、教职工（代表）大会和工会。"

2016 年底，《新法》的颁布和几个文件密集下发，从法律的高度确立了党的领导的合法地位，弥补了实践层面上民办学校党的建设无法可依的缺憾，为民办学校加强党的建设提供了法律依据，也从操作层面了提供了现实参考。

## 第二节　民办高校党建工作的现实困境及应对

从我国民办高校的发展历程看，学校是重视党建工作的。但董事会领导下的校长负责制决定了民办高校党组织不处于学校的领导核心地位，不是学校的领导者和决策者，这是民办高校党建工作最大的特殊性，也带来了民办高校党建工作中的一些困惑。当前，民办高校的党建工作还存在薄弱环节：

比如，对党建工作的重要性认识不足。有的人片面认为民办高校生存的根本是抓教育质量、抓学科建设、抓市场开发，没把党建工作放到应有的重要位置。党建工作基础薄弱。部分民办高校党的组织体系不健全，尤其是缺少真正懂党建、善于抓党建的专业人才等。

## 一、正视民办高校党建工作的现实困境

根据我们对全国 70 余所民办高校的调研和分析，突出的问题主要表现在以下方面。

### （一）民办高校的党组织"谁来管"的问题

这是民办高校党组织的隶属关系问题。教党〔2006〕31 号文件中规定：民办高校党组织原则上实行属地管理，有特殊情况的，党组织的隶属关系由党委教育工作部门商同级党委组织部门确定。但现实的情况是，基本上是按主办原则（举办者）、属地原则（学校法人注册地）等确定。由于办学主体多元，党组织的主管部门比较分散，有的隶属于省、市党委教育工作部门党组织，有的隶属于企业集团，有的隶属于学校法人注册地党组织。由于党组织隶属关系的多元化，客观上带来了工作步伐的不一致和不平衡，影响了民办高校党建工作的整体推进。

### （二）民办高校的党组织"管什么"的问题

这是民办高校党组织的职能和权限的问题。中组发〔2000〕7 号文件首次提出"社会力量举办学校党组织在教职员工和学生中发挥政治核心作用"，教党〔2006〕31 号文件进一步提出"民办高校党组织要充分发挥民办高校党组织凝聚人心、推动发展、促进和谐的作用"。但在实际工作中，党组织通过管什么来体现其政治核心作用还存在认识上的不统一和行动上的偏差，党组织履行职责受到各种因素的制约。研究者们通过对 600 余所民办高校调研得出的

"大多数民办高校党组织的管理范围重点在学校的思想政治领域，引导和监督学校的社会主义办学方向，属于方向管理。未能直接参与学校重大问题的决策，例如人事、财务等方面"① 的结论，基本上能反映民办高校党组织管了什么的现状。这与党和政府对民办高校党组织的要求还有很大差距。

### （三）民办高校党组织负责人"如何产生"的问题

这是民办高校党组织负责人的产生方式和任免程序问题。2015 年 11 月，某新闻媒体以《哈尔滨一高校印章被盗　次日公告校党委书记被免》② 为题详细报道了某民办高校办学举办权数次转让引发纠纷，该校理事会免去该校党委书记职务的闹剧。该案虽是个案，但其中反映出的民办高校党组织负责人的合法权益的保护问题却值得关注。民办高校党组织负责人的产生可以有两种途径：一是选举。党组织负责人应按照有关规定选举产生，并报上级党组织批准。二是选派。根据工作需要由党委教育工作部门选派，选派的党组织负责人兼任政府派驻学校的督导专员。这一规定很明确，福建、河北、辽宁、江西、陕西等省也制订选派方案并实施。但在全国的实践中，选派的党委书记比例不算太高，刚开始时，部分民办高校对上面选派的党委书记有抵触情绪，感觉办学自主权受到冲击，对党委书记的工作不支持；部分民办高校法人治理结构不完善，出现了董事长、校长、党委书记三职一身兼的情况，党委书记的职能被弱化，党组织的保证监督作用更是无从谈起；部分民办高校未按组织程序产生和罢免党组织负责人，党组织负责人在学校的身份也是聘用，可随时解聘的现象也存在。

### （四）民办高校党的工作机构"如何设立"的问题

这是民办高校党建工作的基本保障问题。工作中，已建立党组织的民办

---

① 张辉等：《我国民办高校党建工作的创新路径与对策研究——基于 600 余所民办高校调查》，《北京城市学院学报》2016 年第 1 期。

② 《哈尔滨一高校印章被盗　次日公告校党委书记被免》，《南方周末》2015 年 11 月 19 日。

高校会根据学校的工作需要和实际情况设置工作机构和配备人员，"多数党组织设立了办公室、组织部、宣传部等相应的工作机构，配备了专职工作人员，但多数是合署办公，且普遍存在党务工作人员身兼多职的现象"①，而机构过于精简，人员过于精干导致了党建工作仍处于被动应付状态，主动创新少。在实行了"双向进入，交叉兼职"的学校，仍存在突出行政工作而弱化党务工作的倾向。

## （五）民办高校党建工作机制"如何构建"的问题

这是民办高校党建工作形成合力及党组织作用得以发挥的问题。在我国，民办高校是一个自负盈亏的法人团体，更注重投资效率与效益。这一特征对民办高校党建工作运行机制带来直接影响，如公办高校是党委领导下的决策机制，而民办高校是党组织参与决策机制，这一参与决策机制的主体是谁？决策内容涵盖哪些？决策方式有几种？需要什么样的制度保障等一系列新问题产生。但是面对党建工作机制的新情况新问题，有的民办高校党组织或党组织负责人没有积极去争取权益，放弃了决策参与权，"调查显示，相当大比例的党组织领导班子成员未能进入学校最高决策机构和行政管理机构。有近40%的被调查院校党委书记被排除在学校董事会、理事会之外"②，举办者牢牢把控着学校的治理结构。部分民办高校也尚未建立党委书记与校长的会前协商沟通机制，党组织负责人在学校人财物等重大事项的决策上失去了发言权。

实践证明：找不到支点，不明确方向和任务，工作就只能永远处于无序的、盲目的、无效的状态之中。许多民办高校党组织正是因为没有给自己在民办高校工作中定好位，不明确自己的职责，不知道自己该做什么、该怎么

---

① 周丹：《民办高校党组织设置与作用发挥的现状及对策研究》，《领导科学论坛（理论）》2014年第7期。

② 林长兴：《新兴高等教育机构党组织工作研究》，知识产权出版社2013年版，第134页。

做，从而影响了其政治核心作用的有效发挥。

## 二、领导好思想政治工作是民办高校党组织的首要政治责任

2016 年 11 月新修订的《民办教育促进法》颁布，这是新的历史时期进行的一次重要的法律修订，对于从法律层面破解民办教育发展中存在的突出问题，加强党对民办教育的领导，推动民办教育健康可持续发展，具有重大意义。《新法》颁布后，社会各界广泛关注了"分类管理"这一话题，但是对本次修法中的另一重大突破有所忽视，那就是在其总则中增加了加强民办学校党的建设的内容，这是新中国恢复民办教育以来第一次将加强党的建设写入法律，必须认真将《新法》实施中"分类管理"与"党的建设"两个重大命题联系起来考虑，分析两者工作中的结合点，找准实现民办高校党组织政治核心作用的有效路径。

### （一）把握好民办高校党建工作的总要求

中办发〔2016〕78 号文件从总体要求上，明确提出民办学校党组织是党在民办学校中的战斗堡垒，发挥政治核心作用，并从 6 个方面对政治核心作用进行了界定。这是对各级各类民办学校党组织的总要求。文件在此基础上，又进一步对民办高校党组织提出了新要求，要"突出坚持马克思主义指导地位，把握党对意识形态工作的领导权、管理权、话语权，加强对青年教师、党外知识分子和大学的思想引导，促使他们增强政治认同，增强政治敏锐性和政治鉴别力，坚定中国特色社会主义道路自信、理论自信、制度自信、文化自信"，这是对民办高校实现立德树人目标的具体要求。根据这一文件精神和我国民办高校的具体实践，民办高校党组织政治核心地位的确立主要在于落实政治上的领导权、决策上的参与权、行为上的监督权，需要民办高校党组织在实践中把这些工作摆在重要位置。

## （二）关注营利性民办高校党组织作用的新内涵

由于《新法》明确规定义务教育阶段不得举办营利性民办学校，已有民办高校的分类管理将会成为重点的实践领域。教发〔2016〕20 号文件第二十条规定："营利性民办学校应当切实加强党组织建设，强化党组织政治核心和政治引领作用，在事关学校办学方向、师生重大利益的重要决策中发挥指导、保障和监督作用。"民办高校党组织发挥政治核心作用在之前的多个文件中有明确规定，对民办高校党组织的政治核心作用的内涵也有明确界定，大家对政治核心作用的认识很清晰。而对营利性学校党组织提出的强化"政治引领作用"则是有别于以往的新要求。在营利性民办高校，党组织政治引领作用的内涵要求是什么？通过什么有效途径来实现？都需要在实践中进行探索。笔者认为，这一引领作用应重点体现在引领学校的社会主义办学方向和培养社会主义建设者接班人的育人导向上。

## （三）落实好领导思想政治工作的首要政治责任

领导思想政治教育和德育工作，是民办高校党组织的首要政治责任，也是落实民办高校政治领导权的最重要工作。2017 年 2 月 27 日，中共中央、国务院印发了《关于加强和改进新形势下高校思想政治工作的意见》，意见也特别强调要"高度重视民办高校、中外合作办学中党的建设和思想政治工作"。民办高校思想政治工作是覆盖全校全员全过程的工作，应建立党组织领导下的思想政治工作协同机制，这一机制应包括：以社会主义核心价值观为内核的思想政治工作导向机制、以师生主体互动为重点的全员育人工作机制、以贯通课堂教学与其他教育活动等课内课外协同机制、以彰显新媒体的育人功效为载体的线上线下协同机制、以教风学风校风等培育为重点的文化校园硬环境软实力协同机制、以围绕学生需求侧变化的学生评价体系及教师评价体系协同创新机制等。

### （四） 发挥好选派的党组织书记的作用

与以往的选派或选举产生不同，中办发〔2016〕78 号文件提出推行向民办高校选派党组织书记，并兼任政府督导专员，选派将成为民办高校党组织书记产生的唯一路径。文件还特别强调，在选派中民办高校党组织书记要突出讲政治的教育家的要求，全职在民办高校工作，其行政关系不变，报酬待遇由原单位或选派单位负责，除必要工作经费外，不得在学校获取薪酬和其他额外利益。国发〔2016〕81 号文件则明确规定：民办高校党组织书记兼任政府派驻学校的督导专员。从制度设计上讲，"这些规定和做法对于提高民办学校内部治理结构的稳定性、科学性和透明性将产生重要作用"①。但从上述规定出发，民办高校党组织书记除了工作关系外，他跟学校、举办者、行政管理者不在一个利益共同体内，如何实现其肩负的党组织书记的重任和政府督导专员的职能，既不能游离于学校的体制之外，又不能过度干预学校办学事务，需要有一定的政治智慧。

### （五） 通过章程落实好党组织参与决策权

党组织参与决策机制是民办高校党组织发挥政治核心作用的重要途径。本次《新法》修法的一个重要目的是推动现代学校制度建设，建立完善的法人治理结构。学校章程将是学校办学的主要制度依据，必须要及时把加强学校党的建设的内容纳入章程，明确党组织在重大事项决策、监督、执行等方面的地位。要把党组织负责人进入董事会参与学校重大事项决策写入章程，还可把"双向进入，交叉兼职"的校院两级领导班子建设制度、校院两级"党政联席会议制度"等实践中的好做法写入学校章程，加以固化，成为党组织参与决策的重要路径，以确保党组织在董事会、党委会、行政办

---

① 王一涛等：《非营利性民办学校举办者权益的合理保护》，《中国教育学刊》2017 年第 3 期。

公会等都有发言权和决策权。当然，学校党组织不能越权决策，而是要支持学校决策机构和校长依法行使办学权和治校权。

### （六）以党组织领导的监督保证机制来实现办学的公益性

《新法》明确提出"民办教育事业属于公益性事业"，实践中存在"营利性"就不是"公益性"的认识误区。《新法》规定：非营利性民办学校的举办者不得取得办学收益，学校的办学结余全部用于办学。营利性民办学校的举办者可以取得办学收益，学校的办学结余依照公司法等有关法律、行政法规的规定处理。从上述规定看，举办者是否可以分配办学积余资金，构成营利性与非营利性民办学校的核心区别。在确保办学的公益性和规范性方面，民办高校党组织重点要参与或主导学校监事会的工作，防止"举办者在举办其他产业中遇到风险、资金链断裂时，挪用借用资金帮助其陷入困境的其他产业走出危机"① 而影响学校发展的情况。同时，由于非营利性民办高校的学校法人财产权特征日益明显，而且政府还将建立差别化政策体系，在政府补贴、政府购买服务、基金奖励、捐资激励、土地划拨、税费减免等方面对非营利性民办学校给予扶持。对于非营利性民办高校党组织书记而言，代表党和政府来监督政府补贴的使用和扶持政策的落地，确保学校公益性办学的实现等将成为重要任务。

## 三、找准新时期民办高校党建工作的着力点

我国的民办高校在领导体制、组织结构、运行模式等方面具有特殊性，但在坚持立德树人的办学目标上、在学校办学的政治方向上和育人导向上是一致的。实现办好中国特色的社会主义大学的任务，必须要找准加强民办高

---

① 金成、王华：《经济回报、权力获得与自我实现——我国民办高校举办者办学动机探究》,《教育发展研究》2016 年第 21 期。

校党建工作的着力点。

## （一）以"三管"回应好党组织"管什么"的问题

民办高校党的建设首要的问题是要解决"管什么"的问题，实践中最重要的是要管方向、管组织、管队伍。

管方向。作为中国特色社会主义制度下的高校，无论公办高校还是民办高校都是党领导下的高校，这一基本立场不能变。民办高校党组织发挥其政治核心作用的首要任务就是要坚持教育的公益属性，管好学校的办学方向，特别要管好办学的政治方向、学校的发展走向、学校的舆论导向、育人的价值取向和学校的资源流向，确保学校始终把社会效益放在首位。

管组织。要根据民办高校的特点，管好基层组织的建立健全。从纵向层面上，要根据党章的规定和参照《中国共产党普通高等学校基层组织工作条例》的要求，建立健全"学校—院系—支部"三级党的组织体系，确保组织生活正常化；从横向层面上，着重建好党务工作部门和以团学、工会为单位的群众组织，落实党建工作职责。

管队伍。民办高校的干部队伍存在自我培养自我成长自我使用的特点，未纳入省委组织部的干部队伍管理体系，也不能在高校间流动，干部的提拔使用中举办者占据决策权。党委要逐步体现党管干部的原则，在干部的培养上，发挥好组织者、教育者的作用；在干部的聘任上，发挥好考察者、推荐者的作用。还要管好党员队伍，发挥党员的先锋模范作用。

## （二）以"四严"回应好党组织自身建设"怎么做"的问题

在民办高校特殊的办学体制和领导体制下，党组织更需要坚持全面从严治党，要以"严明职责、严守底线、严格制度、严肃纪律"来明确党组织自身建设怎么做。

严明职责。民办高校的党组织和党务工作者要明确自己所肩负的职责，选派到民办高校的党组织书记要理直气壮地开展工作。近年来，通过资产重组和学校发展积累，民办普通高校中有较多的民办高校具有国有资产的属性和学校法人资产属性。学校党委或党委书记完全可以代表政府产权部分在学校的法人治理结构中占据重要地位。但需要引起高度重视的一个问题是：根据中办发〔2016〕78 号文件的规定：派驻党组织书记，全职在民办高校工作，其行政关系不变，报酬待遇由原单位或选派单位负责，除必要工作经费外，不得在学校获得薪酬和其他额外利益。根据这一规定，要注意避免实施过程中可能出现的两种倾向：一是派出的党委书记代表党和政府对民办高校党的工作进行领导、对民办高校运行进行督导，具有领导者心理，越权越位；二是不从学校获得任何报酬，与董事会、校长等不在学校发展的利益共同体中，容易超脱，失权失位。这都对开展民办高校党建工作不利。

严守底线。要守好学校生存底线。民办高校学生学费收入是办学的主要经费，生源是学校的生存底线。要把通过提高办学质量来吸引学生作为学校保生存底线的重要工作来抓。要严守安全稳定底线。要建立健全校园安全稳定机制和强有力的思想政治工作机制，将保稳定始终作为党组织作用发挥的底线抓紧抓好。要守好依法办学的底线。《民办教育促进法》从法律上规范了民办高校办学的基本方向、基本制度和基本要求，党组织有责任督促学校举办者和行政在办学过程中依法办学、依章治校。

严格制度。制度建设具有全局性的作用。为防止党建工作行政化、边缘化的倾向，学校应建立并严格执行党建工作的制度体系，以确保党组织有话语权、决策权和监督保证权。同时学校党组织牢固树立依法治校的理念，帮助行政从民办高校自身的特点出发，依法建立健全管理规章，建立现代大学制度和法人治理结构，从而保证学校的健康发展。

严肃纪律。要严明党的政治纪律，实现党组织生活正常化、党组织工作常态化、党员作用外显化。要从民办高校的实际出发，积极探索党委和行政在党风廉政建设上双主体责任的实施路径。特别要帮助举办者规避办学的资金风险，防止"举办者在举办其他产业中遇到风险、资金链断裂时，挪用借用资金帮助其陷入困境的其他产业走出危机"① 而影响学校发展的情况。

### （三）以"五抓"回应好民办高校党组织"做什么"的问题

新形势下民办高校的发展面临许多新的挑战和机遇，党建工作中要重点抓师德建设、抓发展重心、抓参与决策、抓服务保障、抓文化建设，培育工作特色，提高工作水平。

抓师德建设。教师是学校办学的主体，立德树人是基本职责。党委要将师德建设摆在师资队伍建设的首要位置，引导教师以德立身、以德育人，将育人从第一课堂延伸到第二课堂、第三课堂中，实现全过程育人，努力实现习近平总书记对教师提出的"做学生锤炼品格的引路人，做学生学习知识的引路人，做学生创新思维的引路人，做学生奉献祖国的引路人"的要求。

抓发展重心。民办高校的党建工作必须牢牢把握住学校发展的大局和中心工作来开展才能得到举办者和行政的支持，才能得到全体师生的全力参与。更重要的是，要通过思想政治工作来统一思想、凝聚共识、增进感情，把解决思想认识问题与解决实际困难问题相结合，为学校各项事业发展提供组织保障、人才保障、思想保障和文化保障。

抓参与决策。民办高校党委要督促学校董事会落实中央文件精神，全面实现党组织负责人进董事会的要求，并将这一要求及时写入学校章程，确保党组织参与决策权的实现。还可探索建立校院两级"党政联席会议制度"，通过个别酝酿、会前沟通、民主决策、会议决定的方式来实现党组织对日常工作决策的参与，切实发挥政治核心和监督保障作用。

抓服务保障。全心全意为人民服务是党的根本宗旨。民办高校党组织要在建设服务型党组织上下功夫，既要服务于师生成长成才，也要服务于学校健康发展，还要服务于巩固党组织的政治核心地位。党组织还要发挥好桥梁

---

① 金成、王华：《经济回报、权力获得与自我实现——我国民办高校举办者办学动机探究》，《教育发展研究》2016 年第 21 期。

纽带作用，沟通、协调董事会与学校党政、学校举办者和师生之间的关系，及时化解矛盾，形成发展合力。

抓文化建设。文化力是民办高校发展的软实力。民办高校党组织要把领导校园文化建设作为重要任务，要坚持用社会主义核心价值观引领校风教风学风建设，营造良好的育人环境。同时，要通过对新媒体的建设，抢占舆论制高点，加强对师生的思想引导，促使他们增强政治认同、政治敏锐性和政治鉴别力，确保人才培养方向，实现立德树人的办学目标。

加强民办高校党建工作是一项事关学校正确办学方向和实现育人目标的重要工作，而且随着《新法》及其配套政策的实施，营利性与非营利性民办高校在办学过程中将会呈现不同的特征，党建工作也将面临新挑战和新任务，党建工作的重点和着力点也应随之有所调整，以更好地实现党组织保证政治方向、凝聚师生员工、推动学校发展、引领校园文化等作用。

# 第三节 民办高校党组织落实首要 政治责任的创新路径

从现阶段我国民办高校的实际出发，民办高校党委要落实好领导学校思想政治工作的首要政治责任，必须寻找新的路径和方法。要从学校顶层设计及领导机制入手，建好思想政治教育的协同工作机制，并以评价为导向，引领民办高校思想政治教育的制度化、科学化。

## 一、建好思想政治教育的领导体制

在我国，民办高校的董事会、校长与党委分别处于学校顶层决策、运行中心和政治核心的地位，他们之间的和谐统一、密切配合，是学校办学成功的最关键因素。实践也证明，许多取得成功的民办高校往往是党政团结、协调一致、共同努力的结果。而一所民办高校的思想政治教育工作能否取得成效，首先也取决于一个良好的领导机制。

## （一）当前我国民办高校领导体制的主要模式

董事会领导下的校长负责制是目前我国民办高校普遍采用的领导体制。之所以实施这一领导体制与近代中国私立大学的发展和改革开放以后恢复民办教育的特殊时代背景有关。

中国近代高等教育体制是在借鉴外国先进经验的基础上逐步发展的。在我国，董事会制度的萌芽，最早见于 1874 年徐寿撰写的《格致学院章程》：经理书院各务，公举董事八人。自 1912 年后，颁布了很多专门规范私立大学发展的法律和法规，1913 年 1 月公布了专门针对私立大学的第一个成文法规《私立大学规程》，详细规定了私立大学的办学原则、校舍设施、教师资格、学校废止等内容。1919 年，天津私立南开大学成立董事会，董事会成为学校最高行政机关。1928 年，颁布《私立大学校董会条例》，条例规定私立学校必须组织校董会，并由校董会负"经营学校之全责"，主要职责是选聘校长和筹措经费。校长须对校董会"完全负责执行校务"，负责学校的日常行政和教学管理工作，董事会无权干预。这是董事会领导下校长负责制的雏形。1933 年，修正公布了《私立大学规程》，规程单设第二章对私立学校校董会作了详细规定，并要求私立学校办学必须设立校董会，并对董事会的产生办法、人数、任期、人员构成以及办学相关事项提出了较为详细的意见，至此，董事会领导下的校长负责制成为国家私立大学领导体制和内部治理的根本制度。

1949 年中华人民共和国成立后，国家对私立大学进行了接收改造。1950 年，教育部颁布《私立高等学校管理暂行办法》，办法规定"全国私立高等学校，无论过去已经立案与否，均应重新审查立案。申请时，由校董会详开下列各事项，报经大行政区教育部审查后，转报中央教育部核准立案"，规定"私立高等学校校（院）长及副校（院）长由校董会任免"，

"私立高等学校如欲停办或变更，其校董须于学年结束五个月前报经大行政区教育部审查转报中央教育部核准"等。从总体上看，办法仍然强调了董事会在私立大学中的作用和地位。同时，在这一办法中还规定：私立高等学校办理不善或违背法令时，大行政区教育部得报请中央教育部批准令其改组校董会，更换校长，改组或停办学校。这一表述明确规定了国家有权对私立学校的办学予以监督和管理。然而从 1951 年开始，全国范围内开展了有计划、有重点的院系调整，政府对私立大学进行了改造和接管，至 1952 年私立大学全部调整为公办，公办高校的领导体制则经历了校（院）长负责制（1950—1956 年）—党委领导下的校（院）务委员会制（1957—1961 年）—党委领导下的以校长为首的校务委员会负责制（1961—1966 年）—"文化大革命"时期的特殊体制（1966—1976 年）—党委领导下的校长分工负责制（1976—1984 年）—校长负责制（1985—1988 年）—党委领导下的校长负责制（1989 年至今）。私立大学的消失一度使得董事会领导下的校长负责制这一制度在中国失去生存的必要性。

我国当代的民办高校是在改革开放以后恢复发展起来的，特别是在为满足更多的人上大学的愿望、满足高等教育大众化的需求、满足社会主义现代化建设的需要等背景下发展起来的，经历了一个"先发展，后规范"的过程。在恢复办学之初，由于私立大学已停办 30 多年，相关法律已不具有法律效力，许多早期的民办高校就自觉不自觉地采用和延续了我国原有的私立大学治理制度，实行了董事会领导下的校长负责制。1993 年，国家教委颁布《民办高等学校设置暂行规定》（教计〔1993〕129 号）第十六条第三款规定："实行董事会制度的学校，还须报董事会章程和董事长、董事名单及资格证明文件"。这是改革开放以后在国家文件中第一次提出民办高校的董事会问题。1997 年，国务院颁布《社会力量办学条例》，条例指出：教育机构可以设立校董会。校董会提出校长或者主要行政负责人选，决定教育机构发展、经费筹措、经费预算决算等重大事项。条例还对校董会的组成等进行了详细规定，第一次较为系统地提出民办高校董事会制度的相关规定。这一规定尽管没有强制性要求民办高校必须要有董事会，但由于规定比较具体，具有较强的操作性，实际上成为多数民办高校举办时首选的领导体制。1997年国家教委又在《关于实施〈社会力量办学条例〉若干问题的意见》中对这一问题进行了进一步阐述，要求教育机构要"明确举办者、校长和教职工的权利与责任，规范其内部运行机制。举办者不得在章程规定的权限之外干预教育机构的内部管理和教育教学活动"。并规定校董的年龄不超过75周岁。这也充分反映教育主管部门对民办高校董事会的高度重视。

2002年12月28日第九届全国人民代表大会常务委员会第三十一次会议通过，并于2003年9月1日起实施的《民办教育促进法》原第十九条规定："民办学校应当设立学校理事会、董事会或者其他形式的决策机构"。该条文明确学校理事会（董事会）为学校决策机构，依法行使决策权。至此，经过实践探索和管理总结，民办高校实行董事会领导下的校长负责制基本成为社会共识，并为绝大多数民办高校所采用，成为目前我国民办高校最为普遍最为基本的领导体制。

2016年国发〔2016〕81号文件在加快现代学校制度建设中，就董事会的组成提出了明确要求，文件规定："董事会（理事会）应当优化人员构成，由举办者或者其代表、校长、党组织负责人、教职工代表等共同组成"。教发〔2016〕20号文件也再次强调："党组织书记应当通过法定程序进入学校董事会和行政机构"。党组织负责人或党委班子成员进入董事会，可以直接了解学校发展的重要决策，保证党的工作能围绕学校中心工作来安排，可以更好地发挥党组织的政治核心作用。在这些制度框架下，董事会是学校最高决策机构，校长身兼决策执行和内部管理之责，党委负政治核心作用，监事会负监督保障作用，各种权力边界清晰又相互制约，形成了具有中国特色的民办高校领导体制。目前没有任何文件或法律来明确董事会的学校党组织之间存在纵向关系，实现董事会领导并不意味着董事会直接领导学校党组织，也不能排斥学校党组织在学校管理中的地位与作用。

　　近年来，一些民办高校在学校领导体制上进行了一些新的探索，如西安欧亚学院，近年来，学校完善了董事会组织形式及议事规则，并依据"分权制衡、依法治校、民主治校、具有外部性"的指导原则，在学校章程修订中明确了董事会的具体事项，完善了董事会的内部治理结构；优化了董事会下设的学术委员会、师资与科研发展委员会、薪酬绩效委员会和业务发展委员会等辅助决策机构，以"委员会"的模式完善并丰富董事会组织形式及议事规则。学校还通过规范、掌握决策信息并议决、实施战略和风险监控三个阶段的具体工作，促使董事会将派生于举办者的决策权和学院运营体系相分离，由监督型董事会逐步过渡到决策型董事会，这些有益的尝试中，董事会下设的辅助决策机构为董事会的科学决策提供了强有力的支持，从而为走上现代民办大学制度奠定基础。但是这些改革还是落脚在如何更好地发挥董事会的决策权等问题上，而在如何真正有效地建立董事会、学校行政、学校党组织"三驾马车"同向发力的领导机制上的实践和研究还是有所欠缺的。

　　根据相关的法律法规和文件精神，我们对民办高校董事会、校长、党委书记、党组织、监事（会）等的主要职责、组成或任职的基本条件、产生程序等进行了收集整理，形成表3-1。

表3-1　民办高校董事会、校长、党组织等主要职责及基本要求一览表

| 名称 | 主要职责 | 基本要求 | 产生程序 |
|---|---|---|---|
| 董事会 | 学校最高决策机构，负责：<br>1. 聘任和解聘校长；<br>2. 修改学校章程和制定学校的规章制度；<br>3. 制定发展规划，批准年度工作计划；<br>4. 筹集办学经费，审核预算、决算；<br>5. 决定教职工的编制定额和工资标准；<br>6. 决定学校的分立、合并、终止；<br>7. 决定其他重大事项 | 学校董事会由举办者或者其代表、校长、党组织负责人、教职工代表等人员组成。其中三分之一以上的理事或董事应当具有五年以上教育教学经验。<br>学校董事会由五人以上组成，设董事长一人。董事长、董事名单报审批机关备案 | 选举产生 |

| 名称 | 主要职责 | 基本要求 | 产生程序 |
|---|---|---|---|
| 校长 | 负责学校的教育教学和行政管理工作，行使下列职权：<br>1. 执行学校董事会或者其他形式决策机构的决定；<br>2. 实施发展规划，拟订年度工作计划、财务预算和学校规章制度；<br>3. 聘任和解聘学校工作人员，实施奖惩；<br>4. 组织教育教学、科学研究活动，保证教育教学质量；<br>5. 负责学校日常管理工作；<br>6. 学校董事会或者其他形式决策机构的其他授权 | 应熟悉教育及相关法律法规，具有五年以上教育管理经验和良好办学业绩，个人信用状况良好。<br>民办学校参照同级同类公办学校校长任职的条件聘任校长，年龄可以适当放宽 | 董事会聘任 |
| 党委书记 | 1. 兼任政府督导专员；<br>2. 主持学校党建工作；<br>3. 领导思想政治教育和德育工作；<br>4. 参与学校重大决策 | 坚持信念坚定、为民服务、勤政务实、敢于担当、清正廉洁的好干部标准，突出讲政治的教育家的要求 | 上级党组织选派 |
| 党组织 | 是党在民办高校中的战斗堡垒，发挥政治核心作用：<br>1. 保证政治方向；<br>2. 凝聚师生员工；<br>3. 推动学校发展；<br>4. 引领校园文化；<br>5. 参与人事管理与服务；<br>6. 加强自身建设。<br>要支持学校决策机构和校长依法行使职权，督促其依法治教育、规范管理 | 实现党组织和党的工作全面覆盖，做到哪里有党员、哪里就有党组织、哪里就有党组织和党员作用的充分发挥 | 按党章规定建立 |
| 监事（会） | 监事（会）成员依据学校章程规定的权限和程序共同参与学校的办学和管理 | 监事会中应当有党组织领导班子成员 | 未明确 |
| | 营利性民办学校监事会主要履行以下职责：<br>1. 检查学校财务；<br>2. 监督董事会和行政机构成员履职情况；<br>3. 向教职工（代表）大会报告履职情况；<br>4. 国家法律法规和学校章程规定的其他职权 | 营利性民办学校监事会中教职工代表不得少于三分之一 | 未明确 |

表 3-1 已基本反映了 2016 年《民办教育促进法》修订案、中办发
〔2016〕78 号文件和国发〔2016〕81 号文件等最新的法律法规和文件的相
关内容。在整理过程中，我们发现：目前党和政府对民办高校管理体制中的
监事会等提出了要求，如《民办教育促进法》对原第十九条进行了修改，
将第十九条改为第二十条，修改为："民办学校应当设立学校理事会、董事
会或者其他形式的决策机构并建立相应的监督机制"。明确提出了监督机制
的建设问题，使得民办高校的领导体制在原有董事会、校长、党组织的框架
下增加了监事会等监督机制的内容，使得体制更完善。2016 年 12 月，教育
部、人力资源社会保障部、工商总局联合颁发的《营利性民办学校监督管
理实施细则》（教发〔2016〕20 号）中对营利性民办学校监事会的组成及
主要职责进行了规定。在中办发〔2016〕78 号文件中明确提出："健全党组
织参与决策和监督制度"，要强化党组织对学校重要决策实施的监督，并提
出可"定期组织党员、教职工代表等听取校长工作报告以及学校重大事项
情况通报"等监督形式。但实践中建立监事会的民办高校很少，监事会的
相关制度目前尚不完善，上述的法律法规和文件更多的是提出了一种工作要
求，如何构建民办高校有效的监事制度和监督机制将成为下一步实践中的一
个重点问题，我们也将持续关注这一问题。

近年来，在民办高校的内部领导体制和班子建设上，加快了"双向进
入，交叉兼职"的步伐，力图使行政班子和党组织领导班子可以形成学校
发展的领导合力。如大连科技学院，学校董事会成员、院长办公室人员、党
委会成员均为交叉任职，所形成的合力所发挥的作用远大于各职能作用的简
单相加，形成了从决策到执行一体化的良好局面。根据实践经验与体会，笔
者绘制了民办高校董事会领导下校长负责制的领导体制结构图（见图 3-
1），以便能较为直观地反映民办高校的领导体制情况。

在上述领导体制结构图中，学校领导体制上不再是传统上的董事会、行
政和党组织"三驾马车"，学校事务也不是董事长、校长和党委书记"三大
巨头"说了算，而是形成董事会、监事（会）、学校行政和学校党组织"四

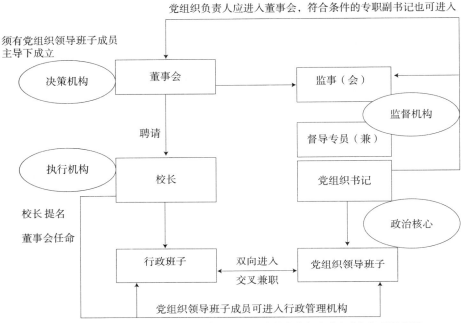

图 3-1　民办高校领导体制结构图

驾马车"并行，决策权、执行权、政治权、监督权四权分设，人员双向进入工作融合的新格局。这是新形势下民办高校领导体制的合理架构。

## （二）民办高校思想政治教育的领导体制

高校思想政治教育的领导权问题并不是一个困难的话题，我们可以从以下一些文件中找到相关的明确规定。1986 年，中共中央、国务院批转了《国家教委关于加强高等学校思想政治工作的决定》，决定要求学校党委要把领导思想政治工作和加强党的建设、保证监督党的方针政策在学校的贯彻执行当作自己的主要任务。校长和各级行政领导干部必须对学生的德智体全面发展负责，不能只抓智育忽视德育和体育，只抓行政、业务管理，忽视思想政治教育。1990 年，中共中央印发《关于加强高等学校党的建设的通知》，文件明确要求高校党委要全面领导学校的思想政治工作，系党总支领导全系的思想政治工作。2004 年，中共中央、国务院印发《关于进一步加强和改进大学生思想政治教育的意见》，对高等学校党委和校长在领导大学生思想政治教育方面提出了较为全面的要求。文件规定："高等学校党委要统一领导大学生思想政治教育工作，经常分析大学生思想状况和思想政治教育工作状况，制订思想政治教育的总体规划，对大学生思想政治教育作出全面部署和安排。校长要对大学生德智体美全面发展负责，把思想政治教育与教学、科研、社会服务工作结合起来，同时部署，同时检查，同时评估"。这一规定从对高等学校思想政治教育的领导体制权上进行了党委统一领导全面部署、行政具体结合全面负责的制度设计，成为 21 世纪以来我国高校思想政治教育最为重要的领导体制。2017 年 2 月，中共中央、国务院印发了《关于加强和改进新形势下高校思想政治工作的意见》，意见在坚持党委领导下的校长负责制、高校党委对本校工作实行全面领导的基础上，对高校的党委书记、校长和其他党委班子成员在思想政治工作中的分工进行了明确，即：党委书记主持党委全面工作，履行高校思想政治工作和党的建设第一责任人的职责。校长是学校的法人代表，在党委领导下组织实施党委有关决议，行使高等教育法等规定的各项职权。其他党委班子成员履行"一岗双责"，结合业务分工抓好思想政治工作和党的建设工作。使得在学校领导层面上领导学校思想政治工作、执行决策、抓好具体工作等都有了较为清晰的规定。

相对于公办高校中对思想政治教育领导权的明确规定不同，对民办高校思想政治教育由谁来领导的问题在民办教育发展的早期实践中存在认识上的差异。有的人认为，民办高校实行董事会领导下的校长负责制，董事会是学校的最高领导机构，领导学校的一切，自然也就领导学校的思想政治教育，领导权在董事会。有的人则认为，董事会只管学校生存和发展中的大事，学生思想政治教育是常规工作，必须体现校长负责制中的校长责任，由校长管，领导权在校长。还有的人则认为，思想政治教育事关培养什么人、培养什么样的人的问题，大家都有责任，大家都该管，董事会要管、校长要管、党委书记也要管，但实际上模糊了思想政治教育的领导权问题，学校思想政治教育工作缺少学校的顶层设计和有力领导。好在这一问题很快得以解决，2000 年中共中央组织部和中共教育部党组联合下发了《关于加强社会力量举办学校党的建设工作意见》（中组部发〔2000〕7 号），明确指出：社会力量举办学校党组织在教职员工和学生中发挥政治核心作用，贯彻党的教育方针，紧紧围绕培养德、智、体、美等方面全面发展的社会主义事业建设者和接班人的根本任务开展工作，领导学校思想政治工作和德育工作。这一要求在 2006 年中共中央组织部和中共教育部党组联合颁发的《关于加强民办高校党的建设工作的若干意见》（教党〔2006〕31 号）和 2016 年中共中央办公厅印发的《关于加强民办学校党的建设工作的意见（试行）》文件中都得到了继承和贯彻，只是 2016 年的新文件中把民办高校党组织领导思想政治工作和德育工作放到一个更重要的位置，明确提出领导思想政治工作和德育工作是民办高校党组织的首要政治责任，涉及学校党的建设、思想政治工作和德育工作的事项，要由党组织研究决定。上述规定，明确了民办高校党组织对思想政治教育工作的绝对领导权，这是保证党对民办高校领导的一种有效途径，更是民办高校党组织所承担的严肃的政治责任，所有的民办高校党组织都要自觉地履行这一责任。

在上述制度框架下，从学校的领导层面上应建立党委统一领导、董事会全力支持、行政班子参与落实的学校思想政治工作的领导体制。

由学校党委在进行全校性思想政治工作和德育工作的顶层设计、制度建设及队伍建设等时，要牢牢把握意识形态的话语权，守好学校思想文化阵地。民办高校党组织要根据自身的性质和特点组织和领导大学生思想教育工作，总的要求是在思想教育过程中严格执行党章规定，全面落实党组织的基本任务，在思想上引导，在政治上把关，在行为上作表率。要通过相关教学渠道、各种有效的活动和扎实的思想政治工作，推动中国特色社会主义理论体系进课堂、进头脑，帮助青年学生树立远大理想，培养科学的世界观、人生观、价值观，增强广大师生对新时期中国特色社会主义道路自信、理论自信、制度自信和文化自信，不断扩大党在民办高校大学生思想和行为中的影响力，提高党在民办高校大学生心目中的地位。要把师德师风、教风学风校风建设作为重要任务，将思想政治要求纳入教师日常管理。要把思想政治教育融入学生学习生活各环节，化解民办高校大学生在实际学习和生活中的思想困惑，增强工作的针对性和实效性。

## 二、建好思想政治教育的协同工作运行机制

良好的工作运行机制是实现工作由谁来做、如何做的重要因素，更是工作取得成效的关键。尽管我们一直强调全员育人、全过程育人、全方位育人，也强调思想政治教育是一项系统工作，但工作总得有人牵头去实践，得有部门去总抓和落实，从民办高校的实际出发，这项工作还是总体要落实在党务工作部门和基层党组织身上，要注重工作的协同性，构建思想政治教育的协同工作运行机制。

### （一）民办高校党务工作部门的整体架构

民办高校思想政治教育的有效开展和良性发展，必须依靠具体的党务工作部门和行政工作部门以及各级党的组织。近年来，党和政府高度重视在民办高校中党的组织建设问题，要求要加大民办学校党组织组建力度，实现党组织和党的工作全面覆盖。要求凡是有 3 名以上正式党员的民办学校都要按照党章规定建立党组织，并按期进行换届。并对批准设立民办学校提出了三个同步的要求，即坚持党的建设同步谋划、党的组织同步设置、党的工作同步开展。这是对学校层面党组织建立的要求。但是对学校党的工作部门如何设置目前尚无明确要求。从实践来看，在全国的民办普通高校中，在机构设置上大体采用了四种模式：一是参照公办高校模式，所有党务工作部门独立设置；二是部分单设，但党务工作部门较少；三是设置大党办，将党务工作

职能全部纳入；四是创新设置模式，党务工作部门与行政工作部门合署。每种模式各有其优劣，我们在全国范围内各选取了几所民办高校进行实证研究，通过网站访问与数据收集、党委书记及党务工作人员访谈等形式，对四种模式的优劣做了一些基础分析。

1. 参照公办高校模式，民办高校党务工作部门均独立设置

新中国成立以后，我国的公办高校在长期的实践中积累了很多宝贵的经验，探索并总结出了很多有效的办法，包括在党务工作部门的设置与工作开展上。我国部分民办高校借鉴公办高校的模式，对党委部门均独立设置，有力地推动了学校党的各项工作的开展。

以西安思源学院为例，学校创建于西安交通大学机械工程学院，学校的名誉校长、董事长、工会主席、科研副校长等一批高级管理人员都来自交大。2012 年，西安交通大学又与思源学院建立了对口帮扶关系，两校间的联系更为紧密。从办学渊源上看，思源学院继承百年交大"精勤求学、敦笃励志"的优良传统，校园文化中不同程度打上了西安交通大学的烙印。学校在机构设置上基本参照公办高校模式，在机构设置上建立了完整的独立的党务工作部门。学校建有 21 个行政部门、22 个教学和教辅单位及研究机构，有 6 个党务工作部门及党的基层组织，党委领导下的工会、团委等群众组织的内设工作部门也较齐全。笔者在访谈中了解到，学校主要负责人和党组织负责人都认为这样独立设置党务工作部门，在工作中的优势还是比较明显的，一是体现了学校举办者和行政领导对党建及思想政治工作的重视，从机构设置及人员安排上为学校党的建设提供了制度性的保障；二是让党委书记有一支工作相对独立的可直接管理使用的队伍，特别是民办高校全面实行党委书记选派后，有独立的党务工作部门使得他们的党委书记的工作有抓手有依靠力量；三是党务部门的干部有了清晰明确的职责与任务，可以全身心地投入到学校党建与思想政治教育工作中去，成为学校思想政治教育强有力的力量。

但从客观上看，这种模式下管理机构庞大，管理岗位数量大，类似于公

办高校管理中人浮于事的现象也会在民办高校出现，学校办学的人力成本较大，并不符合我国大多数民办高校的实际情况。

2. 部分单设，但党务工作部门较少

吉林华桥外国语学院是吉林省重点高校，也是 2011 年经国务院学位委员会批准，成为全国首批获得培养专业学位研究生的五所民办高校之一，2018 年获得学士学位授予权，并将学校更名为吉林外国语大学。通过对学校官方网站公布的学校机构设置情况进行整理，该校的整体机构设置大致可用表 3-2 来体现。

表 3-2　吉林华桥外国语学院机构设置一览表

| 机构类型 | 机构设置 |
| --- | --- |
| 教学机构 | 高级翻译学院、英语学院、双语学院、西方语学院、东方语学院、国际经济贸易学院、国际工商管理学院、文学院、教育学院、公共教育学院、大学英语教育学院、国际交流学院 |
| 科研机构 | 民办高等教育研究院、中外文化研究院、应用型人才培养研究院、"一带一路"语言文化服务协同创新中心 |
| 教辅机构 | 图书馆、现代教育技术中心 |
| 行政机构 | 校长（党委办公室）、教务处、教学质量评价处、教师教学发展中心、科研处、研究生院、国际交流与合作处、学生处、校团委、招生就业处、创新创业学院、人事处、计财处、总务处、保卫处、后勤服务中心 |

从表 3-2 的统计看，学校在机构设置上类型齐全，功能清晰，教学及教辅机构共有 14 个，科研机构有 4 个，行政机构有 16 个，总体上还是教学科研机构的设置较多，这也体现了学校高度重视教学工作，把人才培养工作放在学校的中心位置。但是在 16 个行政机构中，能体现出具有党务工作职能的仅有校长（党委）办公室、校团委两个机构。面向社会公布的党务工作部门设置明显偏少。

长沙医学院是我国民办医学院校中规模最大的学校，为城乡医疗机构培养了大量的高素质医护人才。在该校官网对外公布的学校机构设置中，除18 个教学单位外，在 20 个行政与党务工作机构中设立了组织人事处、纪委监察处、宣传部等三个与党建工作相关的部门，党务工作部门的设置总体上还是比较少的。

3. 设置大党办，将党务工作部门职能全部纳入

在民办高校发展的早期，部分高校采用设置大党办的形式，将所有党务工作职能全部纳入大党办。现在这种情况在中外合作大学中表现得更为明显。如温州肯恩大学的机构设置如下：基金会、评估办、实验室、教学部、教务部、科研办公室、招生办公室、职业发展中心、学生事务部、国情教育中心、图书馆、英语语言中心、学校办公室、党委办公室、人力资源部、校园建设部、财务部、后勤与资产管理部、信息技术中心、发展规划部，其中仅有学校党委办公室是党务工作部门。作为学校党委的综合办事机构，主要担负党委日常办公、组织建设、思想宣传、统一战线、国家安全等工作，同时兼理学校理事会日常工作。根据对社会公开发布的信息显示，该校党委办公室肩负的主要党务工作职能比较多，主要有：（1）党委的日常综合服务。负责党委工作计划、总结、报告、决议、信函等的起草工作；负责处理党委日常文书，包括收发文登记、传阅、催办、打印、校对、复印、收集、整理、归档等，以及机要文件的管理保密；负责筹备、组织党委安排的各种会议，做好会议记录；负责党委和党委办公室印鉴的保管和日常使用；负责协调与工会、共青团以及其他部门的日常工作。（2）组织建设和思想宣传。指导各党支部等基层党组织建设；做好党员发展、教育与管理；负责党费的收、缴、管理工作；负责全校宣传思想文化工作的计划、协调、指导以及各种舆论宣传阵地建设。（3）统一战线和国家安全。做好党风廉政建设工作，保证党委与群众联系渠道的畅通；负责落实党的各项统战政策；贯彻执行党和国家有关国家安全工作方针、政策。通过对上述职能的分析，我们看出该校的党委办公室全面负责了该校党的组织建设、思想建设、作风建设等工作，工作任务还是艰巨的。这种设置方式，使全校党务工作在党委领导下形成"一盘棋"，发出一种声音，也使党务工作在学校有一个统一的形象。但在这种方式下，一方面需要党务工作人员克服单一部门力量薄弱的问题，另

一方面更重要的是要回应好党务工作与行政工作脱节的问题。党的工作只有与学校的中心工作紧密结合在一起，才能得到董事会和行政领导的支持，也才能团结更多的教职工投入到学校的各项工作中去。

4. 创新设置模式，党政合署

在我国民办高校的实践中，较多的民办高校着力探索适合学校发展现实与满足工作需要的新模式，实践中取得较好效果的是一种民办高校党务部门不单设，而是与行政交叉融合合署办公的模式。以浙江树人大学为例，学校办公室与党委办公室、党委宣传部合署，人事组织处与党委组织部、党委统战部合署，学生发展与服务处与党委学工部、校团委合署，纪委与监察、审计办公室合署。上海杉达学院也采取了这种模式，学校党政办公室、党委宣传部（新闻宣传中心）、党委文明办合署，学生教育处、党委学工部合署，人力资源管理处、党委组织部合署，后勤保卫处、党委保卫部合署。尽管合署办公的组合方式不同，但正如上海杉达学院校长李进谈道：这样一种机构设置，既考虑了民办高校的实际情况又兼顾了工作需要，实现了行政与党建的双向进入，运行同步，工作同心，又在总体上形成了机构精简、人员精干、同向发力的高效管理和运行模式。这应该是我国民办高校在实践中探索出的一条符合实情的行之有效的好路子。

从有利的方面讲，这种模式可以使党政有机地融合在一起，形成党政协调的工作机制。但是在实践中，要特别注意的一个问题是，行政工作与党建思政工作的平衡与结合问题。相对而言，行政工作具有更强的刚性要求，身兼数职的工作人员自觉或不自觉地以完成行政工作为首要任务，而对党务工作抱应付态度，一定程度上影响了学校党建与思想政治工作的有效开展。

## （二）民办高校思想政治教育协同工作机制的构建

要全面贯彻党的教育方针，落实立德树人的根本任务，发展素质教育，推进教育公平，培养德智体美劳全面发展的社会主义建设者和接班人。在民办高校领导学校思想政治工作和德育工作，办好社会主义大学，培养好社会主义接班人，就是高校党的政治建设的重要内容之一。新形势下，党和政府对民办高校党组织提出了更高的要求，特别是在保证学校社会主义办学方向、培养社会主义合格建设者和可靠接班人等方面，要求党组织切实承担起政治责任。思想政治教育工作是做人的思想的工作，一定要有人去做，要有人牵头去做，要实现上述目标，需要对工作先设计一个较为清楚的组织架构和运行机制。

曹天平等按照组织行为学的理论，根据高等教育法的规定，结合我国国情和民办高校发展实际，对民办高校党建和思想政治教育工作的组织架构进行设计（见图3-2）。①

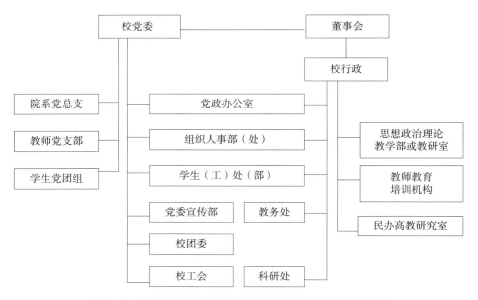

图 3-2　民办高校党建和思想政治教育工作的组织架构图

但是笔者认为：在民办高校要确保党组织对思想政治工作的领导权，必须要打破两种传统观念，实现两个确立：一是打破董事会是学校最高领导的

---

① 曹天平等：《民办高校思想政治教育工作机制的特点与组织系统变革》，《重庆第二师范学院学报》2015年第2期。

观念，真正确立党组织领导学校思想政治工作和德育工作的观点。在思想政治教育中党组织与董事会、行政的关系不是平行的，而是一种领导关系，当然党组织领导下的思想政治工作需要得到董事会与行政的支持与参与。二是打破思想政治教育是思想政治工作者的工作的观念，真正确立立德树人的工作是所有人的职责的观点。无论公办高校还是民办高校，人才培养的政治目标都是一致的，所有的课程、所有的工作都具有育人的职能，学校的思想政治教育工作最终必须落脚到每一个基层的教学组织、每一个具体的工作岗位、每一堂课、每一次活动，把思想价值引领贯穿教育教学全过程和各环节，才能真正实现全过程育人、全方位育人的要求，也才能形成教书育人、科研育人、实践育人、管理育人、服务育人、文化育人、组织育人长效机制。

从上述要求与新的理念出发，笔者尝试构建了"民办高校思想政治教育协同机制模型"（见图 3-3）供大家在实践中参考。这一模型建立的制度基础与实践基础是：《民办教育促进法》及配套政策、中共中央关于加强民办学校党的建设的文件及加强高校思想政治工作等法律法规、政策文件；民办高校党委在思想政治教育和德育工作中负首要政治责任；学校在机构设置上采用主要党务工作部门设置较为齐全但均与行政部门采用合署办公模式；学校党的基层组织和行政的基层单位建立较为完善；学校在思想政治教育工作中已积累了较多的经验并取得了显著的成效。

分析模型图，我们的做法和设想是：

1. 从学校管理的领导层面：学校党委居于思想政治教育工作机制的顶层，确保民办高校党委对思想政治教育的领导权。落实法律法规要求，必须要把这一领导权写入学校章程和董事会章程，从制度上对党委的这一领导权进行固化。也明确党委书记是学校思想政治工作第一责任人，并且把思想政治教育纳入党建工作责任制和意识形态工作责任制。学校行政班子要形成统一共识，做好人财物等工作运行保障，其他领导则要坚持一岗双责，共同抓好思想政治教育工作。

2. 从学校运行的中观层面：合署办公的管理部门和工作机构要承担起谋划统筹、牵头实施的任务。但在工作中各有其侧重面。其中党委办公室、党委宣传部要负总责，制订好全校性的年度工作计划与总结，把握高校意识形态领域的话语权，加强各类阵地的管理，统筹好文化育人的工作。党委组织部、统战部则重点做好师生党建工作、师资队伍建设与师德师风建设，团结带领党内外教职工履行好立德树人的职责，更好地把师生凝聚在党的周围。党委学生工作部负责学生日常管理与思想政治教育工作、辅导员队伍建设等，努力把学生培养成能自觉践行社会主义核心价值观、富有人文精神、有较高的专业素养、有健全的人格的社会主义建设者和接班人。纪律检查委员会则要担负起在民办高校全面从严治党的责任及在师生中开展治党管党教育等的责任，统筹推动学校党的思想建设、干部的作风建设等。而学校单独设立的行政机构中，如教务处重点在于抓好育人的首要阵地课堂、教风学风、实践育人等环节，科研处通过组织学生科研等推动青年学生刻苦钻研、立志建设祖国的精神和信念，保卫处要加强学生法制教育，营造学生成长成才的安全稳定的校园环境，后勤保障处是学生思想政治教育非常重要的一个组织及实施部门，特别是要重视学生公寓的文化育人等。而党委领导下的群众组织工会和团委都是学校思想政治教育的重要力量，工会的着力点在引导教师做好"三育人"工作，团委的着力点则是团结带领广大青年自觉成长成才。

3. 从工作实施的细节层面：民办高校学生思想政治教育工作的具体落实及价值实现还在于党的基层组织和各教学单位。从党的工作体系来看，要将思想政治教育责任落实到各学院分党委—各党支部—各党小组—每位党员，从而落实好责任主体，压实工作责任。2017 年 8 月，中共教育部党组印发《关于加强新形势下高校教师党支部建设的意见》（教党〔2017〕41号），意见指出高校教师党支部是教育、管理、监督和服务教师党员的基本单位，是把党的路线方针政策落实到高校基层的战斗堡垒，是党团结和联系广大教师的桥梁纽带，是办好中国特色社会主义大学的重要支撑，在加强新

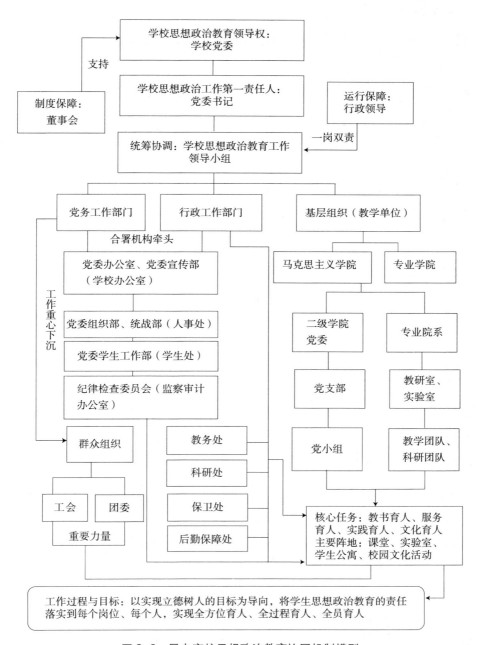

图 3-3 民办高校思想政治教育协同机制模型

形势下高校思想政治工作中起着根本性、基础性、引领性作用。民办高校教师党支部是高校教师党支部的重要组成部分，支部建设也必须要按照这一文件执行。从行政的工作体系来看，要将思想政治教育责任落实到学院—专业院系—教研室、实验室—教学团队、科研团队—每位教师，使每一门课程、每一堂课、每一项活动、每一个工作环节都承担着思想政治教育的功能。

通过上述三个层面的组织架构，构建了从学校领导层直到每个教师每个工作人员都责任明确任务清晰的全员育人、全过程育人、全方位育人的思想政治教育协同机制，通过机制内合、人员融合、工作结合，实现"中心工作齐心抓、分管工作牵头抓、突击工作优先抓、困难工作协助抓"的良好工作机制。

## 三、建好思想政治教育的评价机制

评价是一个指挥棒，体系的导向在哪里，师生的实践也就会朝向哪里。

### （一）对高校大学生思想政治教育工作的测评

党和国家对公办高校思想政治教育的要求就是对民办高校思想政治教育的要求，没有例外。从国家政策层面看，2012 年，为提高大学生思想政治教育工作规范化、科学化水平，提升大学生思想政治教育质量，中共中央宣传部、教育部出台了《关于印发〈全国大学生思想政治教育工作测评体系（试行）〉的通知》（教思政〔2012〕2 号）。测评体系由省（自治区、直辖市）大学生思想政治教育工作测评体系和普通高等学校大学生思想政治教育工作测评体系组成。其中普通高等学校大学生思想政治教育工作测评体系共有 6 个一级指标、20 个二级指标，内容涵盖思想政治教育的组织领导、队伍建设、思想政治理论课、课堂外思想政治教育、条件保障、育人环境等方面，测评采用材料审核和实地考察、网络考察等相结合的方式。党和国家对民办高校在大学生思想政治教育的要求上与公办高校是一致的，因此自

2012 年以来，我国的民办高校在加强和改进大学生思想政治教育中也以这一测评体系提出的目标要求为指向，努力推动学生思想政治教育的改进。

为了解工作开展的情况，2013 年 10 月至 2014 年 4 月，中共中央宣传部、教育部在各地各高校开展测评体系贯彻执行情况自测自评工作，中共中央宣传部、教育部联合成立抽查工作领导小组，由时任中共中央宣传部副部长王世明和教育部党组副书记、副部长杜玉波任组长，深入各省（自治区、直辖市）开展抽查工作，以查代促，有力地推动了该项工作的开展。

在上述指标体系的引领下，民办高校思想政治教育工作越来越规范，无论队伍、条件等都得到了很大的改善。但是从客观上来看，这一指标体系中的许多要求对民办高校来说还是有一定难度的。如：按师生比不低于 1：200 的比例设置一线专职辅导员岗位，这一要求往往就达不到。而且从客观上看，上述指标体系更多的是着力于面上工作的开展情况，是一种重视过程的评价，而对工作结果和成效的评价则稍显不足。

## （二）对民办高校大学生思想政治教育有效性评价的探索

既要重视过程，更要重视效果。思想政治教育的效果如何，也即思想政治教育的有效性应是我们在对思想政治教育进行评价时更要关注的一个重要话题，这既是高校思想政治教育活动发展的归宿问题，也是工作逻辑展开的重要环节。

思想政治教育的有效性，主要表现为思想政治教育活动对其预设目标的实现程度，其教育内容对人们思想观念影响的深刻性、持久性，以及对人们思想意识判别、选择、理解等诸多方面所产生的强化作用。

而大学生思想政治教育有效性与思想政治教育有效性是个别与一般、个性与共性的关系。所谓大学生思想政治教育有效性，是指在一定的历史条件下，在大学生思想政治教育实践中产生效力和效用的特征，亦指大学生思想政治教育产生与出现正向结果的效能属性，主要表现为大学生思想政治教育活动对其预设目标的实现程度，其教育内容对大学生思想观念影响的深刻性、持久性，以及对大学生思想意识判别、选择、理解力等诸方面所产生的强化作用。① 其完整的内涵应包括三个方面：一是大学生思想政治教育者在不断提高自身素质、不断整合优化教育环境的同时，通过科学设计思想政治教育的目标与内容、改进思想政治教育的方法与途径，遵循大学生思想、心理和行为实际等特点，对大学生开展思想政治教育活动。二是大学生在接受的过程中和接受之后，认同并接受教育者所传授的思想政治教育信息，并将教育者所传授的思想政治教育信息内化为自己的意志和信念，在世界观、人生观、价值观等方面发生了朝着与教育者所引导、社会所期望的方向发展变化，取得了正向效应。三是大学生在行为上能自觉实践教育者所传授的思想政治观点，并能够运用正确的立场、观点、方法分析和解决各种问题，即大学生思想行为变化效应作用于改造客观世界过程中所产生的社会效应。从根本上讲，大学生思想政治教育有效性是大学生思想政治教育生命力的标志和体现，是加强和改进大学生思想政治教育工作的客观依据。

基于这样一种要求，我们曾尝试构建一个对高校学生思想政治有效性进行评价的指标体系，但这样的一个指标体系的设计是很难的，既做不到量化评价，也做不到科学性，更无法体现出导向性，在参考国内学者们的研究成果时，也发现大家对这一问题的认识尚不统一，因此对这一重要问题还有待继续研究。对思想政治教育有效性的评价机制的构建是一个十分复杂的工程，但从民办高校的实际出发，对民办高校思想政治教育主体和客体的评价则是现实可行的。

## （三）对民办高校思想政治教育主体（教师育人）评价的探索

教师是人类灵魂的工程师。好老师的标准是什么，在实践中并没有一个

---

① 陈敏：《论大学生思想政治教育有效性及其评价标准》，《黑龙江高教研究》2006 年第2 期。

硬性规定的统一的标准。有理想信念、有道德情操、有扎实知识、有仁爱之心的"四有好老师"的要求，做学生锤炼品格的引路人、做学生学习知识的引路人、做学生创新思维的引路人、做学生奉献祖国的引路人的"四个引路人"的要求，教师要坚持教育和育人相统一、坚持言传和身教相统一、坚持潜心问道和关注社会相统一、坚持学术自由和学术规范相统一的"四个相统一"的要求等都理应成为评价教师工作的重要标准。

传统对高校教师的评价中，主要还是关注教师的教学情况和科研情况，而且这两个方面都有一些硬性的指标规定，如，不同职称的教师需要完成多少课时的教学工作量、需主持多少课题、需获得多少科研经费、需发表多少文章等。当然，这些评价是需要的而且是必须的，但教学科研的评价并不能完全客观地反映教师教学科研育人的工作效果。教师要把育人放在工作价值追求的首位，要成为先进思想文化的传播者、中国共产党执政的坚定支持者。因此在对教师的评价中，要充分考虑这些因素。

近年来，我国一些民办高校在教师评价中开展了创新实践。以浙江树人大学为例，学校对教师的评价工作的开展创新得较早。2012 年，学校在修订教师业绩考核方案时明确提出：教师岗位（含实验）的考核内容包括教学、科研、育人服务三大块。教学、科研、育人服务三者之间的比例关系为 7：2.5：0.5，体现"教学为主、科研刚性、服务固化、相互补充"的原则，而且在业绩之间的抵扣是明确育人服务不能用其他业绩抵扣，使育人服务的要求更为刚性。为使育人服务考核能落到实处，学校同步制定了"育人服务"考核指导意见，明确"育人服务"的范围、工作要求等。尽管育人服务考核的总比例并不高，但体现了教师履行好育人服务也是其基本职责的要求，也体现了学校在教师队伍建设中重视教书育人的导向，这一政策具有很强的导向性，也用制度的方式将一个教师必须承担的育人职责进行明确。2014 年，学校在《第二轮事业单位岗位设置及聘用管理办法》中对每个专业技术岗位的育人服务也都提出了新的要求，并明确规定第一轮完成了育人服务工作任务的专业技术人员才能继续聘任到相应的岗位，如果育人服务未完成，则实行一票否决制，只能聘任到低一级的岗位。这些规定都充分保证了教师要注重教学、科研、育人的三结合，也形成了全校教师共同育人的良好氛围。

### （四）对民办高校思想政治教育客体（学生成长）评价的探索

高校培养的大学生要成为什么样的人呢？2017年10月，习近平总书记在党的十九大报告中要求各级各类学校都要"培养德智体美全面发展的社会主义建设者和接班人"①，成为德智体美全面发展的社会主义建设者和接班人就成为当代大学生成长成才的最基本要求，而这一要求也是对民办高校青年学生成长成才的要求。对学生成长成才的评价体系就需要围绕上述目标要求来进行设计。

以浙江树人大学为例，自2007以来，学校按照"知识教育和人格教育并重、科学教育和人文教育整合、人性发展与社会责任统一"的指导思想，以知识、能力、素质为主导设置三级指标，制定并形成一个完整的学生成才规划及评价体系，将学生的评优评奖等与成才规划评价相结合。每个学生合理规划、扎实推进，不断增强学生学习的主动性，并推动大学生把自我的成长与国家的发展、与中国特色社会主义的实践相结合，进而实现他们的成才目标。在目标体系的设定上，进一步细化了人才培养的目标体系构建及其实现路径，使学生设定的成才目标更具有针对性和可操作性，也可以使每一个学生扬长避短，成功实现了学生发展目标同学校育人目标的契合。在评价时，不与其他同学做横向比较，而与自己设定的目标进行比较，从而得到一个自我发展的评价。这一评价方式较好地解决了学生学习发展的内心动力问题。

---

① 习近平：《决胜全面建成小康社会 夺取新时代中国特色社会主义伟大胜利——在中国共产党第十九次全国代表大会上的报告》，人民出版社2017年版，第45页。

**表 3-3　基于"成才规划"设定的学生发展目标体系和评价体系**

| 一级指标 | 二级指标 | 三级指标 | | 项目属性及计分方式 |
|---|---|---|---|---|
| 知识<br>(60%) | 课程知识 | 必修课 | | 基本项目 |
| | | 选修课 | | 基本项目 |
| | | 听学术讲座 | | 基本项目 |
| | 拓展知识 | 辅修合格证书 | | 加分项目 |
| | | 英语等级证书 | | 加分项目 |
| | | 计算机等级证书 | | 加分项目 |
| | | 职业资格证书 | | 加分项目 |
| 能力<br>(20%) | 学习创新<br>能力 | 发表作品 | | 加分项目 |
| | | 承担或参与科研 | | 加分项目 |
| | | 竞赛获奖 | | 加分项目 |
| | 沟通适应<br>能力 | 学会与人交往，能作出正确的判断，<br>化解矛盾和纠纷 | | 减分项目 |
| | 社会实践<br>能力 | 社会实践参与 | | 加分项目 |
| | | 学生干部经历 | | 加分项目 |
| | | 文化活动获奖 | | 加分项目 |
| | | 社团活动及工作 | | 加分项目 |
| 素质<br>(20%) | 政治追求 | 入党前表现 | | 加分项目 |
| | | 入党后表现 | | 基本项目 |
| | 学习习惯 | 诸如迟到、早退、旷课等不良习惯 | | 减分项目 |
| | 文明修养 | 待人接物 | | 减分项目 |
| | | 寝室卫生及安全 | | 基本项目 |
| | 遵纪守法 | 参照具体的校纪规章 | | 减分项目 |
| | 身心健康 | 良好的<br>身体素质 | 晨练晨学 | 加分项目 |
| | | | 体育比赛 | 加分项目 |
| | | 良好的心理素质 | | 加分项目 |

　　规划的本质既是以大学生全面发展为目标的综合性育人过程，又是以学生自我激励为基础的自主性成才过程。通过"成才规划"课程体系、评价体系、监控体系、文化体系等在显性课程中的"制度性""常规性"

渗透，使民办高校学生在世界观、人生观、价值观及成才路径的选择等内容中渗入社会主义核心价值观。发挥隐性课程"润物细无声"的功能，构建以促进大学生成才为核心的校园文化，改变校园文化娱乐性、文艺性活动多，学术性、科技性、成才性活动少的状态，将促进成才作为"明线"，更好地激发学生的兴趣和动机，将社会主义核心价值观作为"暗线"，作为校园文化的核心价值与内涵，寻求二者的契合点，在促进大学生成才和社会主义核心价值观内化功能上的"苍白"，实现提高大学生综合素质、提升就业竞争力与实现社会主义核心价值观内化的双赢，使之成为民办高校学生思想政治教育的一个有效载体。实践也证明了这种探索是一种符合民办高校师生实际、受到师生欢迎、取得了实际成效的创新做法。

## （五）对民办高校思想政治教育实效性的社会评价

在社会第三方机构对高校的评估中，思想政治教育越来越被重视。毕业生自身的道德教育水平决定他们做人的根本。根据浙江省教育评估院 2016 年 11 月发布的《2015 届浙江省高校毕业生职业发展状况及人才培养质量调查报告》中的统计显示，近三年来，用人单位对高校人才培养的道德培养的建议比重从 2013 届 1.3% 到 2014 届 7.7% 再到 2015 届 14.23%，逐年大幅度提升，这说明用人单位认为高校今后的人才培养应该更注重大学生的道德培养，可见立德树人在整个社会中越来越受到重视，在大学生技能素质整体提升的今天，道德培养需要更为重视。这也意味着高校今后对大学生的道德素质的培养任务更加艰巨。

当前的第三方评价中，对于高校学生思想道德教育的评价，往往会从用人单位对毕业生评价的角度，选取职业适应度、职业胜任度、人际关系协调能力、职业发展信心、职业发展空间、职业稳定度等角度分析。

一般而言，用人单位对毕业生各项能力的满意度，会从实践动手能力、专业水平、创新能力、管理能力、合作与协调能力、人际沟通能力、心理素质及抗压能力等七个方面作出评判。后三者更多的是与高校思想政治教育相关联，综合体现了高校思想政治教育、心理健康教育和校园文化建设的综合水平，更是学生个体在经历高等教育后综合素质的体现。

| 第四章 |

# 以社会主义核心价值观为
# 内核的协同育人导向机制

　　党的十九大报告把"优先发展教育事业"放在"提高保障和改善民生水平，加强和创新社会治理"七项任务之首，并提出了"落实立德树人根本任务"的要求，充分体现了党和国家对教育的高度重视。"立德树人"的理念落到教育的实践中，重点是要解决"立什么德""树什么人"的问题。关于"立什么德"的问题，习近平总书记指出："核心价值观，其实就是一种德，既是个人的德，也是一种大德，就是国家的德、社会的德。"① 他在2016 年 12 月召开的全国高校思想政治工作会议上强调：要坚持不懈培育和弘扬社会主义核心价值观，引导广大师生做社会主义核心价值观的坚定信仰者、积极传播者、模范践行者。这些要求已为我们指明了方向，即要把社会主义核心价值观教育作为"立德"的核心，把推进大学生自觉认同和践行社会主义核心价值观作为构建大学生思想政治教育协同育人导向机制的内核。

---

　　① 《习近平谈治国理政》，外文出版社 2014 年版，第 168 页。

# 第一节　价值观及价值观教育的政策演进

我们在对青年学生开展教育时，通常会把世界观、人生观和价值观三者联系在一起讲。世界观是人们对世界的总的看法和根本观点，是人们对于世界的本质和各种关系以及世界上的一切事物的根本观点，它回答世界是什么、怎么样等根本性问题。人生观则是每个人对人生目的、意义等的根本看法和态度，是世界观在人生领域的一种延伸、一种体现。而价值观又主要反映什么？它为什么在青年学生思想政治教育中占据核心的导向地位呢？为了回答上述问题，我们有必要来梳理相关的概念及学术界的研究情况。

## 一、价值观与社会主义核心价值观

### （一）价值观

世界观与人生观的研究，是从有了人类社会以后就开始的，从哲学家们仰望苍穹和关注人类的研究中就产生了。但对于国内外学术界何时开展价值观的研究，有一些不同的研究成果。有学者指出：国外价值观研究主要开始于 20 世纪二三十年代，20 世纪 50 年代开始快速发展和深入。国内的研究从 60 年代开始，较早的有李美枝等用《价值观研究》量表对中国大学生的调查研究。大陆对价值观研究从 80 年代开始，如王新玲对北京第四十六中学学生价值观系统的研究，黄希庭等利用 Rokeach 的价值观量表对广州、深圳、武汉、成都和重庆五城市 2125 名青少年学生价值观进行研究。① 另有学者指出：70 年代末 80 年代初，随着真理标准问题讨论的深入，价值理论

---

① 转引自唐文清、张进辅：《中外价值观研究述评》，《心理科学》2008 年第 3 期。

及价值观研究受到学术界的广泛关注。① 1980 年，《中国青年》杂志刊登署名"潘晓"的读者来信《人生的路为什么越走越窄》，引发了全国读者将价值观与人生观联系在一起的关于人生价值观的大讨论。也有学者认为："价值观"一词是 1980 年青年人生观大讨论中一些学者提出来的。于光远在《中国社会科学》上发表文章探讨"怎样的人生有价值"，提出"人不仅要有正确的世界观、人生观，还应该有引领青年往上的价值观"②。这一阐述明确地提出了价值观，而且重点在引导青年"往上"的价值观培育上的重要命题。

随后价值观问题引起了大家的广泛关注，它既是一个理论问题，更是一个实践问题。不同的学者根据不同的理论观点从不同角度对价值观进行阐释，以下列举部分学者的观点。

克拉克洪（Kluckhohn）于 1992 年提出：价值观是一种外显或内隐的、关于什么是"值得的"的看法，它是个人或群体的特征，影响人们对行为方式、手段和目标的选择。施瓦兹（Schwartz）则认为：价值观是令人向往的某些状态、对象、目标或行为，它超越具体情景而存在，可作为在一系列行为方式中进行判断和选择的标准。③ 黄希庭认为：价值观是人们用来区分好坏标准并指导行为的多维度多层次的心理倾向系统。价值观为人自认为正当的行为提供充分的理由，是浸透于整个个性之中支配着人的行为、态度、观点、信念、理想的一种内心尺度。④ 许燕认为：价值观是人们对事物及行为的意义、效用的评定标准，是推动并指引人们决策和采取行动的核心因素。⑤ 辛志勇等人通过访谈、语句完成、自由联想等方法研究大学生对价值

① 北京市邓小平理论研究中心、北京师范大学价值与文化研究中心：《关于价值观研究现状的调研报告》，《中国特色社会主义研究》2002 年第 1 期。
② 陈国平：《改革开放以来大学生社会主义核心价值观教育演变的特点探析》，《内蒙古师范大学学报（教育科学版）》2017 年第 9 期。
③ 唐文清、张进辅：《中外价值观研究述评》，《心理科学》2008 年第 3 期。
④ 黄希庭：《心理学导论》（第二版），人民教育出版社 2007 年版，第 180 页。
⑤ 许燕：《北京大学生价值观研究及其教育建议》，《教育研究》1999 年第 5 期。

观概念的认识，他们的研究成果表明：在价值观属性层面，大学生更多把价值观看作一种看法和观念、一种标准或准则、一种目标、一种贡献、一种行为指南、一种态度及一种个性品质等；在价值观内容指向层面，大学生往往把价值观与人生、自身、国家社会、金钱物质、人际关系、道德人性、人类世界、个性品质、荣誉地位、自然界等联系起来。他们把大学生所理解的价值观初步界定为："价值观是人们在目标确立、手段选择、规则遵循方面所体现出来的观念，这种观念对个体或群体的行为具有导向作用。"①

随着经济社会和人们实践的发展，对价值观的认识也在不断发展。2005年，我国进行了新时期思想政治理论课改革的新方案，其中在《马克思主义基本原理概论（2015 年修订版）》课中突出了价值、价值评价、价值观的理论，这是我国对大学生开展价值观教育的一个重要组成部分。教材中明确界定：

> 价值观是人们关于价值本质的认识以及对人和事物的评价标准、评价原则和评价方法的观点的体系。它与世界观和人生观是一致的。价值观对人的行为起着规范和导向作用。价值观不同的人们，行为的取向也会不同，甚至可能截然相反。即使从同一个真理性的认识出发，也可能引出不同甚至相反的行为取向。②

这一对价值观的界定，应成为民办高校开展大学生价值观教育的基本理论支撑。

## （二）社会主义核心价值观

人类社会的发展证明，对一个国家、一个民族来说，最持久、最深层的

① 辛志勇、金盛华：《大学生的价值观概念与价值观结构》，《高等教育研究》2006 年第 2 期。
② 《马克思主义基本原理概论（2015 年修订版）》，高等教育出版社 2015 年版，第 88—89 页。

力量是全社会共同认可的核心价值观。核心价值观承载着一个民族、一个国家的精神追求，体现着一个社会评判是非曲直起码的价值标准。核心价值观是文化软实力的核心，是反映全体人民共同认同的价值观的"最大公约数"，会对社会各个阶层各类群体的多样化价值观起到引领作用，对社会进步起到导向作用，历史和现实都表明，构建具有强大感召力的核心价值观，关系社会和谐稳定，关系国家长治久安。我国古代"三纲五常"为主要内容的价值体系和"五伦四维"的价值观，成为封建社会的精神支撑，而西方社会以个人主义为主要内容的价值体系和"自由、平等、博爱"的价值观，为建立和巩固资本主义制度提供了文化基础。核心价值观是文化软实力的灵魂、是文化软实力建设的重点，这是决定文化性质和方向的最深层次要素。一个国家的文化软实力，从根本上说，取决于其核心价值观的生命力、凝聚力、感召力。培育和弘扬核心价值观，有效整合社会意识，是社会系统得以正常运转、社会秩序得以有效维护的重要途径，也是国家治理体系和治理能力现代化的重要方面。当代中国的发展，也需要有一个扎根于中国大地、吸收中国优秀传统、面向当代、走向未来的中国人共同的核心价值观，这就是社会主义核心价值观。

## （三）社会主义核心价值观

社会主义核心价值观作为社会主义核心价值体系的内核，体现了社会主义核心价值体系的丰富内涵和实践要求，是社会主义核心价值体系的高度凝练和集中表达。2012 年 11 月，党的十八大报告以"三个倡导"的表达，提出了培育和践行社会主义核心价值观的时代新要求。报告指出："倡导富强、民主、文明、和谐，倡导自由、平等、公正、法治，倡导爱国、敬业、诚信、友善，积极培育和践行社会主义核心价值观"。这 24 个字囊括了国家、社会、公民三个层面，具有丰富的内涵，体现了时代的要求。

从国家层面看："富强、民主、文明、和谐"是我国在社会主义初级阶段的奋斗目标，体现了社会主义核心价值观在发展目标上的规定，是立足国家层面提出的要求。在当代中国，实现国家昌盛、人民幸福和民族复兴，符合近代以来中国人民寻求民族复兴的共同愿景，是一个能够凝聚起亿万人民群众智慧和力量的宏伟目标。

从社会层面看："自由、平等、公正、法治"体现了社会主义核心价值观在价值导向上的规定，是立足社会层面提出的要求，反映了社会主义社会的基本属性，始终是我们党和国家奉行的核心价值理念。

从公民层面看："爱国、敬业、诚信、友善"体现了社会主义核心价值观在道德准则上的规定，是立足公民个人层面提出的要求，涵盖了社会主义公民道德行为各个环节，贯穿了社会公德、职业道德、家庭美德、个人品德各方面，体现了社会主义价值追求和公民道德行为的本质属性。

社会主义核心价值观是马克思主义价值观的重要内容，是基于中华优秀传统文化的马克思主义中国化的重大成果。社会主义核心价值观把涉及国家、社会、公民的价值要求融为一体，既体现了社会主义本质要求，继承了中华优秀传统文化，也吸收了世界文明有益成果，体现了时代精神。党的十八大后，社会主义核心价值观教育成为中国特色社会主义文化建设的重要任务在各领域各阶层展开。

党的十九大报告又进一步指出：社会主义核心价值观是当代中国精神的集中体现，凝结着全体人民共同的价值追求。要以培养担当民族复兴大任的时代新人为着眼点，强化教育引导、实践养成、制度保障，发挥社会主义核心价值观对国民教育、精神文明创建、精神文化新产品创作生产传播的引领作用，把社会主义核心价值观融入社会发展的各方面，转化为人们的情感认同和行为习惯。这对新时期做好社会主义核心价值观教育提出了新的方向和要求。

## （四）当代浙江人的共同价值观

在社会主义核心价值观确立的过程中，我国多省也在开展具有地域特征的价值观大讨论活动，并形成了社会主义核心价值体系具有地域特点的表达方式。以浙江省为例，2012 年 2 月起，浙江在全省范围内启动了"我们的价值观"大讨论，并向全社会征集词汇，希望能充分体现浙江人在政治、经济、文化、社会生活等方面积极向上的价值取向和价值标准。在浙江省第十三次党代会报告中提出，"大力弘扬民族精神、时代精神和以创业创新为核心的浙江精神，积极倡导以'务实、守信、崇学、向善'为内涵的当代浙江人共同价值观"，当代浙江人的共同价值观正式确立，这是自上而下确定一种价值表达的词汇，所选出来的词语不是让普通人去仰视，而是贴近了大多数人的内心。

当代浙江人共同价值观的内涵具体表现在如下四个核心方面：政治思想上的"务实"，即解放思想、实事求是、力求实效；经济上的"守信"，即倡导信义、尊重规则、信守承诺；文化上的"崇学"，即重学善思、积极向上、尚智创新；社会上的"向善"，即人心向善、从善如流、积善积德，在整个浙江形成良好的社会风尚。

从辩证关系上看，社会主义核心价值观和当代浙江人共同价值观既相互区别又具有内在一致性。首先，社会主义核心价值观与当代浙江人共同价值观是本质与表现的关系。社会主义核心价值观是全体社会民众的共同需要，当代浙江人共同价值观是社会主义核心价值观在浙江的具体体现。当代浙江人共同价值观所倡导的务实、守信均体现了社会主义核心价值观社会层面的价值取向；其所倡导的守信、向善更是直接体现了社会主义核心价值观公民层面的价值准则。其次，社会主义核心价值观是当代浙江人共同价值观的价值取向和精神源泉。当代浙江人共同价值观是浙江在培育和践行社会主义核心价值体系过程中提炼出来的，是富有浙江特色的社会主义核心价值观。最后，塑造当代浙江人共同价值观是浙江培育和践行社会主义核心价值观的具体行动。当代浙江人共同价值观作为社会主义核心价值观在浙江的具体化、地域化表达，让社会主义核心价值观通过浙江人民更为熟知、更容易理解的形式反映和表达出来，使社会主义核心价值观更能够深得民意、深入人心。

任何价值和价值观都有其特定的主体性，这也是价值的本质特征之一。当代浙江人共同价值观的提法既指明了空间——浙江省，也明确了时间——当代；既包括了组织的概念——浙江的政府组织、企事业单位及各种团体，也强调了人群的概念——浙江人。浙江人是广义的，不仅包括浙江省的每一个公民，还涵盖了全球浙江籍人士以及在浙江工作生活的个体或群体。从这个意义上说，当代浙江人共同价值观是从浙江的历史传统文化入手，从未来浙江政治经济社会发展着眼，立足于当下浙江的时代背景，探究浙江价值观的内涵，借此推动浙江人民以更积极主动的主体意识，自觉担当作为当代浙江和浙江人对培育和践行积极向上的价值观的责任。在浙江高校的价值观的教育过程中，具有地域性的共同价值观也应纳入，这是面向区域经济发展培养人才的必然要求。

## 二、改革开放以来大学生价值观的政策演进及启示

改革开放以来，党和政府高度重视大学生的世界观、人生观和价值观教育，并且经历了一个从重视世界观到世界观与人生观并重再到世界观、人生观、价值观三者同时都要培养的发展历程，我们可以从改革开放相关的政策中回溯到这一轨迹。

### （一）重视青年学生世界观的教育

1978 年，教育部印发了《关于讨论和试行〈全国重点高等学校暂行工作条例〉（试行草案）的通知》，通知强调：在思想政治工作中，必须正确处理红与专的关系。"红"首先是指政治立场。对于高等学校的师生，红的初步要求，就是热爱中国共产党，热爱社会主义，自觉自愿为社会主义事业、为人民服务。在这个基础上，还应该积极地对他们进行无产阶级的、共产主义的世界观教育。但是，世界观的改造，是一个长期的、逐步实现的自我改造过程，应该耐心地做工作，不能操之过急。①

---

① 教育部思想政治工作司组编：《加强和改进大学生思想政治教育重要文献选编（1978—2008）》，中国人民大学出版社 2008 年版，第 3 页。

1980 年，教育部、共青团中央印发《关于加强高等学校学生思想政治工作的意见》的联合通知，意见指出：思想政治工作要旗帜鲜明地对学生进行系统的马列主义、毛泽东思想基本原理的教育、革命理想教育、共产主义道德品质教育，培养学生运用马列主义的立场、观点、方法分析问题和解决问题的能力，逐步树立辩证唯物主义和历史唯物主义的世界观。① 同年，在教育部关于印发《改进和加强高等学校马列主义课的试行办法》的通知中对高等学校马列主义课的任务进行了明确规定，就是对学生进行马列主义、毛泽东思想的基本理论教育，帮助学生完整地、准确地理解马列主义、毛泽东思想的科学体系，提高社会主义觉悟，逐步树立无产阶级的世界观，掌握科学的方法论，初步具有运用马列主义的立场、观点和方法分析实际问题的能力，自觉地为社会主义现代化建设服务、为人民服务。②

1984 年，中共中央宣传部、教育部印发《关于加强和改进高等院校马列主义理论教育的若干规定》的通知里指出：马克思主义是我们党和国家的行动指南，是培养学生无产阶级世界观和共产主义道德的理论基础。马列主义理论课的主要任务是帮助学生通过系统地学习马列主义、毛泽东思想，确立坚定正确的政治方向，树立无产阶级世界观。③

### （二）重视青年学生世界观、人生观的教育

1984 年，教育部印发《关于高等学校开设共产主义思想品德课的若干规定》的通知，规定首次指出：共产主义思想品德课的任务是对学生进行共产主义人生观和共产主义道德教育，针对学生普遍关心的有关人生、理想、道德等方面的问题，给予有说服力的回答，帮助学生逐步树立共产主义

---

① 教育部思想政治工作司组编：《加强和改进大学生思想政治教育重要文献选编（1978—2008）》，中国人民大学出版社 2008 年版，第 7 页。
② 教育部思想政治工作司组编：《加强和改进大学生思想政治教育重要文献选编（1978—2008）》，中国人民大学出版社 2008 年版，第 12 页。
③ 教育部思想政治工作司组编：《加强和改进大学生思想政治教育重要文献选编（1978—2008）》，中国人民大学出版社 2008 年版，第 41 页。

人生观，培育共产主义的道德品质。① 这是首次在正式文件中涉及青年学生人生观的教育培养。在其后的相关文件中，往往把世界观与人生观两者联系在一起。如 1985 年，中共中央印发的《关于改革学校思想品德和政治理论课程教学的通知》（中发〔1985〕18 号）中指出：改革马克思主义思想理论课教学，必须紧密联系青少年不同时期的思想、知识、心理发展的特点，循序渐进，由浅入深，从具体到抽象，从现象到本质，引导他们逐步树立正确的人生观和世界观，运用正确的观点和方法去积极地思考并回答自己所面临的重大问题，认清和履行我国青年一代的崇高责任。②

1986 年，中共中央、国务院批转《国家教委关于加强高等学校思想政治工作的决定》的通知中指出：马克思主义理论教育，对于学生树立正确的人生观和科学的世界观，树立共产主义远大理想，具有十分重要的意义。这一通知精神延续和重申了中发〔1985〕18 号文件的精神。

1987 年，中共中央作出《关于改进和加强高等学校思想政治工作的决定》指出：要使学生掌握马克思主义基本原理，了解中国革命的历史，正确理解建设中国特色社会主义的理论和实践，树立辩证唯物主义和历史唯物主义的世界观，确立远大的理想和正确的人生观。

## （三）重视世界观、人生观和价值观的教育

1991 年，国家教委印发了《研究生思想政治教育工作座谈会纪要》，纪要指出：会议认为，紧紧抓住坚持社会主义道路和树立为人民服务的人生观的教育，就抓住了当前研究生思想政治教育工作的根本。要紧紧围绕为什么人的问题，开展树立为人民服务的人生观教育，清理资产阶级腐朽的世界观、人生观、价值观的影响。这是在正式的通知和文件中首次把世界观、人

---

① 教育部思想政治工作司组编：《加强和改进大学生思想政治教育重要文献选编（1978—2008）》，中国人民大学出版社 2008 年版，第 48 页。
② 教育部思想政治工作司组编：《加强和改进大学生思想政治教育重要文献选编（1978—2008）》，中国人民大学出版社 2008 年版，第 54 页。

生观和价值观三者联系在一起的阐述。

其后，在一系列的文件中，"三观"教育成为大学生马克思主义理论教育、高校思想政治教育的重要组成部分。如：1991 年，《国家教委关于加强和改进高等学校马克思主义理论教育的若干意见》中指出：在高校的全部思想政治工作中，马克思主义理论课在对青年学生系统灌输马克思主义科学理论，进行科学世界观、人生观和价值观的教育，以及党的路线、方针和政策教育方面，担负着特殊重要的责任。1992 年，中共中央宣传部、国家教委、共青团中央《关于进一步组织高等学校青年师生学习马克思主义理论的通知》中也要求：要理论联系实际，重点解决立场、信念和人生观、价值观问题。要坚定社会主义信念，树立无产阶级世界观和全心全意为人民服务的人生观、价值观。

1993 年，中共中央组织部、中共中央宣传部、国家教委印发《关于新形势下加强和改进高等学校党的建设和思想政治工作的若干意见》的通知，意见要求要坚持用建设中国特色社会主义的理论武装全体党员和教育师生员工，促进党员和师生员工树立正确的理想、信念、人生观、价值观。

1995 年，国家教委印发了《关于高校马克思主义理论课和思想品德课教学改革的若干意见》，意见分析了"两课"教学面临的复杂形势和严峻挑战，指出：怎样帮助青年学生认清人类历史的走向和社会主义发展的前景，使他们确立坚定正确的政治方向，提高贯彻执行党的基本路线的自觉性；树立马克思主义的世界观、人生观、价值观，培育良好的道德品质，成为社会主义事业的建设者和接班人，这是"两课"教学需要研究解决的新情况和新问题。① 要求"两课"的教学改革要围绕引导和帮助学生树立马克思主义的世界观、人生观、价值观这一根本目标来深入进行。

---

① 教育部思想政治工作司组编：《加强和改进大学生思想政治教育重要文献选编（1978—2008）》，中国人民大学出版社 2008 年版，第 212 页。

2004 年，中共中央、国务院《关于进一步加强和改进大学生思想政治教育的意见》（"中央 16 号文件"）指出大学生思想政治教育要以"理想信念为核心，深入进行树立正确的世界观、人生观、价值观教育"。同年，教育部、共青团中央《关于加强和改进高等学校校园文化建设的意见》在对高校校园文化建设的总体要求中提出"以树立正确的世界观、人生观、价值观为导向"，在主要任务的第一个方面就提出"以理想信念教育为核心，深入进行树立正确的世界观、人生观和价值观教育"，把"三观"教育作为高校校园文化建设的引领性内容予以强调。走出了"三观"教育定位在马克思主义理论教育的框架，而走向更为广阔的空间。

2008 年 5 月 3 日，胡锦涛同志在北京大学考察时的讲话中指出：希望同学们"要在深入学习中国特色社会主义理论体系上狠下功夫，努力用马克思主义中国化最新成果武装头脑，牢固树立科学的世界观、人生观、价值观，牢牢把握人生的正确航向"。

党的十八大以来，习近平总书记高度重视青年学生的思想政治工作，大力倡导在广大青年学生中培育和践行社会主义核心价值观，对培养和造就社会主义合格建设者和可靠接班人提出新要求、作出新部署。

2013 年 12 月 23 日，中共中央办公厅印发了《关于培育和践行社会主义核心价值观的意见》，对培育和践行社会主义核心价值观作了整体部署。意见在对培育和践行社会主义核心价值观要坚持的原则中指出：要坚持以理想信念为核心，抓住世界观、人生观、价值观这个总开关，在全社会牢固树立中国特色社会主义共同理想，着力铸牢人们的精神支柱。这也表明了"三观"教育的重要性。

2014 年 5 月 4 日，习近平总书记在北京大学考察时强调：核心价值观承载着一个民族、一个国家的精神追求，是最持久、最深层的力量。青年的价值取向决定了未来整个社会的价值取向，青年正处于"价值观形成和确立的时期，抓好这一时期的价值观养成十分重要。这就像穿衣服扣扣子一样，如果第一粒扣子扣错了，剩余的扣子都会扣错。人生的扣子从一开始就要扣好"①。核心价值观的养成绝非一日之功，要坚持由易到难、由近及远，努力把核心价值观的要求变成日常的行为准则，进而形成自觉奉行的信念理念。广大青年要从现在做起、从自己做起，勤学、修德、明辨、笃实，使社会主义核心价值观成为自己的基本遵循，并身体力行大力将其推广到全社会去，努力在实现中国梦的伟大实践中创造自己的精彩人生。

2014年10月17日，中共教育部党组、共青团中央印发的《关于在各级各类学校推动培育和践行社会主义核心价值观长效机制建设的意见》（教党〔2014〕40号），意见主要从五个方面强调了促进社会主义核心价值观"融入"教育教学和管理服务各环节。具体体现在：一是融入教育教学，形成各级学校有机衔接的课程教材和教育教学体系。二是融入社会实践，形成政府、学校、企业、社会共同参与的实践育人模式。三是融入文化育人，形成涵养优秀传统文化和校园文化品牌的培育机制。四是融入制度建设，形成体现社会主义核心价值观的系列制度安排。五是融入研究传播，形成学校培育和践行社会主义核心价值观宣传工作机制。从而把社会主义核心价值观纳入国民教育全过程，落实到教育教学和管理服务各环节，覆盖到所有学校和受教育者，形成培育和践行社会主义核心价值观工作长效机制，使广大师生自觉将社会主义核心价值观内化于心、外化于行。这一指导意见对高校开展社会主义核心价值观教育提供了直接的工作指导。

2015年1月19日，中共中央办公厅、国务院办公厅印发的《关于进一步加强和改进新形势下高校宣传思想工作的意见》中强调：以高校网络等阵地建设为重点，积极培育和践行社会主义核心价值观。意见为加强高校思想政治工作提供遵循原则。

2017年2月，中共中央、国务院印发了《关于加强和改进新形势下高校思想政治工作的意见》。意见针对新形势下高校思想政治工作所面临的新任务，强调指出，要培育和践行社会主义核心价值观，把社会主义核心价值

---

① 《习近平谈治国理政》，外文出版社2014年版，第172页。

观体现到教书育人全过程，引导师生树立正确的世界观、人生观、价值观。这是当前高校加强青年学生"三观"教育的重要指南。

## 三、高校社会主义核心价值观教育的意义及环节

大学是大学生价值观形成的重要阶段，在其个人价值观建构过程中需要不断吸收各种养分，一个社会的核心价值观自然就成了这种养分不可或缺的重要组成部分。从一般意义上讲，价值观的形成经过三个阶段：一是选择，个体在有限范围内进行自由选择；二是态度，个体分享自己的选择并作出承诺；三是行动，根据选择发生相应的行为并持之以恒。① 在价值观形成过程中，教育的意义就非常重大，因为它为学生提供了更多的更有利于国家治理的价值选择，并让学生相信这样的价值选择具有重要的价值。

### （一）高校学生社会主义核心价值观教育的意义

青年大学生是实现中华民族伟大复兴征程上的重要力量。价值观决定人的行为取向。大学阶段是青年价值观形成的关键时期。"在这个时期，正确的价值观不去主导，错误的价值观就会野蛮生长。"② 在大学阶段，从青年学生的身心发育的特征看，一方面大学生尚未形成能确保自己有足够行为判别能力以促成其正确的价值观；另一方面，大学生也尚未对处于形成期的价值判断具有确定的信赖和稳定的运用能力。因此，对大学生开展社会主义核心价值观教育既具有现实要求，更要站在一个保证国家长治久安的高度来认真看待。

对于我国的大学生而言，我们在价值观教育中最为重要的是开展社会主义核心价值观教育。这是因为社会主义核心价值观明确了当代大学生的历史

---

① ［美］路易斯·拉思斯：《价值与教学》，谭松贤译，浙江教育出版社 2003 年版，第 27 页。

② 钟新文：《青年懂中国，才能接好棒》，《人民日报》2014 年 9 月 6 日。

使命，核心价值观在国家层面提出的要求，是凝聚全体社会公民的巨大精神动力，也是中华民族为之奋斗的伟大目标；青年大学生作为社会主义事业的接班人和建设者，就必须肩负起实现中华民族伟大复兴的中国梦和全面建成小康社会的历史使命。从社会层面看，社会主义核心价值观对当代大学生的价值取向指明了方向，自由、平等、公正、法治的理念既是社会的共同价值准则，也是每一个公民的价值追求。从个人层面看，社会主义核心价值观是对每个大学生提出了要求，国家层面和社会层面的价值目标的实现，必须依赖于每个个体价值的实现，需要每个大学生具备良好的道德风尚，要充分实现个人层面要求的内化于心、外化于行。高校的社会主义核心价值观教育从本质上讲就是使大学生对这一国家主导的核心价值观逐步从认知、认同到自觉地践行，进而带动、辐射为社会主流价值观。

在大学生中开展社会主义核心价值观教育更是帮助青年学生辨析各种思潮，坚定理想信念的需要。武汉大学的佘双好教授开展过持续的研究，2009年，他在全国和湖北省范围内开展多次社会调查，探讨了当代社会思潮发展的一些特点和趋势。当时的调查显示：社会主义核心价值观虽然在总体上依然是高校学生思想的主流，但也有部分学生对其中某些观点产生了一定的怀疑或不确定。大学生对民主社会主义、普世价值、后现代主义、历史虚无主义等社会思潮有着较高的认同度。[①] 2011 年在进一步的研究中，他得出如下"社会思潮与社会主义核心价值观此消彼长的发展趋势"的结论。他认为"一方面，高校师生对各种社会思潮的了解度、受影响度和认同度之间呈显著的正相关关系，说明各种社会思潮在高校学生的表现之间存在相互联系。另一方面，各种社会思潮与社会主义核心价值观又存在着明显的负相互联系，说明加强社会主义核心价值观的教育引导，有助于高校学生正确认识各种社会思潮，降低对各种社会思潮的认同，而各种社会思潮的影响也在某种

---

[①] 佘双好：《当代社会思潮对高校学生影响现状的调查分析》，《学校党建与思想教育》2010 年第 9 期。

程度抵消和冲淡了社会主义核心价值观的认同。因此，在当代，各种社会思潮在高校师生中的相互渗透和关联性加强，加强马克思主义理论教育和社会主义核心价值体系建设，有助于消除各种社会思潮的消极影响；相反，如果听任各种社会思潮的影响泛滥，也会危及社会主义主流意识形态"①。2015年，他又从中国特色社会主义理论体系和当代思潮对青年学生影响的互动关系角度，对当代社会思潮影响青年学生的特点进行大范围实证研究，发现当代社会思潮影响青年学生的一些新特点和趋势。"从 2009 年到 2015 年，社会思潮在青年学生中的影响发生了一定程度变化，除历史虚无主义思潮以外，青年学生对各种社会思潮的知晓度从总体上下降了，但是青年学生对社会思潮的认同度从总体上又有了很大的提升，其中认可度提升最明显的是新自由主义和民主社会主义等思潮，青年学生对这两种社会思潮的认同度均接近1/3，具有较高认同度"②。所以，实际上，我国现在在青年学生的主流意识形态教育和价值观教育中还是有大量的工作要做的。

## （二）大学生社会主义核心价值观教育的环节

党的十八大以来，大学生社会主义核心价值观研究成为理论界的一个研究热点，既有从心理学的角度开展的研究，也有从伦理学、政治学、传播学等方面开展的研究。但这些研究的总体出发点还是依据了"以人为本"的理念的，较多地关注了大学生成长成才的内在需要，注重在青年学生的主体生存和长远发展、内化接受与外化践行中去培育和弘扬社会主义核心价值观。从这样的要求出发，我们认为大学生社会主义核心价值观教育要经历一个较长的过程，开展价值观教育也不是一蹴而就的工作，而是要经历一个耐心细致的教育过程。

---

① 佘双好：《当代社会思潮在高校生成和发展的新特点及发展趋势》，《学校党建与思想教育》2013 年第 4 期。
② 佘双好：《当代社会思潮对青年学生影响的新趋势及应对策略》，《中国青年研究》2015 年第 11 期。

我们认为，社会主义核心价值观教育大致上需要经历四个环节：强化认知、内化认同、固化信念、外化践行。其中，强化认知是基础、内化认同是关键、固化信念是核心、外化践行是宗旨。具体来看，每个环节有每个环节的主要任务和不同要求。我们构建了一个以学生为主体的大学生社会主义核心价值观教育模型，见图4-1。

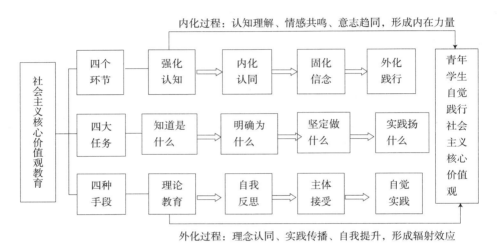

图4-1　以学生为主体的大学生社会主义核心价值观教育模型

从上述模型中，我们可以大致确定每个环节的主要任务和教育手段。

强化认知是价值观教育的基础，也是价值观教育的起点。认知教育始终贯穿于培育和践行社会主义核心价值观教育的各个方面，其主要任务是通过各种教育方式让大学生能够完整、准确地理解和把握社会主义核心价值观的具体内容、丰富内涵及实践要求，在这个过程中，高校应负主体责任，应让我们的学生知道各个理论观点"知其然"，并进而让他们"知其所以然"，了解社会主义核心价值观形成的理论思维、逻辑结构和价值取向。还要引导学生们在多元价值冲突的现实社会环境中，学会理性分析和正确的价值选择。

内化认同是价值观教育的关键。价值认同一般是指个体或组织通过相互交往而在观念上对某一或某类价值的认可和共享，或以某种共同的理想、信念、尺度、原则为追求目标，实现自身在社会生活中的价值定位和定向，并形成共同的价值观，它是社会成员对社会价值规范所采取的自觉接受、自愿遵循的态度甚至服从。如果我们的教育对象在教育过程中没有产生认同感，就意味着教育的失败。社会主义核心价值观教育的首要要求还是入脑入心，将其内化为大学生个体价值观的核心组成部分，这个环节的要求和任务也在于此。但从这个环节开始，教育者们面临的困难在于任务的完成要更多地依赖于学生自我的接受与认同，需要学生自觉自醒地来完成。但由于学生个体的差异客观存在，使得教育的手段与方法必须多元化。也有学者指出：大学生对社会主义核心价值观的认同沿着认知认同—情感认同—理性认同—行为认同递进式发展，是一个从感性到理性、从内在情感到外在实践反复进行的过程。① 通过认知、情感、行为的认同过程，实现形式认同向实质认同、理论认同向实践认同、心理认同向评价认同的转化，并在这种认同过程中形成了内化与外化的双向互动。

固化信念是价值观教育的核心。从观念认同到外化实践，是需要理想信念来支撑的。固化信念环节的主要任务就是要把社会主义核心价值观在心中立起来。社会主义核心价值观的灵魂是对社会主义和共产主义的信仰。社会主义核心价值观教育就是要坚定共产主义的理想信念，并在尊重个体发展基础上，以人的全面而自由的发展价值取向来推动自我的价值选择与实践。

外化践行是宗旨，也是价值观教育的追求。实践的观点是马克思主义首要的观点，是认识的来源和目的。只有把社会主义核心价值观真正地付诸实践、付诸行动，才能够彰显它的实践意义。一种价值观要真正地发挥作用，必须融入社会生活，让人们在实践中感知它、领悟它，变成一种物质的力量，才能真正在社会实践中形成一种推动社会发展的正能量。我们这里所讲

---

① 陶韶菁：《如何增强大学生对社会主义核心价值观的认同》，《光明日报》2016 年 6 月 9 日。

的践行，更多地落实到大学生的日常生活实践中。"只有将价值观教育融入到他们的日常生活，衔接、契合于大学的现实诉求、情感需要、认知图式和话语表达，社会主义核心价值观才能真正得到认同、内化和践行。"①

实质上，青年学生社会主义核心价值观教育的四个环节并不是相互分割、相互独立的，而是存在一种你中有我、我中有你的关系，认知中不断内化，践行中不断坚定，彼此之间互相影响、互相推动。因此，在每个环节，我们都要把社会主义核心价值观理念、逻辑、示范等融入其中，教育一定能取得"润物无声"的育人效应。

## 第二节　民办高校社会主义核心价值观教育的聚合与分离

社会主义核心价值观教育事关培养"什么人"的根本问题。从全国范围看，民办高校大学生同样具有当代大学生的特点。但由于我国民办高等教育本身在我国的高等教育体系中居于末端（除少数学校外），导致了民办高校与公办高校客观上存在差异。在实践中，民办高校既有可喜的成果，也有现实的差距。

### 一、民办高校社会主义核心价值观教育的成效

党的十八大以来，以习近平同志为核心的党中央全面部署了加强社会主义核心价值观教育与实践工作，社会主义的文化建设也大大拓展了社会主义核心价值观教育的内涵与途径，彰显出鲜明的实践特色。党的十九大报告指

---

① 李大棚：《大学生社会主义核心价值观培育研究——以马克思主义日常生活理论为视角》，《重庆邮电大学学报（社会科学版）》2016年第6期。

出，培育和践行社会主义核心价值观，要以培养担当民族复兴大任的时代新人为着眼点，这对民办高校协同推进大学生社会主义核心价值观教育、明确正确的育人导向等指明了方向。

## （一）从顶层设计看，在办学理念和追求中融入了社会主义核心价值观

价值观要真正实现内化于心、外化于行，需要构建一个从价值理念，到价值文化、价值生活的教育生态链。大学的办学理念是人们对大学的宗旨、本质、功能、使命等大学办学中的基本问题的理性认识、价值判断和理想追求，是在大学精神指导下形成的大学办学总原则，规定着大学办学的性质、任务和特色。居于学校理念体系顶层的办学理念是指导学校全部工作的理论基础，对于学校的办学行为具有直接的指导作用，其中校训是一所高校独特办学思想和传统精神的集中体现，是一所学校文化的内核驱动力，引领、规范着师生的行为。笔者根据中国管理科学研究院《中国大学评价》课题组根据各民办大学培养的学生的数量和质量以及产出的科研成果的数量和质量等为基本参考，以科学的方法衡量民办高校的办学情况。根据发布的2017年中国民办大学综合排名情况，笔者逐一对综合实力排名前十位的民办高校的校训进行了收集和分析，力求从这些办学理念中寻找与社会主义核心价值观要求的契合度以及对学校办学的贡献度。

**表4-1　2017年中国民办大学综合实力排名**
**前十位的民办高校校训一览表**

| 学校 | 创办年份 | 举办主体 | 校训 |
|---|---|---|---|
| 浙江树人大学 | 1984 | 浙江省政协，滚动发展 | 崇德重智　树人为本 |
| 黄河科技学院 | 1984 | 个人创办 | 厚德博学　砺志图强 |
| 江西科技学院 | 1994 | 个人创办 | 自强不息　求真务实 |
| 湖南涉外经济学院 | 1997 | 湖南猎鹰实业有限公司投资 | 至善至美　自立自强 |
| 西京学院 | 1994 | 个人创办 | 诚、健、博、能 |

续表

| 学校 | 创办年份 | 举办主体 | 校训 | |
|---|---|---|---|---|
| 长沙医学院 | 1989 | 个人创办 | 厚德博学 | 储能求真 |
| 三亚学院 | 2005 | 吉利集团投资 | 自立更生<br>有容乃大 | 合力更新<br>不懈则优 |
| 大连东软信息学院 | 2000 | 东软控股投资 | 精勤博学 | 学以致用 |
| 北京城市学院 | 1984 | 社会力量创办 | 改革探索<br>艰苦创业 | 勤奋进取<br>开拓前进 |
| 三江学院 | 1992 | 社会力量创办 | 唯实求真 | 开拓创新 |

备注：北京城市学院校训的出处，来自陈宝瑜先生所著《北京城市学院校训来历忆谈》，载《北京城市学院学报》2010 年第 5 期；其余九所民办高校的校训均来自各学校官方网站。

从表 4-1 可知，在 2017 年中国民办大学综合实力排名前十位的民办高校中，分布地域较广，东北地区 1 所，华北地区 1 所，华东地区 3 所，华中地区 3 所，西北地区 1 所，华南地区 1 所，基本上覆盖了我国的各大区域，说明我国民办高等教育在全国总体呈现较为均衡的发展状况。从举办主体看，其中 3 所学校属于无原始出资人，由社会力量举办，3 所属于企业举办，4 所学校由个人出资设立，说明我国民办教育在发展中形成了多元主体办学的良好格局。从校训的内容看，这十所学校的校训都紧紧围绕着立德树人的要求，彰显出德育——崇德、厚德、诚信、自强等，智育——重智、博学、储能、致用等，美育——求真、务实、开拓、创新等精神，这些精神与社会主义核心价值观的要求是完全契合的，学习生活工作在校园里的师生秉承校训精神的实践其实也就是社会主义核心价值观的实践过程，这也是这些民办大学之所以能走在全国民办高校前列的重要精神力量，这些宝贵的经验需要进一步加以总结和提升。

（二）从载体层面看，在校园文化和实践中彰显了社会主义核心价值观

党的十九大报告指出：文化是一个国家、一个民族的灵魂。文化自信是

一个国家、一个民族发展中更基本、更深沉、更持久的力量。价值观是文化最深层的内核，价值观自信是文化自信最本质的体现。高校校园文化是社会文化的重要组成部分，对于大学而言，"任何一个真正意义上的大学，都要包含三个相互之间密不可分的方面：学问传授，科学与学术研究，还有创造性的文化生活"。2010 年 4 月 24 日，胡锦涛同志在庆祝清华大学建校 100 周年大会上的讲话中把文化的传承创新明确为大学的第四大功能，这是党对大学和高等教育规律的新的重要认识，高校校园文化建设也成为立德树人和办学特色的重要力量。对于一个社会的文化而言，大学校园因其所承担的历史使命，使得校园文化往往具有较强的先导性，代表社会精神的主流导向，始终最先把握时代的脉搏，并以独特的方式、深刻的内涵和超前的意识，引领社会精神的走向，触动社会文化的变革。因此，在民办高校的社会主义核心价值观教育中，特别重视融入到有特色的校园文化活动和社会实践中。

近年来，民办高校以青年马克思主义者培养工程为龙头，以学生党校、团校、理论社团为依托，开展社会主义核心价值观教育，通过报告会、读书会、研讨会等形式加强理论学习、榜样学习等，把握住社会主义核心价值观的理论逻辑和内涵实质。在这个方面，有很多好的做法。如：2017 年 8 月《习近平的七年知青岁月》出版以来，团中央学校部、全国学联秘书处部署了在各地各校深入开展的"与信仰对话：青年的楷模，学习的榜样"——全国大中学生《习近平的七年知青岁月》主题学习活动，部分民办高校结合学校"青马工程"建设，组织大学生骨干就学习《习近平的七年知青岁月》的感想和体会录制微团课视频，通过追忆习近平总书记与乡亲知青同吃同住同劳动的峥嵘岁月，表达自己立志学习、奋发成才、报效祖国的决心，这就是很鲜活的社会主义核心价值观教育载体。活动中，笔者所在学校的一名青年教师给她的学生的书目推荐词中这样写道，强烈推荐《习近平的七年知青岁月》，通篇文字朴素、用语质朴，充满着领袖青年时代的实干精神和陕北人民的淳朴情谊。读了不下三遍，每一遍都读得潸然泪下，差点辞职去陕北支教。对实事求是和不忘初心又有了更深刻的领悟，希望同学们借来读一读、想一想，把自己的职业生涯和社会使命感有机融合，做成长成才的奋斗者、冲刺者。有了老师这样的引导，主题教育活动的实效性得到有效提升。

### （三）从环境营造看，社会主义核心价值观无痕融入

民办高校大多重视将社会主义核心价值观融入环境建设中。马克思认为："人创造环境，同样，环境也创造人。"环境与人是双向互动的，校园自然环境、人文景观都对生活在大学校园中的师生产生耳濡目染的教化作用。价值文化包括价值外化的物质景观、符号、产品，以及学校公共场所体现的地点精神和场所感，学校可在学校的环境布置中将社会主义核心价值观的理念和精神融入其中，也就是要在民办高校的自然环境的整体布局、校园建筑的特色布局、校园标识标牌、楼宇道路命名、展示牌公告栏等物质实体的建设中，融入社会主义核心价值观的内容，开发蕴含社会主义核心价值观的人文场景和自然场景，通过看得到摸得着的事物，使社会主义核心价值观实体化、可视化、生动化。西安思源学院建有全国唯一的陈忠实文学馆，文学馆收集了作家陈忠实先生的作品，大量的图片和实物资料记录了陈忠实先生生活和创作中的点点滴滴，一幅幅珍贵的历史照片和文字记载讲述了一名文学大师的艰辛创作之路，从"不要耽搁了自己的行程"到"寻找属于自己的句子"，从"白鹿原：一个民族的秘史"到"原下的日子：接通地脉，感受生命之雨"，生动地再现了一位人民的作家如何把情感书写在大地上，扎根黄土地，克服重重困难，创作出优秀作品的历程。学校在每年的新生始业教育中均安排学生走进陈忠实文学馆，亲身感受作家的精神，这就是很好的社会主义核心价值观教育的环境。

## 二、民办高校社会主义核心价值观教育的现实差距

经过多年的发展，我国民办高校已经进入了一个内涵式发展的新时期，

涌现了一批质量较好、声誉较高的学校，已经成为我国高等教育体系的重要组成部分。但从客观上看，民办高校仍面临着生存与发展中的危机和困难，使得部分民办高校对青年学生核心价值观教育还存在重视程度不够、举措不力、效果不好等现实情况。

### （一）民办高校对青年学生社会主义核心价值观教育的重视程度还不够

从民办高校的外部环境看，生存与发展是学校的中心任务。尽管我国的民办高校在推进高等教育大众化、多样化方面发挥了重要作用，也为学生提供了教育选择的多样性，但从客观上看，与动辄百年的公办高校办学历史比，民办高校的总体办学还是历史短、根基浅。虽然在规模上有了一定的发展，但是时常因为个别民办高校的办学不端行为而导致民办高校的整体形象受损，社会对民办高等教育的认可度和接受度还不高，品牌效应不明显。近年来，由于高教适龄人口大幅萎缩，高考生源持续急剧减少，民办高校出现招生困难，并因此而破产。有学者指出："面对中国公办大学十年来的急速扩招和人口出生率的持续下降，民办高校倍感招生萎缩的巨大压力，中国民办高校在国家人口结构变化和教育事业发展的过程中最先感受到寒意。"①2011 年 8 月 22 日《中国青年报》刊登以对 21 世纪教育研究院副院长熊丙奇的专访，文章标题是《生源危机袭来 民办高校难逃破产》，也谈到一些民办高校、高职高专已切身感受到了生源危机，从 2010 年的高考招生中，有的地方的高校（包括二本院校）在招生中已经遭遇零投档。所以，实际上，从民办高校的发展历程看，生存与发展一直是学校最重要的任务，从学校层面开展对学生思想政治教育特别是社会主义核心价值观教育的学校顶层设计是远远不够的，甚至是缺失的。

从民办高校的内部环境来看，队伍与稳定是学校的工作重心。民办高

---

① 王经国、顾烨：《民办高校破产危机吹响教育改革号角》，2010 年 4 月 1 日。

校的发展一方面有赖于国家宏观政策的扶持与引导，另一方面更依赖于学校的举办者和管理者的努力与创新。对于民办高校而言，学校的举办者和管理者面临的首要问题是学校的生存和发展问题、是招生问题和办学资金来源问题。民办高校的办学经费主要来源于学生学费，招生问题往往成为学校关注的首要问题，让学生能进入校门是很多民办高校的目标，笔者在调研中发现，我国部分民办高校采用全员招生全年招生的模式，每年向全体教职工按区域分解招生指标，并将招生工作的完成情况与岗位聘任、职称评比、工资奖励等挂钩。学校行政部门中最大的部门是招生办。学生招来后的第二个任务就是保稳定，只要学生不出安全事故、不发生群体性事件就好，这成为学生思想政治教育与管理工作的首要任务。另外，从学校的内部管理体制来看，董事会领导下的校长负责制客观上使得董事长在民办高校的顶层设计上处于最核心最权威的地位，校长和党委书记则处于从属地位，对于这一问题，我在第三章也曾做过分析。董事会、校长、党委书记互相制衡的领导体制没有形成，客观上使得"作为推动学校社会主义核心价值观培育的桥头堡——党委的地位和作用缺失，党和政府关于培育社会主义核心价值观的各项文件政策和精神在民办高校得不到应有的重视，相关工作落实不到位，难以保障相关活动的有效开展"[1]，客观上也使得从民办高校内部环境来看，尚未对加强民办高校学生社会主义核心价值观教育给予更高的重视。

## （二）民办高校的学生对接受社会主义核心价值观教育的自觉性还不高

2015 年以来，广东省多个课题组开展了民办高校大学生社会主义核心价值观的调查研究，如 2015 年广东省高等学校思想政治教育研究会课题

---

① 柏川、刘国强：《民办高校社会主义核心价值观培育问题调查及对策研究》，《鲁东大学学报（哲学社会科学版）》2016 年第 4 期。

"大学生对社会主义核心价值观认同的现状调查与实证分析——以广东民办高校为例"、2016 年度广东省青少年和青少年工作研究课题"民办高校大学生践行社会主义核心价值观的机制与途径研究"等。他们的研究显示：广东民办高校学生对社会主义核心价值观的认知度和认同度还不够，主动接受教育的自觉性不强。这一区域性的研究结果尽管不能代表全国民办高校大学生整个群体，但也能反映出一些问题。

民办高校学生对社会主义核心价值观的认知度还不够高。为了了解民办高校学生价值观的现状，吴玲采取抽样调查的方法，对广东省五所民办高校（其中本科院校 2 所，专科院校 3 所，从大一到大四的 1000 名学生中开展价值观调查。他们的调查显示：当问及大学生自己是否树立社会主义核心价值观时，认为自己已经树立的占 46.2%、认为自己还没树立的占 37%、认为自己树立其他价值观的占 16.8%。在了解社会主义核心价值观的内容方面，有 66.3% 的大学生完全知道社会主义核心价值观的内容，有 25.6% 的大学生只知道其中一部分（国家或社会或个人层面）社会主义核心价值观的内容，有 8.1% 的大学生则完全不了解社会主义核心价值观的内容是什么。[①] 调查结果显示：民办高校学生能在总体认知社会主义核心价值观，但对社会主义核心价值观的具体内容了解不够全面，对其内涵的把握不深。

民办高校学生对社会主义核心价值观的认同度还不够高。价值认同是价值观产生力量的基础。民办高校大学生对社会主义核心价值观的认同方面离自觉践行的要求差距还是比较大的。李俊鹏对广东省民办高校的大学生开展的核心价值观认同感的调查结果显示：广东省民办高校大学生对社会主义核心价值观的认同普遍存在认知认同缺乏、情感认同枯竭、学习认同不足和实践认同匮乏等问题。其中，在认识认同方面，广东民办高校大学生对社会主

---

① 吴玲：《民办高校社会主义核心价值观教育途径研究》，《教育现代化》2016 年第 30 期。

义核心价值观的内涵、宗旨、目标及重要性的认知尚不清晰，部分大学生甚至持怀疑态度。数据显示，仅有 23% 的被调查学生对宗旨有所了解，6% 的学生对内涵有所了解，13% 的学生对目标有所了解，21% 的学生对本质有所了解，仅有 3% 的学生对产生原因有所了解。而在情感认同上，仅有 55% 的学生表示赞同社会主义核心价值观，而有 10% 的学生表示了明确的反对态度，还有 35% 的学生表示无所谓。① 这些调查数据都显示出民办高校大学生对社会主义核心价值观没有很大的认识，也就产生不了情感共鸣。需要引起民办高校党组织和思想政治教育工作者们的高度重视。

## （三）民办高校的社会主义核心价值观教育的方法和手段还较单一

社会主义核心价值观的培育和践行，从本质要求而言，是一种价值观从认知、理解、接受、共鸣到践行的从外在—内化—外显的过程。在这个过程中，学校选择的教育内容、教育方式、教育手段都起着重要的引导作用。但遗憾的是，2016—2017 年间，笔者走访了浙江、广东、广西、贵州、山东、上海、内蒙古、宁夏、陕西的十余所民办高校，在跟学校有关的领导、老师的交流中，或多或少地发现，我国的民办高校在探索学生社会主义核心价值观教育的有效路径上还做得不多，教育手段单一，未形成教育合力。

思想政治理论课的主渠道作用尚未有效发挥。高校思想政治理论课非常重要的任务之一就是帮助大学生理解社会主义核心价值观与西方资产阶级价值观的区别，回答大学生价值观领域的诸多困惑、迷茫和疑问，使大学生在政治上认同中国特色社会主义理论、道路、制度和文化，增强四个自信。但现实的情况是，民办高校的思想政治理论课并未

---

① 李俊鹏：《大学生对社会主义核心价值观认同的现状调查与实证分析——以广东民办高校为例》，《开封教育学院学报》2016 年第 2 期。

能很好地实现这一功能。以浙江省为例，2016 年全省民办高校均无马克思主义学院，尽管 2017 年浙江树人大学、宁波大红鹰学校相继成立了马克思主义学院，但实际上，从现有教师队伍及结构来看，思想政治教育学科建设意识不强，部分民办高校尚未将思想政治教育学纳入学校学科建设的体系，即使有，学科建设水平总体不高，教师科研能力相对较弱，特别是争取高级别课题的能力不足。以浙江省哲学社会科学"高校思想政治工作专项"立项情况看，近三年共立项 103 项，14 所民办高校占其中 5 项，仅占 4.85%。从教学上看，思想政治理论课教师队伍总体比较年轻，对教材内容的把握、对如何把社会主义核心价值观转化为思政课教师的话语体系的能力不足，学生认为思想政治理论课所讲的内容高高在上，远离他们的现实生活。我国的民办高校基本上都存在队伍过于精干的现象，专职教师的配备比较紧，年轻老师承担了大量的教学任务，在进行社会主义核心价值观教育过程中，教育者没有投入更多的精力对学生的情况开展调查研究，不能很好地掌握学生的真实情况，不能切实站在学生的角度去考虑问题，导致教育的效果大打折扣，也影响了社会主义核心价值观教育的实效，思想政治理论课的主渠道作用未能得到有效发挥。

校园文化活动等辅助阵地未有效建立。社会主义核心价值观教育是一项系统工程，除了思想政治理论课这个主阵地外，更多的教育是融合在学校各种活动中的，特别是校园文化活动，它是做好大学生思想政治工作的有效途径之一。校园文化凝聚着学校精神文明的成果，是学校每个学生由对物质、精神的需求转化为渴求学校发展、兴旺的集体意识。因此校园文化为学校思想政治教育开辟了新的天地和思维视角。通过校园文化活动不仅给整个学校营造了一个良好的文化氛围和崭新的精神风貌，而且在潜移默化中影响了学生的情趣，陶冶了他们的情操，美化了他们的心灵，增进了他们艰苦奋斗、努力拼搏的精神，从而将社会责任感转化为自己的内在本质需求，并以此为出发点进一步主动提高和完善自己，进而去适应社会和改造社会。然而，从当前民办高校的实际情况看，一方面，校园文化活动的组织者在对校园文化的定位上产生了偏差，把校园文化等同于学生文化，热衷于组织热热闹闹、唱唱跳跳、打打跑跑的文体活动，忽视了校园文化活动与社会主义核心价值观教育的融合。另一方面，部分民办高校的学生也存在对校园文化活动漠不关心、参与性不强的问题。李长亮等的调研结果显示：有36%的被调查学生认为校园文化建设与社会主义核心价值观践行养成关系不大；认为大学生对文明班级、文明学生、文明宿舍存在漠不关心的占46%；不注重文明修身，存在混日子、混文凭思想的占41%。在社会实践活动方面，学生也存在不积极、言行不一等问题。问卷调查中，有57%的被调查学生认为学校组织的社会实践活动存在"走秀场""走形式"等敷衍现象，学生处于消极应付状态；有53%的被调查学生认为自己对社会主义核心价值观还缺乏直观、深刻的感性认识和具体践行的体验；认为学校组织的社会实践形式单一，学生不愿参与的占42%。[①] 这些调查显示出对于民办高校的教育工作者而言，还是要在大学生思想政治教育上多下功夫，要针对学生群体的新变化，采取更为有效的办法做足实功。

新媒体等手段尚未很好利用。在大学生的社会主义核心价值观教育的体系建设中，通过宣传工作营造良好的氛围和环境是一种重要的手段。在网络和数字化技术突飞猛进的今天，广播、电视、报纸等传统媒介占主体的信息传播方式不再是信息传播的主流渠道，而利用数字互联网技术的新媒体正成为信息传播主流。一方面，网络等具有广泛性、迅捷性、开放性、虚拟性、交互性等特点，开放的网络世界已经成为学生获取信息知识的主要来源，也成为影响大学生价值观形成的重要渠道。有学者在调研中也得出结论，"大多数学生非常依赖网络，超过85%的学生平均每天要花

---

① 李长亮等：《民办高校大学生思想政治工作调查报告——中国梦语境下民办高校大学生社会主义核心价值观践行研究》，《党建》2016年第3期。

5 小时使用新媒体，微信、微博、QQ 等新媒体平台成为许多大学生每天必刷的重要阵地"①，而我们"应当看到，在国际格局多极化和经济全球化的背景下，网络不仅是各国经济实力、科技水平的展现，在更深层次上还蕴含着政治思想、意识形态的竞争。西方资本主义国家的政治、思想、文化以及各种各样的世界观、人生观、道德观和价值观等等，都能通过互联网扩散到每一个网络使用者那里"②。但另一方面民办高校这些宣传阵地建设的整体水平不高。以官方微信为例，根据中青网开展的全国高校官方微信综合影响力统计，2016 年全国高校百强官方微信中，进入前 100 名的民办高校仅有两所，这也反映了民办高校在新媒体建设上存在差距，客观上使得民办高校不能充分利用校园网、微博、微信等新媒体平台进行社会主义核心价值观的宣传与教育。同时，在民办高校还表现出学生对校园网站等官方媒体不感兴趣或兴趣不大，仅限于校园多媒体手段提供的学习生活服务功能的利用较多。尽管微信、微博等新媒体平台已成为很多大学生每天必刷的重要阵地，但他们对学校官方微博、微信的关注度并不高，李长亮等的问卷调查结果显示：学生认为自己对学校官方新闻不感兴趣的占 56%。笔者在 2017 年秋季上课期间，对所授课班级的 70 位大一学生的调查显示，只有 4.5% 的学生会仔细阅读关于社会主义核心价值观相关的宣传网页，而其他的同学都是"快速浏览"或是"直接关闭网页"，有 50.6% 的学生认为网页宣传"说教色彩太浓"，感觉宣传的内容与社会实际存在差距。根据这个调查结果可以知道，高校思想政治教育者应主动树立运用新媒体开展社会主义核心价值观教育的理念，主动研究、主动介入、主导教育过程，积极运用大学生喜欢的网言网语、微言微语、案例数据、故事分享等方式对社会主义核心价值观进行阐释，将枯燥的大道理变成生动的微话语和鲜活的人物，把核

①　唐平秋、卢尚月：《新媒体环境下大学生社会主义核心价值观培育的思考》，《思想理论教育导刊》2015 年第 4 期。

②　宋斌：《新时期民办高校党组织作用发挥研究》，浙江大学出版社 2011 年版，第 146 页。

心价值观引导充分融入到新媒体中。下一步，如何整合学校各种媒介，构建线上线下的思想政治教育机制，将是民办高校的思想政治工作者面临的重要任务。

### （四）社会主义核心价值观教育效果缺乏有效评估和反馈

只有产生效果的工作，才更能激发教育主客体的动力。社会主义核心价值观教育的主体是人，客体也是人，其主要目的都是教育者通过一定手段对受教育者施加影响，受教育者接受特定的思想、观点和理念，并认同内化为自己的思想修养，同时外化为教育过程要求的行为表现，这个过程是漫长而又变化不明显的，显性的指标也很少，可供借鉴参考的经验总结不多，学界对这个问题的研究成果也比较少。在我国大部分民办高校开展的教师评价中，几乎没有对师生价值观影响的评价考核因子，这就造成部分教师只考虑怎样确保自己能够完成教学科研工作量，其他概莫论短长。由此，核心价值观教育就窄化为这样一个过程：教师围着课堂转、学生围着课本转、考试围着答案转。

因此如何评价社会主义核心价值观教育的有效性客观上存在着难度，也使得教育者对教育模式的效果不能及时进行评价、反馈，不能对现行模式及时修正和完善，影响了教育效果的实效性。在习惯于以评价为导向的教育环境下，这个问题值得关注。

## 第三节　以社会主义核心价值观为内核的<br>协同育人导向机制

社会主义核心价值观是当代中国精神的集中体现，凝聚着全体人民共同的价值追求，具有重要的引领作用。只有把培育和践行社会主义核心价值观作为一项既具有基础性内在性又具有目标性规定性的重大任务来认识、来落实，才能真正在推进中国特色社会建设的过程中发挥出其强大的精神力量。民办高校大学生思想政治教育协同机制建设的首要任务就是要突出社会主义核心价值观教育的地位，把社会主义核心价值观教育建设成为重要的协同育人导向机制，确保人才培养的方向不偏、行动不偏。

## 一、以社会主义核心价值观为内核的协同育人导向机制的内涵及基本要求

社会主义核心价值观建设，说到底是人的思想建设、灵魂建设，聚焦的是造就具有正确世界观、人生观、价值观的社会主义建设者。民办高校的思想政治教育工作者应根据民办高校大学生的身心特点，依托学校的思想政治教育体系，紧紧把握立德树人的导向，通过课堂教学、课外实践、文化参与等载体，运用现代技术手段，开展社会主义核心价值观教育，并以此为引领，完成好立德树人的办学目标。

### （一）以社会主义核心价值观为内核的协同育人导向机制的内涵

以民办高校社会主义核心价值观为内核的协同育人导向机制建设本身是一个系统工程，要从学校的办学思想上明确社会主义核心价值观的重要性，要抛弃功利化办学的追求而将立德树人作为办学目标；要在学校的教育理念上强化社会主义核心价值观教育的主动性，将社会主义核心价值观教育贯穿教育教学的始终、贯穿人才培养的始终；要在学校的制度建设上固化社会主义核心价值观教育的导向性，通过制度的设计与实施，构建有利于培育和践行社会主义核心价值观的良好政策导向、利益机制和环境氛围。在民办高校的大学生思想政治教育协同系统中，协同导向机制居于核心地位，这一导向机制关系着为谁培养人，培养什么样的人的根本性问题，民办高校必须要以培养社会主义建设者和接班人为目标，思想政治教育的所有工作都要服务于

这一导向。

## （二）以社会主义核心价值观为内核的协同育人导向机制的基本要求

协同论认为：一个系统要实现协同效应，必须做到围绕核心任务，实现子系统之间的充分协同，并在系统与子系统之间保持开放性以交互作用、互相补充。从协同论的要求出发，构建以社会主义核心价值观为内核的协同育人导向机制就是要在社会主义核心价值观教育中的每个环节始终把"内化于心、外化于行"作为目标导向实施目标。这一导向机制至少应体现以下三个方面的基本要求：

一是主体与客体的协同性。在核心价值观教育中，教育者这个主体与受教育者这个客体的关系在发生着变化，其本身也内含了"双主体结构"，即教育者和被教育者两个主体。当前，社会主义核心价值观教育客观上存在着教育者主体性相对缺失与大学生客体性减弱主体性提升之间的矛盾。这就要求主体在选择和构建价值观教育路径时要尽可能与客体的价值观选择路径达成"视界融合""需求融合"，最终实现"目标融合"，要让大学生在教育者的引导下，有更多的自我教育、自我选择和自我实践。在这个过程中，要特别注意把培养人、发展人、尊重人、提升人，实现人的主体价值和人的全面发展作为培育和践行社会主义核心价值观的根本出发点和落脚点，与青年学生形成共鸣，产生合力。

二是高校与社会的协同性。高校的人才培养目标与家庭和社会的要求是一致的，在这一共同追求下，要以高校为主导，构建高校与家庭、企业、社会相互支持、资源共享的协同机制。"道不可坐论，德不能空谈"，"空谈误国，实干兴邦"。只有走进社会的现实中，才能把理论知识转化为实践的力量。所以高校要特别重视与学校周边的社区、企业等开展比较深入的合作，完善志愿服务机制，积极推进大学生利用课余时间开展各种社会志愿服务，在社会实践中促进社会主义核心价值观的内化。在这个方面，我们可以更多地借鉴美国的经验。在核心价值观教育上，美国高校均认为课外活动为学习核心价值观教育提供了绝佳的实践学习机会，社区志愿服务已经成为一种社会风尚和道德准则。而且他们主张学生受到课外活动、家庭教育活动和社区服务活动的影响，可以体验合作与团队精神以及奉献精神，感知责任与尊重、互助与守纪等核心价值观。

三是内容与方法的协同性。社会主义核心价值观的丰富内涵就体现在"富强、民主、文明、和谐，自由、平等、公正、法治，爱国、敬业、诚信、友善"24个字中。从客观上看，是存在着它与青年学生价值观的代际差异的问题，我们不能让学生一背了事。更为重要的是教育者要把这24个字的要求转化为大学生的话语体系，扎根大学生的日常生活，转化为大学生的日常行为准则，提高社会主义核心价值观教育的话语亲和力，才能使价值观具有吸引力、凝聚力和影响力。还要将这些元素融入到校园环境建设中，以景育人。话语体系的这一转化过程还需要有更有效的办法来支撑，特别要针对新媒体时代带来的教育新变化，根据"三全育人"的要求，开展好全媒体宣传，牢牢把握住民办高校的意识形态，要坚持全过程施教，实现思政课程向课程思政的转变，要坚持全方位推进，构建良好的育人环境，从而形成协同效应。

## 二、以社会主义核心价值观为内核的协同育人导向机制的模型建构

模型建构作为一种现代科学认识手段和思维方式，对解决认识与实践的问题有着广泛的应用价值和意义。从社会主义核心价值观教育的要求出发、从民办高校办学的实践出发，我们构建了社会主义核心价值观为内核的协同育人导向机制模型。在这个模型建构的过程中，我们力求把内容确立、路径选择、教育过程图形化，把认知、认同、内化、实践等几个环节融合化，能把大学生社会主义核心价值观教育的主体、内容、路径、辐射作用都体现出

来，以期对具体的实践产生指导作用。当然，这一模型还不完善，还未能充分体现以它为导向机制的民办高校大学生思想政治教育协同机制的理论要求与实践理路，有待于在今后的研究中加以解决。

## （一）以社会主义核心价值观为内核的协同育人导向机制模型

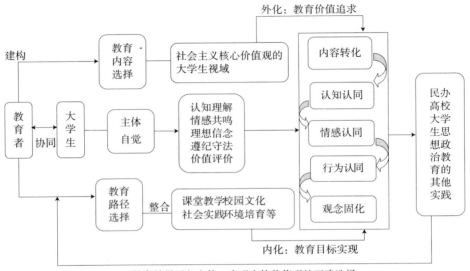

图 4-2　以社会主义核心价值观为内核的协同育人导向机制模型

## （二）以社会主义核心价值观为内核的协同育人导向机制模型的基本要求

根据上述模型显示，民办高校构建以社会主义核心价值观为内核的协同育人导向机制在实践中要突出处理好建构与整合、内化与外化、分离与融合等三对矛盾，并在这三对矛盾的解决中，实现教育有效性。

**建构与整合**　之所以选择建构与整合作为民办高校以社会主义核心价值观为内核的协同育人导向机制建设的关键，是因为从工作的整体情况及水平看：尽管 30 多年来，我国的民办高校在学生思想政治教育上已经探索了很多好的做法和好的经验，并在人才培养中发挥着重要的作用，但这些探索还是碎片化的、个体化的，需要加以系统整合和理论提升。而且我国的民办高校尚未在协同育人导向机制的建设方面开展系统的探索，也还没有理论工作者在这方面形成较为成熟的成果，所以提出系统建构的新任务，以期在继承中创新、在创新中探索，形成良性互动。同时，还要充分借鉴公办高校的社会主义核心价值观教育上形成的行之有效的方法，完成顶层设计。另一方面，我们从教育的过程看，教育主体必须对内容加以有针对性的选择，转化成大学生的话语体系，实现内容的重新建构。所谓整合则是一定的主体按照提升系统合力的价值目标对事物系统要素做出的调整、组合、优化等活动，其核心要义是将分散的要素组合起来。① 动员所有力量，通过整合来寻找新的方法和途径，融入教育的所有环节，覆盖校内外区域，整合各种力量，形成合力。

**内生与外化** 社会主义核心价值观教育的最终要求是入脑入心，将其内化于大学生个体价值观的组成部分，并在个人的实践中自觉地遵循，教育成功与否的关键就在于如何有效接受、内化于心和自觉认同、外化于行，知者行之始，行者知之成。一方面，在这个过程中，需要重视的就是如何激发起主体对社会主义核心价值观的需要，要强调它对于人的一种发展、一种促进，甚至是对于大学生的一种技能提升②，这是对青年学生成长成才的客观需要。现代社会进入改革的深水区，在社会层面，矛盾冲突客观存在，在理念层面和社会现象方面，存在着许多价值层面问题需要回答，都需要大学生们给予价值层面的解答，从这样的要求出发，大学生对社会主义核心价值观的认同和践行，都有了存在的价值和意义，这是激发价值观教育内生动力的关键。另一方面，要重视外化。马克思在《关于费尔巴哈的提纲》中指出：

① 许波荣、陈念：《多维整合：社会主义核心价值观教育路径选择》，《教育评论》2017年第9期。
② ［美］琳达·埃利诺、格伦那·杰勒德：《对话：变革之道》，郭少文译，教育科学出版社2006年版，第9页。

全部社会生活在本质上是实践的①，社会主义核心价值观作为当代中国的价值目标、价值取向和价值准则，不仅清晰界定出了今后治国理政的目标方向，未来社会管理的理念要求，更是指明了个人实践的价值原则，它的生命力也在于实践，只有把核心价值观由理论化的抽象逻辑化为生活化的价值体验，只有把内化的社会主义核心价值观在实践中外化，才有真正实现在互动理解基础上的意义建构。

**分离与融合** 社会主义核心价值观是凝聚中国力量的思想道德基础。这里所指的分离，是指民办高校的教育工作者在处理社会主义核心价值观教育与大学生思想政治教育的关系时，要将社会主义核心价值观分离出来，使它居于核心地位，并引领和贯穿于其他教育中，而不能与其他教育混为一谈，反而忽视了社会主义核心价值观教育。同时，在教育过程中还要重视社会主义核心价值观教育与其他思想政治教育的融合。围绕立德树人根本任务，推动社会主义核心价值观融入思想道德教育、文化知识教育、实践教育各环节。社会主义核心价值观要立得住，必须突出马克思主义的指导地位，它为我们提供了科学的世界观和方法论，同时为我国公民树立正确的世界观、人生观和价值观提供了思想保障；要以社会主义和共产主义的理想信念为支撑，才能与西方价值观相区别，这是培养国家层面社会主义核心价值观的关键；要把习近平新时代中国特色社会主义理论作为主心骨、定盘星、度量衡，贯彻到培育和践行社会主义核心价值观全过程、全方面②；要与民族精神和时代精神相结合，这是一个国家和民族共同发展的活力所在；要融入日常生活，"日常生活是社会主义核心价值观引领大众文化的现实场域，构成了社会主义核心价值观引领大众文化的主根基"③，要把社会主义核心价值观教育融合到每门课程、每次活动、每个场所，扎根于大学生的日常学习生

---

① 《马克思恩格斯选集》第 1 卷，人民出版社 2012 年版，第 135 页。
② 《党的十九大报告辅导读本》，人民出版社 2017 年版，第 324 页。
③ 吴俊、王璇：《社会主义核心价值观难点、热点问题探究——"社会主义核心价值观协同创新北京峰会"会议综述》，《社会主义核心价值观研究》2016 年第 6 期。

活，融入青年学生的成长成才过程。

### 三、民办高校社会主义核心价值观为内核的协同育人导向机制的实践路径

党的十八大以来，以习近平同志为核心的党中央全面部署了加强社会主义核心价值观教育与实践工作，社会主义的文化建设也大大拓展了社会主义核心价值观教育的内涵与途径，彰显出鲜明的实践特色。党的十九大报告指出，培育和践行社会主义核心价值观，要以培养担当民族复兴大任的时代新人为着眼点，这对民办高校协同推进大学生社会主义核心价值观教育、明确正确的育人导向等指明了方向。

#### （一）要从主体入手，教师自觉在教学科研和服务中渗透社会主义核心价值观

师者，传道授业解惑也。教师的职业是教书育人的有机统一，教师的言行会对学生的思想、观念、言行产生直接的影响，具有示范性。教师要在教学过程中用社会主义核心价值观引领知识教育、引领师德建设，注重塑造学生的品格、品行和品位，要把知识教育同价值观教育相结合，把思想引导和价值观塑造融入每一门课的教学之中、融入每一次科学研究活动中、融入每一次服务学生的工作中。

重视思想政治理论课这个主渠道。高校思想政治理论课在大学生价值观培养方面肩负着重要使命，是这门课程的主要任务之一。但我们要特别注意的是，思想政治理论课不是"价值中立"的知识传授课或信息传播课，而是传播党和国家意识形态的课程，意识形态的本质即是价值观的理论体系。[1] 这

---

① 陈锡喜：《关于社会主义核心价值观教育贯穿高校思想政治理论课教学全过程的思考》，《思想理论教育》2015 年第 6 期。

一性质规定对民办高校的思想政治理论课也是相同的，这就要求民办高校的思想政治理论课教师要着力提升自己的教学能力和话语转化能力，尤其是注重案例教学、研讨式教学、参与式教学、翻转课堂等现代教学方式的运用，帮助大学生要"知其然"，并"知其所以然"，用具有说服力的话语来构建起社会主义核心价值观的理论逻辑及价值内涵，并着力培养青年学生正确的价值评估能力，并在价值多元化的现实社会中，对符合社会进步的社会主义核心价值观进行选择。

重视专业课及其他课程。所有课堂都具有育人功能，要把做人做事的基本道理、把社会主义核心价值观的要求、把实现民族复兴的理想和责任融入各类课程教学之中，使各类课程与思想政治理论课同向同行，形成协同效应。我们要挖掘每门课程中的思政元素，有意识地融入社会主义核心价值观教育。特别是重视在专业教育中渗透社会主义核心价值观，树立良好的职业道德等。

重视教学科研与服务育人。我国的民办高校在面临着生存与发展的考验时，首要采取的办法不是通过招生宣传吸引学生，那只是短视行为。在高等教育内涵发展的今天，更多是要落实好"以生为本"的理念，通过不断提高办学质量和服务质量、提升学校办学的综合实力来吸引学生。作为民办院校，要想在市场中获得更多、更好的资源，必须面向市场，立足人才培养，服务经济和社会发展，以服务作贡献，以服务争支持，以服务谋发展。笔者所在的学校是改革开放以后我国首批国家承认的民办高校，学校近年来根据经济社会发展的需要和大学特色化办学的需要，提出了"教学服务型大学"的办学定位，其中突出强调了"服务"的理念，并围绕这一目标开展了大量行之有效的实践。民办高校大学生社会主义核心价值观教育还要重视严格管理，这是由民办高校的学生生源素质相对较差带来的要求。要强化领导机制建设，在学校党委的领导下，形成分工协作、齐抓共管的有效机制。

## （二）要从基础入手，在制度建设中融入社会主义核心价值观教育

重视制度建设与机制保障。制度建设是培育社会主义核心价值观的强化力量。核心价值观的培育和践行，既需要教育教化、自我内化的作用力，又需要制度强化、行为固化的作用力，需要自律与他律、德治与法治的有机结合。民办高校在制度建设方面是短板，要高度重视制度建设，把培育和践行社会主义核心价值观的职责任务融入到教育教学和管理服务的各项制度之中，把社会主义核心价值观的内容，融合到学生的规章制度中，形成有利于培育和践行社会主义核心价值观的良好政策导向、利益传导机制和环境氛围，让社会主义核心价值观成为师生日常学习生活的基本遵循和行动标杆，用制度来规范行为。要建立科学的评价机制，注重价值导向，把日常教育管理的过程评价与结果评价相结合，要将师德师风和承担育人工作作为教师考核的重要指标，对师德失范的教师在职称评聘等当中实行一票否决制，严重者要清理出教师队伍。

重视开展社会主义核心价值观教育的研究。科学的理论指导是有效实践的前提。科学研究是大学的职能之一。社会主义核心价值观要被更多的人接受，必须具有理论基础和实践基础，要通过科学研究来揭示其科学内涵和重要意义、论证其存在的合理性与正当性。在社会主义核心价值观的研究中，尽管民办高校的理论工作者们的实力稍显不足，可能在基础理论研究上存在差距，但在应用研究上，特别是民办高校大学生社会主义核心价值观实践方法与实践路径的研究上是责无旁贷的，而且这样的研究是具有很强的实践价值的。同时，教师在研究过程中表现出的学术规范对学生也是一种引导，实现言传与身教的统一。

## （三）要从载体入手，在校园文化和实践中彰显社会主义核心价值观

要在民办高校大学生社会主义核心价值观教育过程中重视中国传统文化

教育。中国特色社会主义文化源自于中华民族五千年文明历史所孕育的中华优秀传统文化。2014 年 5 月 4 日，习近平总书记在与北京大学师生座谈时的讲话中特别强调了文化尤其是中华传统文化的重要作用，他在讲话中强调指出："中华文明绵延数千年，有其独特的价值体系。中华优秀传统文化已经成为中华民族的基因，植根在中国人内心，潜移默化影响着中国人的思想方式和行为方式。今天，我们提倡和弘扬社会主义核心价值观，必须从中汲取丰富营养，否则就不会有生命力和影响力。"① "我们提倡的社会主义核心价值观，就充分体现了对中华优秀传统文化的传承和升华。"② 这一重要讲话精神，为当前和今后一段时期将社会主义核心价值观有机地融入大学文化建设，从而发挥育人的功效指明了方向。要特别重视发掘重仁爱、守诚信、崇正义、尚和合、求大同的民族文化特质，重视对传统文化的创造性转化和创新性发展，既增强社会主义核心价值观教育的吸引力与感染力，又充分彰显传统文化的力量和民族特色。

要在民办高校大学生社会主义核心价值观教育中倡导实践教育。2005年，中宣部、中央文明办、教育部、共青团中央四部门联合印发《关于进一步加强和改进大学生社会实践的意见》，对大学生社会实践作出全面部署，对实践教学、军事训练、社会调查、生产劳动、社会服务、科技发明、勤工助学等类型的实践活动提出了明确要求，对建立大学生社会实践的长效机制、加强领导等方面也作了相应规定，是一个全面、系统的指导性文件。2012 年 1 月，教育部会同中宣部七部门制定了《关于进一步加强高校实践育人工作的若干意见》，意见指出：实践教学、军事训练和社会实践活动是高校实践育人工作的三项主要内容。要把组织开展社会实践活动与组织课堂教学摆在同等重要的位置，明确各类学生参加社会实践活动的时间等基本要求，倡导学生参加生产劳动、志愿服务和公益活动。意见强调注重学思结

---

① 《习近平谈治国理政》，外文出版社 2014 年版，第 170 页。
② 《习近平谈治国理政》，外文出版社 2014 年版，第 171 页。

合、知行统一，积极调动整合社会各方面资源，形成实践育人合力，着力构建长效机制。文件印发后，我国的民办高校大多因地制宜地开展了各种实践育人活动，但还要进一步在实践中引导学生自觉地践行社会主义核心价值观。实践养成，是培育社会主义核心价值观的现实根基。核心价值观蕴含着人们对人生、社会、世界等一系列重大问题的价值共识和价值认同，深刻影响着每一个社会成员的思想观念、价值取向、思维方式和行为规范，必须根植于人们的现实生活和社会环境。社会主义核心价值观只有融入社会生活，让人们在实践中感知它、领悟它，才能真正发挥作用。青年要成长为国家栋梁之材，既要读万卷书，又要行万里路。

（四）要从方法入手，在线上线下和环境中突出社会主义核心价值观

要在民办高校的全媒体建设中融入社会主义核心价值观教育，构成线上线下互动的有效工作机制。随着互联网与信息技术的发展，高校的意识形态和思想文化宣传阵地已进入全媒体时代。所谓全媒体，这个概念最早来自传媒界的应用层面，是指任何人在任何时间任何地点都可以通过广播、电视、报纸、网络、互动平台、自媒体等多种媒介获得信息与资讯，其实质是一种线上线下相结合的宣传方式。新媒体即时提供的图文、视频等信息，使社会主义核心价值观教育的内容更加及时、丰富，形式更加立体化、动态化，能够充分迎合青年学生的心理需要，也便于认知接受，它为社会主义核心价值观教育拓展了新空间、提供了新载体。民办高校的思想政治教育工作者要充分认识、高度重视、主动研究和规范运用全媒体，通过大学生喜欢的网言网语、案例数据、动漫、微电影等方式，对社会主义核心价值观进行阐释，将枯燥的大道理变为身边的动人故事，把社会现实的大问题转化为日常生活的小问题，把不可触及的社会大环境联系到切身利益的小个体，把理论内化为知识与信念，成为大学生人生中的正能量。

从心理发展角度看，大学生正处在迅速走向成熟的过渡阶段，无论从认知、情感、信念、意识，还是从行动上，都存在着一定的动态性；他们对核心价值观的心理认同和情感体验处于始发期，而自我践行处于可塑期。其价值观的形成，主要是通过学习、理解、掌握社会主义核心价值观的内涵，不断形成和发展自我意识的过程，具体地讲，它是从认知、情感、信念、意志和行为等方面去认同、接纳和自觉践行社会主义核心价值观的过程。因此，在探索构建民办高校大学生思想教育协同机制的过程中，我们必须始终将"社会主义核心价值观"作为内核，作为指引和导向，通过构建课上课下、校内校外、线上线下、自律他律的协同机制，探索行之有效的协同路径，并不断循环推进，确保将社会主义核心价值观贯穿到高等教育的全过程，使大学生内化于心、外化于行，自觉认同和践行。

| 第五章 |

# 民办高校思想政治教育的多课堂协同育人机制

课堂是对大学生开展思想政治教育的主渠道。2016 年底，习近平总书记在全国高校思想政治工作会议上指出："要用好课堂教学这个主渠道，思想政治理论课要坚持在改进中加强，提升思想政治教育亲和力和针对性，满足学生成长发展需求和期待，其他各门课都要守好一段渠、种好责任田，使各类课程与思想政治理论课同向同行，形成协同效应。"[①] 民办高校必须要牢牢地把握住课堂这个育人的主渠道，明确所有课堂都有育人功能，统筹思想政治理论课和其他课程，充分挖掘蕴含在各门课程中的"思政元素"，变"思政课程"为"课程思政"，努力形成各类课程和思想政治理论课同向共进、协同发展的全课程全课堂育人机制。

## 第一节　民办高校思想政治教育多课堂
## 协同育人的理论基础

青年一代有理想、有本领、有担当，国家就有前途，民族就有希望。高

---

① 《习近平谈治国理政》第二卷，外文出版社 2017 年版，第 378 页。

等学校思想政治教育承担着培养合格建设者和可靠接班人的重大使命，立德树人是新时代高校思想政治教育的中心工作，各类课程与思想政治理论课同向同行、协同育人是实现立德树人根本任务的重要保证。

## 一、各国均有自己的思想政治教育和思想政治理论课

古今中外各国均有自己的思想政治教育。西方国家有思想政治教育，古希腊的城邦教育、中世纪的神学教育、近现代的公民教育，见证着西方思想政治教育的形态跃迁。古代中国亦有思想政治教育，先秦时期文化繁荣、百家争鸣，中国古代思想政治教育从懵懂中徐徐走来，思想政治教育体现出德性教化的特征；封建社会儒释道的互动共振，构建了相对完备的道德教育体系，造就了一代又一代"忠君孝亲"的封建社会顺民；国民党党化教育在中国开创了政党领导国家意识形态教育的先河。

当代各国也都有自己的思想政治理论课。北京大学党委书记朱善璐指出："思政课不光中国有，美国英国都有。""谁都不会放松自己的思政课。没有哪一个国家哪一所大学没有思政课，无非是形式内容不同而已。"[1] 我国高校的思想政治理论课在学科建设和教书育人上，都取得了历史性、具有里程碑意义的重大成果，但相比我们更多侧重显性教育，当代西方思想政治教育具有鲜明的隐蔽性。当代西方的思想政治教育披上鲜明的科学外衣，把所倡导的政治、道德、思想意识渗透到各学科、各课程中去，抹上浓重的知识性、愉悦性的色彩，使人们在知识感受、愉悦体验中不知不觉地接受其思想渗透，资产阶级所倡导的思想观念大量的隐匿在科学知识中传递到人们中去。[2] 如美国，思想政治教育是在"国民教育""公民教育"等名义下开展实质性活动的，并在 1949 年提出了教育三个面向的概念，即"教育要面向

---

[1] 吴楚、岳巍：《北大书记朱善璐：世界上没有哪一所高校没有思政课》，2016 年 12 月 9 日，见 http://news.youth.cn/wztt/201612/t20161209_8930919.htm。

[2] 参见张世欣：《思想教育规律论》，浙江大学出版社 2008 年版，第 161 页。

民主，面向国际，面向解决社会问题的新思想"，美国大学联合会明确要求每个大学或学院的教师、服务于学生的工作人员都有责任帮助学生成为一个合格的公民，并围绕这一目标，将爱国主义教育，法制教育，价值观教育，道德、人格教育及心理教育作为德育的主要内容。

## 二、党和政府高度重视大学生思想政治理论课

新中国成立以来，高校思想政治理论课设置和教改一直是在党中央的关怀下，在中宣部和教育部的直接指导下进行的，这是搞好思想政治理论课建设和改革的关键。

新中国成立初期，高校就坚持用马克思主义的思想教育取代封建的、买办的和帝国主义的思想教育，肃清其在高校的影响。各类高校增设马克思主义的课程，逐步改造其他课程。另外，在高校中建立政治工作制度，设立政治工作机构，实行校长或副校长专人负责制，加强组织领导，保证了思想政治理论课程建设和改革的健康发展。1964 年 9 月，中宣部、高教部党组、教育部临时党组《关于改进高等学校、中等学校政治理论课的意见》指出，各级党委宣传（文教）部和高校的党组织，要加强对政治理论课的领导，要着重抓方向、抓教学、抓队伍。学校党委（支部）必须把抓好政治理论课工作当作自己的主要任务之一。高校的党委书记、党员校长，都应当尽可能地兼课。

改革开放以来，历代中央领导集体高度重视党在思想政治理论课建设和改革中的领导作用。特别是党的十六大以来，以胡锦涛同志为总书记的党中央亲自抓各项工作，成效显著。2004 年 3 月，胡锦涛同志在一份《关于高校公共理论课教学情况的调研报告》上作出重要批示：中宣部、教育部要深入研究高校理论课的教学问题，要本着与时俱进的精神，从培养师资队伍、加强教材建设、改革教学方法、改进宏观指导等方面下功夫，力争在几年内使公共理论课教学情况明显改善。这是党的最高领导人第一次直接对高

校思想政治理论课教学工作的具体批示。胡锦涛同志的批示，直接促成了高校思想政治理论课"05 方案"的产生。

为进一步加强高校思想政治理论课的宏观指导，规范组织管理、教学管理、队伍管理和学科建设，2011 年，教育部研制了《高等学校思想政治理论课建设标准（暂行）》，该标准共设立了组织管理、教学管理、队伍管理、学科建设、特色项目等 5 个一级指标和 20 个二级指标。教育部要求各省区市进一步加强宏观指导，规范高校思想政治理论课的组织管理、教学管理、队伍管理和学科建设。这项文件的出台推动着高校思想政治理论课向标准化、规范化和科学化方向发展。2015 年 9 月，教育部印发《高等学校思想政治理论课建设标准》（教社科〔2015〕3 号），对2011 年印发的《高等学校思想政治理论课建设标准（暂行）》进行了修订，相关规定更具体、细致，要求也更明确。如：在组织管理方面，标准要求学校党委书记或校长每学年到思想政治理论课教研部门开现场办公会至少 1 次，听取思想政治理论课教学工作汇报，解决实际问题。学校党政主要负责人每学期至少讲授 1 次思想政治理论课。学校分管领导每学期到堂听课 2 次以上。学校按在校生总数每生每年不低于 20 元，专科院校每生每年不低于 15 元的标准提取专项经费，用于教师学术交流、实践研修等，并随着学校经费的增长逐年增加。在师资配备和课堂教学方面，本科院校思想政治理论课专职教师按师生比 1∶350 至 1∶400 配备，专科院校思想政治理论课专职教师按师生比 1∶550 至 1∶600 配备。新任专职教师原则上应是中共党员，并具备马克思主义理论相关学科背景硕士以上学位。课堂规模一般不超过 100 人，倡导"中班上课、小班研学讨论"的教学模式。这些具体要求也都体现了党和政府对高校思想政治理论课的重视。

2017 年是"高校思想政治理论课教育质量年"，一场新中国思政课建设史上前所未有的"地毯式"大调研在各省各个角落全面铺开。由 200多位高校领导、地方教育部门负责人、知名专家学者等组成的"豪华阵容"，走进全国 3000 个原生态思政课课堂，拿出了一份史上最全的思政课"体检报告"。"大调研"统计结果表明，全国思政课课程优良率达83.2%，86.6%的受访学生表示非常喜欢或比较喜欢上思政课，91.8%的受访学生表示非常喜欢或比较喜欢自己的思政课老师，91.3%的受访学生表示在思政课上很有收获或比较有收获。① 思政教育亲和力与针对性不断提升，大学生思政获得感大大增强，全员、全课程的大思政教育体系取得初步成效。

为全面推动习近平新时代中国特色社会主义思想进教材进课堂进学生头脑，聚焦提升思政课教师综合素质和专业化水平，2018 年 4 月，教育部办公厅印发通知，实施高校思想政治理论课教师队伍建设专项工作，并印发了工作总体方案。方案明确了四个突出，即要求突出顶层设计、突出精准施策、突出教学质量、突出协同推进。完善思政课教师队伍建设规划，实施"高校思政课教师队伍后备人才培养专项支持计划"，设立高校思政课发展创新研发中心，增设一批高校思政课教师培训研修基地，组织开展"面对面集体大备课"，实施"习近平新时代中国特色社会主义思想大学习领航计划"，培育一批高校马克思主义学院党建标杆、思政课教师先进党支部，在"长江学者奖励计划""万人计划""四个一批"人才等项目中加大对高校思政课教师队伍的支持力度等。各种举措扎实有效，对加强和改进高校思想政治理论课教学将起到重要的保障和推动作用。

### 三、我国高校思想政治理论课设置的历史考察

新中国成立以来，我国高校的思想政治理论课进行了多次调整，从系统设置上看大体经历了"52 方案""61 方案""78 方案""85 方案""98 方

---

① 《思政课堂 点亮青年信仰——高校思政课教学质量年专项工作述评》，《中国教育报》2018 年 2 月 27 日。

案""05 方案"的历史沿革，每一次课程体系的调整，都反映了时代发展的要求及历史的新使命。

## （一）"52 方案"

1952 年 10 月，教育部发出《关于全国高等学校马克思列宁主义、毛泽东思想课程的指示》，指示明确规定综合性大学及财经艺术等学院应依照一、二、三年级次序分别开设"新民主主义论"、"政治经济学"及"辩证唯物论与历史唯物论"三门马列主义理论课程，并规定三门课程都要学一学年。马克思主义政治理论课与其他基础课、专业课一样，成为高校所有专业所有学生的必修课。这一方案被称为"52 方案"，它的实施标志着我国高校马克思主义理论教育学体系的基本建立。1953 年，教育部对课程设置又作了调整，新开设了"马列主义基础"课，并自 1953 年秋季开始将"新民主主义论"改为"中国革命史"。这样共开设了四门政治理论课，已初步体现出我国高校思想政治理论课的基本形态。

但从 1957 年开始，高校思想政治理论课又进入一个调整大、变化大的时期。如 1957 年高等教育部、教育部发出《关于在全国高等学校开设社会主义教育课程的指示》，规定在全国高等学校各年级普遍开设"社会主义教育"课程，该课程以毛泽东《关于正确处理人民内部矛盾的问题》为中心教材，再辅之以部分马克思列宁主义的经典著作和文献，并结合各校大鸣大放期间和反右派斗争期间暴露出来的问题进行学习。考核的方式也改变过去考记忆的方法，而在学期或学年进行学习总结，并结合学生平时的思想、行动表现来确定。

## （二）"61 方案"

1961 年，教育部制定《关于 1961—1962 学年度上学期高等学校共同政治理论课安排的几点意见》（〔61〕教政周字第 129 号）、附件《改进高等学校共同政治理论课程教学的意见》，意见明确指出：政治理论教育是学校政治思想工作的重要环节。① 文件要求所有高校所有专业都开设"形势与任务"课程，并决定以此为基础在高校文科各专业一般开设"中共党史""马克思列宁主义概论（主要学习毛泽东同志的政治学说）""哲学""政治经济学"；理工科等院校开设"中共党史""马克思列宁主义概论（包括马克思主义三个组成部分）"；专科学校一般设一门"马克思列宁主义概论"。这一方案被称为"61 方案"。方案首次针对不同的学生群体开展不同内容的思想政治理论课教学。

1963 年，教育部印发《试行〈关于高等学校研究生政治理论课的规定（草案）〉的通知》（〔63〕教二蒋政字第 1231 号），规定研究生的政治理论课开设"马克思列宁主义理论""思想政治教育报告"两门，教育部还专门制定了"研究生马克思列宁主义理论课阅读书目"，供高校教学时进行选择。文件还指出"学校应在统一的阅读书目之外，根据专业的不同情况，指定一些反面材料供研究生阅读，并可以为他们举办一些介绍反面知识的专题讲座"②。这是基于研究生思想较为成熟而提出的一种思想政治理论学习的新方法。

1964 年，中共中央宣传部、高教部党组、教育部临时党组联合下发《关于改进高等学校、中等学校政治理论课的意见》（中发〔64〕650 号），对思想政治理论课的任务、课程设置等进行了明确和调整，但到"文化大革命"时期，高校思想政治理论课被彻底破坏。

## （三）"78 方案"

随着高考的恢复和改革开放的推进，全国各高校逐步开始恢复正规的马列主义理论教育。1978 年 4 月，全国教育工作会议上教育部办公厅发布

---

① 教育部社会科学司组编：《普通高校思想政治理论课文献选编（1949—2008）》，中国人民大学出版社 2008 年版，第 41 页。

② 教育部社会科学司组编：《普通高校思想政治理论课文献选编（1949—2008）》，中国人民大学出版社 2008 年版，第 49 页。

《关于加强高等学校马列主义理论教育的意见》征求意见稿，这一意见稿提出今后高校开设马列主义课的设置和学时问题，规定高校的马列主义理论课一般应开设"辩证唯物主义与历史唯物主义""政治经济学""中国共产党党史"，在此基础上，文科院校还要开设"国际共产主义运动史"，理工农医专业要开设"自然辩证法"。尽管这一方案最终在 1980 年正式印发，但因方案提出的时间为 1978 年，故被称为"78 方案"。"78 方案"的突出贡献在于结束了"文化大革命"时期"以阶级斗争为纲"的教学内容，而从新的发展要求出发突出了为社会主义现代化服务的内容。

### （四）"85 方案"

1985 年 8 月，中共中央颁布《关于改革学校思想品德和政治理论课程教学的通知》（中发〔1985〕18 号），文件对高校马克思主义理论课程设置作出了明确要求，并提出了改革的原则。要求要坚持理论联系实际的方针，增强课程体系和教材内容的科学性和现实性，从根本上改变脱离中国社会主义现代化建设，脱离当代世界经济、政治和科学技术发展，脱离学生思想实际的弊端，使马克思主义理论真正成为学生认识世界和改造世界的思想武器。其后，国家教委根据中央文件精神，将思想政治理论的课程设置改为"中国革命史""中国社会主义建设""马克思主义原理""世界政治经济与国际关系"，其中"世界政治经济与国际关系"为文科开设。在此基础上，增加了两门德育课程："大学生思想道德修养"和"法律基础"。这是首次增加思想品德课程，开启了"两课"模式。1995 年，国家教育委员会发布《关于高校马克思主义理论课和思想品德课教学改革的若干意见》，意见首次以"两课"称谓高校马克思主义理论课和思想品德课，把两者置于一体。这一称呼一直沿用到 2005 年。

### （五）"98 方案"

1998 年 6 月，中宣部、教育部《关于印发〈关于普通高等学校"两课"课程设置的规定及其实施工作的意见〉的通知》（教社科〔1998〕6号），规定四年制本科开设"马克思主义哲学原理""马克思主义政治经济学原理""毛泽东思想概论""邓小平理论概论""当代世界经济与政治"（文科类开设）等五门马克思主义原理课，同时开设"思想道德修养"和"法律基础"两门思想品德课。同时，还规定各层次各科学生都要开设"形势与政策"课。这就是"98方案"。该方案形成了七门（理科）、八门（文科）的新课程体系。在研究生的课程设置上，硕士生开设"科学社会主义理论与实践""自然辩证法经典"（理工类）、"马克思主义经典著作选读"（文科类），博士生开设"现代科学技术革命与马克思主义"（理工类）、"马克思主义与当代社会思潮"（文科类）。同时，研究生中各层次各科类学生均开设"形势与政策"课。

## （六）"05方案"

2005年2月，中宣部、教育部下发《关于进一步加强和改进高等学校思想政治理论课的意见》（教社政〔2005〕5号），文件明确指出高等学校思想政治理论课是社会主义大学的本质特征。文件提出了思想政治理论课程设置新方案。新方案规定四年制本科的课程设置为"马克思主义基本原理""毛泽东思想、邓小平理论和'三个代表'重要思想概论""中国近现代史纲要""思想道德修养与法律基础"等四门必修课；同时，开设"形势与政策"课。另外，开设"当代世界经济与政治"等选修课。"05方案"的特点：一是以"思想政治理论课"来概括原来的"两课"各门课。这一新的概括，客观反映了"马克思主义理论"和"思想教育"或"思想品德"这两类课程的内在联系，科学地综合了原来称作"两课"的基本内涵。[①] 二是新开设了"中国近代史纲要"课。这一方案也是各高

---

① 顾海良：《高校思想政治理论课程体系的演化及其基本特点》，《教学与研究》2007年第2期。

校目前执行的方案。

我们将上述方案中涉及的课程体系的内容进行列表对比。课程设置情况见表5-1。

表5-1　新中国成立以来高校思想政治理论课课程设置情况一览表

| 方案 | "52方案" | "61方案" | "78方案" | "85方案" | "98方案" | "05方案" |
|---|---|---|---|---|---|---|
| 课程 | 新民主主义论 | 中共党史 | 中国共产党党史 | 中国社会主义建设 | 毛泽东思想概论 | 毛泽东思想、邓小平理论和"三个代表"重要思想概论 |
| | 政治经济学 | 政治经济学 | 政治经济学 | 中国革命史 | 马克思主义政治经济学原理 | 中国近代史纲要 |
| | 辩证唯物论与历史唯物论 | 马克思列宁主义概论 | 辩证唯物主义与历史唯物主义 | 马克思主义原理 | 马克思主义哲学原理 | 马克思主义基本原理 |
| | — | 哲学 | 国际共产主义运动史（文科） | 世界政治经济与国际关系（文科） | 邓小平理论概论 | 思想道德修养与法律基础 |
| | — | 形势与任务 | 自然辩证法（理工科） | 大学生思想道德修养 | 当代世界经济与政治（文科） | 当代世界经济与政治（选修） |
| | — | — | — | 法律基础（1986年起开设） | 思想道德修养 | 形势与政策 |
| | — | — | — | — | 法律基础 | — |
| | — | — | — | — | 形势与政策 | — |

## 四、新中国成立以来高校思想政治理论课设置变迁的启示

通过对新中国成立以来高校思想政治理论课设置的分析，我们得到如下几个方面的启示。

## （一）特别重视坚持用马克思主义的基本原理武装青年学生

无论时代如何变迁、形势如何发展，党和政府都高度重视坚持用马克思主义的基本原理武装青年学生，帮助青年学生掌握科学的世界观和方法论。"52 方案"中的"政治经济学"和"辩证唯物论与历史唯物论"，"61 方案"的"政治经济学""马克思列宁主义概论""哲学"，"78 方案"的"政治经济学""辩证唯物主义与历史唯物主义""自然辩证法"，"85 方案"的"马克思主义原理"，"98 方案"的"马克思主义政治经济学原理"和"马克思主义哲学原理"，"05 方案"的"马克思主义基本原理"等，每个方案中都有马克思主义基本原理的组成部分，这也充分体现了马克思主义在我国的指导思想地位。

## （二）特别重视把马克思主义中国化的理论成果及时进教材、进课堂、进头脑

新中国成立以来，中国共产党人坚持唯物辩证法的观点，坚持理论与实际相结合，创新性地推动了马克思主义的中国化，形成了丰富的理论成果。在方案中，都及时地反映了马克思主义中国化的最新理论成果。如"98 方案"最突出的特点是，开设了"邓小平理论概论"课，把最新的理论成果及时"进教材、进课堂、进头脑"。2003 年 2 月，教育部下发了《关于进一步深化"三个代表"重要思想"三进"工作的通知》（教社政〔2003〕2号），将"邓小平理论概论"课调整为"邓小平理论概论和'三个代表'重要思想概论"课；"05 方案"中将这门课调整为"毛泽东思想、邓小平理论和'三个代表'重要思想概论"。2009 年，中宣部、教育部要求在高等学校中进一步深化科学发展观进教材、进课堂、进头脑工作，并将"毛泽东思想、邓小平理论和'三个代表'重要思想概论"课调整为"毛泽东思想和中国特色社会主义理论体系概论"，其后在 2015 年、2017 年底又对该教材进行修改，及时把习近平新时代中国特色社会主义思想吸收进教材，充

分体现了高校思想政治理论课与时俱进的理论特征和时代要求。

### （三）特别重视培育青年学生良好的思想品德与法律知识

我国的高校肩负着培养德智体美劳全面发展的社会主义事业建设者和接班人的重大任务，立德树人是高校的职责。为帮助学生树立共产主义人生观，培养共产主义道德品质，1982 年，教育部要求在高等学校逐步开设共产主义思想品德课程，1984 年，教育部印发《关于高等学校开设共产主义思想品德课的若干规定》（〔84〕教政字 013 号），对这门课程的任务、内容、原则等都提出了明确的要求，其后的"85 方案"、"98 方案"和"05 方案"都坚持了对青年学生开展思想品德教育的这一基本要求。随着法治中国建设进程的推进，按照中央的要求，1986 年，国家教育委员会印发通知，要求在高等学校开设法律基础课程，帮助非法学专业的学生掌握基本的法律知识，培养法律意识。

### （四）特别重视让青年学生在历史的学习中明确所肩负的历史使命

加强大学生的历史教育，是高校思想政治理论的重要使命。"61 方案"中的"中共党史"、"85 方案"中的"中国革命史"、"05 方案"中的"中国近代史纲要"，都贯穿着这一基本要求。"85 方案"中特别指出：进行以中国革命史为中心的历史教育，使学生了解具有悠久的历史文化传统的中国，是怎样根据历史的必然走上以中国共产党为领导力量的社会主义道路的。[1] 2005 年，在教育部上报党中央研究的课程方案中，并没有"中国近代史纲要"课，是党中央在研究新课程设置时正式提出的。[2] 形成了包括以

---

[1] 教育部社会科学司组编：《普通高校思想政治理论课文献选编（1949—2008）》，中国人民大学出版社 2008 年版，第 107 页。

[2] 顾海良等：《高校思想政治理论课程建设研究》，经济科学出版社 2009 年版，第 41 页。

中国共产党党史、中国革命史等为主题的社会历史发展教育和以马克思主义中国化进程为主题的思想理论历史的教育的结合，这一调整，实现了中国近代社会发展和马克思主义中国化理论发展的统一，构成了较为全面的历史教育课程体系。

### （五）特别重视让青年学生把握国际国内形势

1964 年，中共中央宣传部、高教部党组、教育部临时党组联合下发《关于改进高等学校、中等学校政治理论课的意见》（中发〔64〕650 号），文件对"形势与任务"课作了如下要求："阅读和讲解当前重大政策文件、报刊的重要社论和反对现代修正主义文章。学校党委负责同志应当经常做报告。"① 1988 年，国家教委《关于高等学校开设"形势与政策"课的实施意见》（〔88〕教政字 002 号）专门就"形势与政策"课程的开设进行了总体部署，将该门课程纳入必修课范围。1996 年，国家教委进一步加强高等学院"形势与政策"课程建设出台了新的意见，意见认为这门课是高校思想品德课中的一门必修课，是学校德育的重要内容。2004 年，中宣部、教育部对这一课程又出台了新的指导性意见。青年学生只有把握了国际国内形势的变化，才能真正认清形势与任务。这也是思想政治理论课的重要使命之所在。

### （六）特别重视理论联系实际的学习方法和发挥学生的自主性

1949 年，《中国人民政治协商会议共同纲领》第四十六条规定：中华人民共和国的教育方法为理论与实际一致。1950 年，教育部在《关于全国高等学校政治课教学方针、组织与方法的几项原则》中明确政治、思想教育应根据理论与实际一致的教学方法，启发学生分析自己的思想问题。理论联

---

① 教育部社会科学司组编：《普通高校思想政治理论课文献选编（1949—2008）》，中国人民大学出版社 2008 年版，第 51 页。

系实际的学习方法在历次的方案调整中都已保留，特别是在"05方案"中，在坚持理论联系实际的基础上，提出了"贴近实际、贴近生活、贴近学生"的思想政治理论课"三贴近"要求，提倡启发式、参与式、研究式教学，要加强实践教学等。这种将理论与实际相结合的符合教学规律的方式方法，很好地增强了教学效果。

## 第二节　民办高校思想政治教育多课堂协同育人存在的问题

民办高校的思想政治教育与公办高校相比，既具有普遍性又具有特殊性。这一特殊性我们在分析民办高校思想政治教育的特殊性时做过分析。从民办高校的特殊性出发，我们看到，当前，民办高校思想政治教育多课堂协同育人仍然存在许多问题，思想政治理论课的核心作用有待加强，思想政治理论课与其他各类课程协同育人机制尚未形成。

### 一、思想政治理论课示范引领的核心作用有待加强

思想政治理论课把马克思主义理论同中国特色社会主义实践紧密地结合起来，把思想品德教育同中国特色社会主义理论、中华优秀传统文化紧密结合起来，体现了育人的方向和宗旨。民办高校思想政治教育的多课堂协同育人，需要充分发挥传统思政课堂的示范引领作用，凸显其作为主渠道、主课堂的显性功能。但是当前，思政课示范引领的核心作用还有待加强。

### （一）部分民办高校对思想政治理论课重视程度不够

开展思想政治教育是社会主义大学的重要特征，民办高校也是社会主义

高校，也肩负着巩固马克思主义在高校意识形态领域指导地位、为国家培养合格人才的重任，因而民办高校必须重视大学生思想政治教育、重视作为思想政治教育主渠道的思想政治理论课教学。但是当前，部分民办高校忽略了大学生思想政治教育的重要性，认为思想政治教育不能创造任何收益、与学校发展关联不大；思想政治理论课不能使学生增长专业方面知识、与学生未来就业关系不大。导致部分民办高校思想政治理论课教学经费不足、组织机构不健全、人员配备缩减，影响了民办高校大学生思想政治理论课教学活动的开展。

### （二）思想政治理论课教学亲和力与针对性有待增强

思想政治理论课是对大学生进行思想政治教育的主要方式，但是当前，民办高校思想政治理论课教学不理想的问题依然存在。民办高校思想政治理论课教师基本能够做到以教材为纲、规范教学，以学生为本、增进实效，但课堂教学亲和力与针对性均有待提升。大部分思想政治理论课教师讲授条理清楚，论证正确，但"出彩"较少，教学吸引力不强；更有一些教师照本宣科，教学内容空洞，教学方法古板单一，不注重研究学生的特点与差异，脱离时代发展和大学生的思想实际，授课缺乏针对性与实效性，难以引起学生的兴趣，很难让理论知识入学生心、入学生脑。

### （三）思想政治理论课教师队伍建设有待加强

在我国，思想政治理论课队伍具有重要性。"思想政治理论课教师是高等学校教师队伍的一支重要力量，是党的理论、路线、方针、政策的宣讲者，是大学生健康成长的指导者和引路人"。[1] 为保证思想政治教育教学的效果，民办高校必须建立一支思想稳定、结构合理、业务素质过硬的思想政治理论课教师队伍。但是当前很多民办高校思想政治理论课师资队伍或多或少存在

---

[1]  教育部思想政治工作司组编：《加强和改进大学生思想政治教育重要文献选编（1978—2008）》，中国人民大学出版社 2008 年版，第 532 页。

以下问题：专职教师配置不足、学历层次不高，教师对教学过程中与形势相结合的内部开发能力、内容整合能力不强；思想政治理论课教学名师、学术带头人、中青年骨干教师缺乏，以老带新、以高带低的队伍培养机制尚未形成；兼职教师过多、队伍稳定性差，直接影响了民办高校思想政治理论课的教学效果。此外，为了节约办学成本，大班授课现象在民办高校也普遍存在。

### （四）思想政治理论课有待融合

在我国，思想政治理论课是大学生思想政治教育的第一课堂和主阵地，其教育教学的内容有严格的规定，各门课程的主要任务也有明确的规定。但从知识的内在逻辑来看，这些课程内容是一个整体，只有充分发挥系统各要素的功能，形成整体合力，才能实现思想政治理论课的系统优化。然而在实际运行中思想政治理论课程之间缺乏统一性，呈现"碎片化"状态，教师在教学过程中一般主要承担其中一门课，而对本门课与其他课程的关系理解不足、把握不够，课程之间的融合程度较低。而系统的课内教育对教育客体而言，是一种内在知识结构体系的构建，这种结构可以转化为学生思考问题和处理问题的一种思维结构和化解矛盾的工具。

## 二、思想政治教育学科建设水平不高

在我国，思想政治教育学科成为一门常规的学科已有 30 多年了，学科建设水平决定着专业建设水平以及课堂创新水平。实践也证明，只有不断加强学科建设，才能为思想政治理论课教学和思想政治工作提供学术支持和理论支撑。根据笔者在全国 20 余所民办高校调研的情况看，当前，全国民办高校的思想政治教育学科建设水平总体不高，体现在以下几方面。

### （一）教学任务繁重，教师研究投入不足

由于起点低，专职教师人数少，教学是首要任务。民办高校的思想政治

理论课教师大多处于满足于完成规定的教学任务这一状态，而且部分民办高校的思想政治理论课教学中有近一半的任务还需要通过聘请外聘老师来完成。教学中，课程之间的理论逻辑与实践逻辑的关联度等无法建立。学科建设水平低，个别高校的老师还没有树立起马克思主义理论一级学科和思想政治教育二级学科的概念，学科建设无或水平低，一定程度上制约了民办高校思想政治理论课教师水平的提升。

## （二）科研能力较低，教师研究水平不高

民办高校的思想政治理论课教师队伍总体比较年轻，大量的精力用于站稳讲台，在科研方面相对投入不足，研究水平低，争取高级别课题的能力不足。上海市的相关调查显示，2008 年至 2011 年间，上海市思政课教师共主持课题 856 项（国家级课题 48 项、省部级课题 181 项、上海市课题 277 项、校级课题 350 项），而其中民办高校承担了 46 项（国家级课题 0 项、省部级课题 2 项、上海市课题 26 项、校级课题 18 项）。[1] 这一情况在其他省份也存在。以浙江省为例，笔者对浙江省哲学社会科学规划"高校思想政治工作专项"立项情况进行了统计，2015—2017 年共立项 103 项，民办高校占其中 5 项，仅占 4.85%。

## （三）办学经费紧张，学科建设投入不足

限于办学经费总体比较紧张，民办高校在马克思主义课程和学科建设上投入不足，课程建设目标定位不高，也未形成具有高水平的教学团队，甚至限于财力，"教师外出参加学术会议和教学改革会议少，视野狭窄，教学和科研水平提高较慢"[2]。投入不足还体现在相对于学校在专业实践实训基地

---

[1] 崔丹：《上海市民办高校思政课教师队伍建设存在的问题及策略》，《教育探索》2013 年第 6 期。

[2] 吴洋洋、赵毅：《民办本科高校马克思主义学院建设路径的若干思考》，《黑河学刊》2017 年第 6 期。

建设方面的投入而言，学校对思想政治理论课的多媒体课件、网络课程开发、实践性教学的组织等方面的经费投入较少。

### （四）学科建设迟缓，马克思主义学院建设滞后

马克思主义学院是高校思想政治理论课教学科研机构系统中的中坚力量。全国第一家马克思主义学院是 1992 年成立的北京大学马克思主义学院。相比于公办高校的马克思主义学院建设，笔者对部分本科高校马克思主义学院建设的情况做了简单统计。

表 5-2　部分民办本科高校马克思主义学院建设一览表

| 学校名称 | 成立时间 | 首任院长 | 首任院长基本情况 |
| --- | --- | --- | --- |
| 南京三江学院 | 2015 年 10 月 | 王小锡 | 中国伦理学会副会长、南京师范大学公共管理学院教授 |
| 大连财经学院 | 2016 年 11 月 | 滕丽娟 | 教授 |
| 广东白云学院 | 2017 年 2 月 | 郭华鸿 | 学院聘请了原华南理工大学马克思主义学院院长刘社欣担任专职学术副院长 |
| 福州外语外贸学院 | 2017 年 4 月 | 郑又贤 | 原福建师范大学公共管理学院党委书记，省辩证唯物主义研究会会长、省高校思想政治理论课教学研究会会长 |
| 宁波大红鹰学院 | 2017 年 5 月 | 高振强 | 校长助理 |
| 浙江越秀外国语学院 | 2017 年 5 月 | 朱小农 | 曾任该校纪委书记 |
| 浙江树人大学 | 2017 年 6 月 | 周光迅 | 教授，原杭州电子科技大学人文与法学院院长、浙江省生态文明研究中心首席专家 |
| 上海建桥学院 | 2017 年 9 月 | 宋艳华 | 常务副院长 |
| 南昌工学院 | 2017 年 11 月 | 黄义灵 | 副教授，2013 年获江西省高校优秀思想政治理论课教师 |

从上述统计情况看：在全国范围内，民办本科高校的马克思主义学院建设总体上存在起步迟、进度慢、数量少的情况。全国最早成立的民办高校马克思主义学院是南京三江学院，成立于 2015 年，滞后于全国第一家马克思主义学院 23 年。从建设路径来看，由于民办高校自身的基础薄弱，已成立

的马克思主义学院中，有一部分主要是引进一名公办高校的马克思主义理论的专家担任院长，以院长为依托，来组织开展学科建设。但是中青年骨干队伍的成长是需要一个过程的。也有自身成长的中青年学术骨干担任院长，但在学术界的影响力不大，获得高级别科研项目的能力不强。从总体上民办高校的学科建设水平不高。

## 三、其他各类课程与思想政治理论课协同育人机制尚未形成

从民办高校课程体系现实状况来看，目前思想政治理论课与其他学科课程之间仍存在相互割裂的现象，思想政治教育主要集中于思想政治理论课程，思想政治理论课被孤岛化、边缘化、标签化，各类课程之间的协同育人效应尚未真正实现。

### （一）思想政治理论课"孤岛化"

虽然各门课程均有育人功能，思想政治理论课教师和专业课教师都是高校思想政治教育的主体，但是一直以来，"思想政治理论课"阵地与"专业课"阵地之间联系缺乏、各自为政。具体表现在：思想政治教育与专业课教学相分离，专业课主要进行知识传授，民办高校课堂的思想政治教育职责更多地依靠思想政治理论课承担，思想政治理论课"孤岛化"、思想政治教育成了思想政治理论课的独角戏；同样在进行课堂教学、承担教书育人职责的其他课程教师在大学生思想政治教育中发挥的作用有限，高校课堂未能发挥整体育人价值。

### （二）思想政治理论课"边缘化"

在经济市场化、人的主体性增强、科技发展迅速、生活节奏加快的背景下，实用性、知识性课程更受重视，而探讨人类社会发展规律、教导做人的思想政治教育课程受到忽视，甚至不受欢迎，思想政治理论课的生存境遇不

佳。小学和中学阶段，《品德与社会》和《思想品德》等被当成副科，这些课程的任课教师也被边缘化；大学阶段，特别是在一些专业课教育教学中轻视、忽视思想政治理论课成为一个突出倾向。对思政课先入为主的逆反心理、淡化意识形态的求知心理等，使得思想政治理论课不仅学生不甚喜欢，而且一些专业课教师也认为思政课学分太多，挤占了他们专业教学的时间。有些人甚至认为专业课的地位要远远高于思想政治理论课的地位，从内心深处认为思想政治理论课可有可无或者应该削减学分。

## （三）思想政治理论课"标签化"

以思想政治理论课教师为代表的思想政治教育工作者队伍是高校思想政治教育的主力军，为思想政治教育作出了重要贡献。绝大部分同志认可思想政治理论课课堂，但也有一些同志甚至其他课程教师对马克思主义了解不多、理解不深，对思想政治教育和思想政治理论课教学存在一些模糊甚至错误的认识。有的否认共产主义远大理想，认为共产主义是不可能实现的空中楼阁；有的认为思想政治理论课是"意识形态说教课"、是"道德说教课"、是"洗脑课"；甚至有人认为思想政治理论课教师是共产党意识形态宣教的"帮凶"。而部分思想政治理论课教师在教学过程中缺乏亲和力与针对性，教学"内容枯燥""无趣""照本宣科"，也加剧了这部分同志对思想政治理论课的错误认识，思想政治理论课被一些同志贴上特殊的标签。

综上所述，过去的高校思想政治理论课程与其他课程在思想政治教育上的割裂状况，导致思想政治理论课"孤军奋战"，良好的教学环境尚未有效形成，一些课程和教师不但缺乏育人意识，甚至轻视思想政治理论课，在一定程度上对学生产生了负面影响，产生了思想政治教育的负合力，削弱了思想政治理论课的教育效果。实现各类课程与思想政治理论课同向同行，必须加强二者在思想政治教育方面的合作与配合，建立思想政治理论课与各类课程的协同育人机制。

# 第三节 构建民办高校四课堂
## 联动的协同育人机制

所有课堂均有育人功能，民办高校需要充分发挥课堂教学在育人中的主渠道作用，发挥所有课程的育人功能，落实所有教师的育人职责。既牢牢把握思想政治理论课在思想政治教育中的核心地位，着力将思想政治教育贯穿于学校教育教学的全过程，着力将教书育人落实于课堂教学的主渠道之中；又深入发掘各类课程的思想政治理论教育资源，突破思想政治理论教育集中于思想政治理论课的瓶颈。在"课程思政"的"一体两翼"架构中，实现思想政治理论课与通识课、专业课相结合的多课堂协同育人崭新局面。

## 一、提高对民办高校思想政治教育多课堂协同育人的认识

### （一）明确高校各门课程均有育人功能

育人是高等学校所有课程的固有职责，最大限度地发挥课堂教学的育人主渠道作用，是提升高校思想政治教育实效的关键抓手。

中共中央、国务院《关于进一步加强和改进大学生思想政治教育的意见》（中发〔2004〕16 号）（简称"中央 16 号文件"）指出："高等学校各门课程都具有育人功能，所有教师都负有育人职责。……要深入发掘各类课程的思想政治教育资源，在传授专业知识过程中加强思想政治教育，使学生在学习科学文化知识过程中，自觉加强思想道德修养，提高政治觉悟。"这不仅进一步强调了各门课程的育人功能，而且也明确提出在各类课程中加强思想政治教育的要求，为充分发挥各类课程的育人功能指明了改进和改革的方向。开展大学生思想政治教育，既要充分发挥作为显性课程的思想政治理

论课的核心作用，也要充分挖掘包括通识课程和专业课程在内的其他各门课程的思想政治教育资源、充分发挥不同课程的育人功能和育人价值。只有这样，才能真正做到显性教育与隐性教育融会贯通，实现思想政治教育从专人向全员的创造性转化。

## （二）其他各类课程与思想政治理论课的同向同行

各类课程与思想政治理论课"同向同行"具有明确的指向性和本质性。其指向性，是指各类课程都要与思想政治理论课一道，坚持正确政治方向，发挥思想政治教育作用；思想政治理论课的"向"就是正确的政治方向。各类课程与思想政治理论课同向同行，首先要在坚持正确政治方向上同向同行。中宣部、教育部颁布的《关于进一步加强和改进高等学校思想政治理论课的意见》（教社政〔2005〕5 号）在谈到关于加强和改进高校思想政治理论课的总体要求时也强调："坚持用发展着的马克思主义武装大学生，始终保持教育教学的正确方向。"通过这些论述可以清楚地看到，思想政治理论课的"向"实际上就是马克思主义的方向、社会主义和共产主义的方向。其本质性，是指各类课程与思想政治理论课共同担负着立德树人、把大学生培养成为社会主义合格建设者和可靠接班人的根本任务。强调同向同行的目的在于增强各类课程的育人意识，与思想政治理论课形成思想政治教育合力。只有坚持协同合作，坚持思想政治理论课与其他课程的同向同行与同构共建，才能实现教育效果最大化。

## （三）其他各类课程与思想政治理论课的协同育人

我国高等教育以人才培养为核心，以立德树人为根本，其重心是实现学生德智体美劳全面发展。这一目标的实现有赖于高校所有学科与课程的协同合作，需要各类课程与思想政治理论课的协同育人，共同发挥思想政治教育作用。

协同育人是指教育者基于共同的教育目标在教育系统中充分发挥各自的资源、要素功能，通过有效的协调、配合，对受教育者开展教育的活动。首先，各类课程自身所具有的潜在育人功能，以及其学科自身与思想政治教育学科之间的联结，为协同育人提供了必要的基础和可能。其次，基于共同的育人目标，各类课程教师和思想政治理论课教师在育人工作中存在实现内在契合的必要性。最后，新形势下，大学生思想政治教育工作面临许多新问题，其他各类课程教师与思想政治理论课教师协同育人显得尤为重要。各类学科课程与思想政治理论课之间可以形成协同合作的整体，相互滋养、相互支撑，形成育人合力，从而营造出不同学科课程既同向同行又同心协力的思想政治教育氛围，实现从"思政课程"主渠道育人向"课程思政"立体化育人的创造性转化，共同作用和服务于立德树人这一根本任务。

## 二、积极发挥思想政治理论课示范引领的核心作用

在整个课程育人体系中，思想政治理论课是一门具体的显性教育课程，是对学生进行系统马克思主义理论教育的核心课程。建设好思想政治理论课堂，增强思想政治理论课的主导力，同向同行的社会主义性质和方向才会更加明确，才会真正起到加强思想政治教育的作用。

### （一）提高思想政治理论课教学地位

高校思想政治理论课具有鲜明的意识形态属性，在大学生思想政治教育中发挥着价值引领的作用，是对大学生进行社会主义核心价值观教育的核心课程，是帮助大学生树立正确世界观、人生观、价值观的重要途径，对于大学生坚定正确的政治方向、加深对中国特色社会主义的认同、正确认识和分析复杂的社会现象、提高思想道德修养和精神境界等具有十分重要的作用。

民办高校要提高思想政治理论课的教学地位，并严格按照政策规定，将其融入到学校建设发展规划之中。要成立校党委领导下的思想政治理论课教学单位（如马克思主义学院），在党委领导下开展思想政治理论课教学科研活动。要充分发挥思想政治理论课在价值引领中的核心地位，让从事马克思主

义理论研究和教学的教师充满荣誉感、使命感；思想政治理论课教师更要理直气壮地讲好中国故事，通过课堂教学和课外实践传递给学生，影响学生的信仰和追求。① 激励学生自觉把个人的理想追求融入国家和民族的事业中，勇做走在时代前列的奋进者、开拓者。要加强马克思主义理论学科建设，加强教学资源配备力度，在发展规划、经费投入、公共资源使用等方面，给予优先支持和保障。落实生均 20 元的思政专项经费，用于思想政治理论课教学改革与教学研究、教师学习考察和学术交流、教师社会实践等。推行"大班授课、小班讨论"的教学方式，将班级规模控制在较合理的范围内。

## （二）配强思想政治理论课的学术队伍

提升思想政治理论课的关键因素还是在于人。列宁指出："在任何学校里，最重要的是课程的思想政治方向。这个方向由什么来决定呢？完全而且只能由教学人员来决定。"② 队伍建设就成为民办高校当前思想政治理论课建设中最核心的问题。2015 年，教育部印发的《高等学校思想政治理论课建设标准》中对队伍建设既有量的规定性，也有质的规定性。一是数量的问题。文件要求本科院校思想政治理论课专职教师按师生比 1∶350—400 配备，专科院校思想政治理论课专职教师按师生比 1∶550—600 配备。从目前调研的情况看，能达到这一标准的民办高校还很少，需要花大力气解决。二是质量的问题。文件也明确提出：思想政治理论课教师应坚持正确的政治方向，有扎实的马克思主义理论基础，在事关政治原则、政治立场和方向的问题上与党中央保持一致。这就要求民办高校的思想政治理论课要率先有坚定的政治信仰和信念，以问题为导向，把马克思主义的基本原理学懂弄通，把中国特色社会主义理论学懂弄通、宣讲清楚，做真学问，并努力成为大学生政治上、思想上、行动上的指导者和引路人。

---

① 韩进：《破解思政工作的"孤岛现象"》，《光明日报》2017 年 4 月 6 日。
② 《列宁全集》第 45 卷，人民出版社 1990 年版，第 249 页。

### （三）提升思想政治理论课的学术魅力

马克思主义是对客观世界特别是人类社会本质和规律的正确反映，具有严格的和高度的科学性。共产主义不仅是一种科学的理论，而且是一种未来的社会制度和社会形态。民办高校要加强马克思主义理论学科建设，为"课程思政"提供深厚的学术支撑；思政课教学中要旗帜鲜明地坚持马克思主义指导地位，将马克思主义的立场观点方法贯穿到哲学社会科学的各个领域，不断提升思想政治理论课的学术魅力，发挥思想政治理论课在价值观引导中的引领作用。思想政治理论课的教学更要立足中国特色社会主义制度背景，切实回答"是什么、为什么"的科学问题、解决"为谁主张、为谁服务"的价值追问、实现"怎么看、怎么办"的实践指导。要把最新研究成果及时转化为思想政治理论课的教学内容，让思想政治理论课走进学科前沿，更有学术味、更有穿透力。

民办高校思想政治理论课不仅要从马克思主义理论学科建设中获取理论源泉和学术支撑，还应广泛吸取综合素养课程和专业教育课程中的思想元素。目前高校开设的思想政治理论课，从学科属性来看，与哲学社会科学的不同专业之间具有深厚的学科渊源。比如，"马克思主义基本原理概论"课与哲学、经济学、政治学等学科紧密相关；"思想道德修养与法律基础"课与伦理学、法学等学科紧密相关。没有哲学社会科学相关专业的学术支撑，思想政治教育的学术性、思想政治理论课的教学水平以及教育教学效果都将难以保证。[①]不同学科知识、理论和方法的引入，将在更深、更广层次上推进思想政治理论课突破传统教学理念局限，逐步摆脱单向灌输等传统教育方式的路径依赖，不断增进内容的知识性、学理性以及方法的多样性，从而形成更为科学、系统的思想政治教育教学体系，实现思想政治教育教学的现代化发展。

---

① 石书臣：《同向同行：高校思想政治教育协同创新的课程着力点》，《思想理论教育》2017 年第 7 期。

### （四）提高思想政治理论课教学质量

习近平总书记在全国高校思想政治工作会议上指出："思想政治理论课要坚持在改进中加强，提升思想政治教育亲和力和针对性，满足学生成长发展需求和期待。"① 真正做到习近平总书记的要求、发挥思政课主渠道主课堂的作用，必须结合国情、教学目的和学生思想实际，狠抓思政课堂建设、提高思政课教学质量。

思想政治理论课教学的核心目的在于培养学生正确的价值观、道德观、政治观，必须牢牢根据这一目的解读教学内容、设计教学案例。与此同时，教学工作也必须考虑教学对象所处的时代背景、考虑教学对象的特点，只有紧紧把握教学的时代气息，才能更加有针对性地开展符合学生特点的教学活动。民办高校大学生群体的思想观念、学习能力等较公办高校有比较显著的差别。民办高校校园里的"95 后""00 后"大学生们外向热情、思维活跃、获取信息渠道广、活动能力强。在学习中表现出思维方式感性直观、学习能力不强、学习兴趣不高、自律性较差等特点。他们在音像的世界中长大，喜欢通俗易懂的教学语言、直观形象的教学展示和活泼多样的教学方式，对理论缺乏深入理解的耐心和兴趣，更排斥一味的理论灌输和说教。只有根据民办高校学生特点改进思政课堂，将教材体系转化为教学体系，教育内容突出层次性、针对性、时代性，用活的案例、活的方法，以问题为导向，回应学生在学习生活中的现实困惑，训练学生的思维方法和思维能力，才能不断增强思政课的吸引力与针对性，推动中国特色社会主义理论体系进教材、进课堂、进头脑。

### （五）推动民办本科高校示范性马克思主义学院建设

尽管民办高校的马克思主义学院建设起步迟，但这项工作在较短的时期内得到了各级教育主管部门、民办高校的举办者等的重视，推出了一系列有

---

① 《习近平谈治国理政》第二卷，外文出版社 2017 年版，第 378 页。

效的举措。调研中，我们看到，在宁夏回族自治区教育工委的大力推动下，引进名校名院，建立了马克思主义教学科研的对口帮扶机制。其中，2015年11月，吉林大学马克思主义学院与宁夏大学新华学院、中国矿业大学银川学院、宁夏理工学院、银川能源学院等宁夏民办本科高校的马克思主义教学科研部代表共同签署了《吉林大学马克思主义学院对口支援宁夏民办本科院校马克思主义教学科研部协议》，合作共建宁夏的马克思主义教学科研工作。吉林大学派出高水平师资开展教学科研辅导等工作，从两年多的实践看，取得了很好的效果。

从全国范围来看，各地民办高校也根据中央的精神，自觉加大马克思主义学院建设，并已开始组成全国性的组织来推动这项工作的开展。

2017年12月23日，首届"全国民办高校马克思主义学院建设研讨会"在南京三江学院召开，10所民办高校的马克思主义学院院长围绕中宣部、教育部《高等学校马克思主义学院建设标准（2017年本）》，就民办高校马克思主义学院建设的宗旨、特点、要求、面临的机遇、挑战，民办高校马克思主义学院学科建设、队伍建设、教学改革、条件保障等展开了深入的探讨和交流，研讨会为全国民办高校马克思主义学院的建设搭建了很好的交流平台。

2018年4月，第二届"全国民办高校马克思主义学院建设暨思政理论课建设研讨会"在浙江越秀外国语学院举行。与会人员结合新时代民办高校面临的机遇与挑战，围绕习近平新时代中国特色社会主义思想如何进教材、进课堂、进大学生头脑，以及新时代新媒体新技术新模式新课堂如何推动民办高校思政理论课教学改革与创新等主题，重点探讨了民办高校马克思主义学院建设的特殊性。大家一致认为：应该依据生源及其不同培养规格的特点、教师队伍自力与借力并存的状况以及学校管理机制的特殊性，在借鉴公办高校马克思主义学院建设和思政理论课建设取得成功经验的基础上开展有针对性的建设工作。在这次会议上，还成立了"全国民办高校马克思主义学院建设暨思政理论课建设协调委员会"，使这一平台成为全国民办高校马克思主义学院建设的重要交流地。

但是笔者认为：这样自发的建设还不足以推动工作高水平的开展，还需要在省级示范马克思主义学院建设中予以推动。但民办高校的马克思主义学院建设总体时间短、起点低，客观上与先发的公办高校的马克思主义学院还是存在较大的差距的。因此，在这项工作推进过程中还是要处理好共性与个性的关系。一是建设标准上遵循共性。民办高校的马克思主义学院建设必须高标准严要求，应认真按照教育部已印发的《高等学校马克思主义学院建设标准（2017 年本）》来建设，标准上不放松要求。二是在具体实践上尊重个性。要从民办高校的实际出发，不拔苗助长，也不用一把尺子量所有学校，建议各省教育工委应在省级示范马克思主义学院建设过程中，适当地扶持 1—2 所民办高校的马克思主义学院开展示范性建设，形成示范效应，带动整体水平的提升。

## 三、其他各类课程与思想政治理论课的协同育人

民办高校需要从"立德树人"这一教育根本任务出发，在宏观上整体把握和推进思想政治教育，切实树立起所有教师都有育人责任、各门课程都有育人功能的教育理念，把各类课程的育人要求提升到思想政治教育的高度，深度挖掘通识课程和专业课程的思想政治教育资源，促进各类课程与思想政治教育有机融合，推动民办高校"思政课程"向"课程思政"的转变，真正形成"全过程、全方位育人"的高等教育事业发展新局面。

### （一）拓展通识课程"思政资源"

通识课程的目的是为受教育者提供通行于不同人群之间的知识和价值观。民办高校要深入拓展通识课程育人资源，发挥通识课程浸润作用，以人文素养涵养人心、培育人格，在培养人的综合素质过程中根植理想信念、陶冶高尚情操。

首先，通识教育中有许多课程蕴含着科学精神、人文情怀、中华优秀传

统文化、人格培养等内容，与思想政治理论课内容具有一定的契合性，可以尝试开设二者相结合的一些课程，将通识课程中提炼的爱国情怀、法治意识、社会责任、文化自信、人文精神等要素，转化成核心价值观教育具体而生动的载体，利用通识课程润物无声的形式，融入思想政治教育内容。

其次，民办高校也可以根据自身独特的办学定位、办学传统、办学特色，结合学校的学科特点、人才培养目标和教学实际，整合学校资源、统筹规划，拓展通识课程的思政内涵。近年来，一些公办名校依托本校办学特色，打造了一批深受大学生欢迎的通识课程。例如复旦大学开设的"治国理政"系列课程，华东政法大学开设的"法治中国"系列课程等。而民办高校亦可根据自身的办学定位，开设适合本校的通识类课程，例如定位于培养应用型人才的民办高校在通识教育中可以突出爱国精神、敬业精神、工匠精神、责任意识、团队意识的培养等。

### （二）挖掘专业课程"思政资源"

专业课程不论是哲学社会科学课程还是自然科学课程，都要立足学科优势、充分挖掘其所蕴含的思想道德精神和价值追求，提炼专业课程中蕴含的文化基因和价值范式，强化对学生的品格教育和人格的历练提升，并善于将其转化为社会主义核心价值观教育的生动素材，也就是要将智育、美育与德育有机地结合起来，这样的课程才会真正地吸引学生。

民办高校应立足实际情况，发挥其他课程本身的特色，在专业课程中将社会主义核心价值观和中华优秀传统文化教育内容融入教学要求，根据学生专业学习的阶梯式成长特征，以及学生遇到社会问题的复杂度，系统设计德育递进教学路径，并固化于教学大纲中，推进思想政治教育在人才培养中的全覆盖。在教育教学中要发挥专业教师课程育人的主体作用，健全课程育人管理、运行体制，将课程育人作为教师思想政治工作的重要环节，作为教学督导和教师绩效考核的重要方面。

需要注意的是，在挖掘专业课的"思政元素"进行授课的过程中，也要注意"入深入细、落小落全、做好做实",注重课堂形式的多样性和话语传播的有效性,避免附加式、标签式的生硬说教,要深入分析不同专业学生的学习需求、心理特征、成长规律和价值取向,坚持因事而化、因时而进、因势而新,悉心点亮学生对专业课程学习的专注度,在其具体的知识、学理、技术等的教育中凸显价值引领和精神塑造功能,引发学生的知识共鸣、情感共鸣、价值共鸣。① 如浙江树人大学积极探索从"思政课程"向"课程思政"的转变路径,学校结合新一轮培养计划和教学大纲的修订,各门课程都深入分析学科专业特点,挖掘其中的德育元素。例如风景园林专业教师在园林树木学的教学中强调"绿水青山就是金山银山"理念,通过翻转课堂等形式,启发学生思考用什么样的方法可以在新农村建设中保留乡村风貌,体现乡土味道。②

## (三)建设多课堂协同育人机制

加强党对高校工作的领导。民办高校党委要保证高校正确办学方向,掌握高校思想政治工作主导权,对"课程思政"进行总体部署,加强领导和指导,坚持立德树人,明确教学目标,在通识课程和专业课程中将社会主义核心价值观和中华优秀传统文化教育内容融入教学全过程。强化全员育人的机制建设,为教师参与教书育人全过程创造条件、提供支持;建立运行良好的教学质量保障机制,强化课堂教学质量评估。③

加强多课堂协同育人的制度建设。要让各类课程与思想政治理论课多课堂协同育人制度化、常态化,只有制度化、常态化,才能使同向同行行稳致远。要建立高校多课堂协同育人的领导机构,由高校党委统一领导、统一协调"课程思政"相关工作。强化育人导向,加强育人考核,严格各类课程教学纪律,制定有关政策,纳入评优和职称评聘等环节,鼓励和增强教师教书育人的责任担当,从而使育人成为各类课程的一种目标、一

---

① 高燕:《课程思政建设的关键问题与解决路径》,《中国高等教育》2017 年第 Z3 期。
② 汪恒:《浙江树人学院:民办高校的特色思政之路》,《浙江教育报》2018 年 4 月 9 日。
③ 曹文泽:《以"课程思政"为抓手创新育人手段》,《学习时报》2016 年 12 月 26 日。

种习惯、一种风尚、一种信仰，让同向同行成为高校思想政治教育协同创新的课程着力点。① 大力推动以"课程思政"为目标的课堂教学改革，优化课程设置，修订专业教材，完善教学设计，加强教学管理，梳理各门专业课程所蕴含的思想政治教育元素和所承载的思想政治教育功能，融入课堂教学各环节，并将其作为教材讲义必要章节、课堂讲授重要内容和学生考核关键知识，实现思想政治教育与知识体系教育的有机统一。

处理好"思政课程"与"课程思政"的辩证关系。推动高校"思政课程"向"课程思政"的转变，还要注意处理好两个关系，避免两个误区：处理好"课程思政"与思想政治理论课、思想政治理论课与其他学科课程的相互关系，避免"以'课程思政'取代思想政治理论课"以及"所有课程'思政化'"的认识误区。"课程思政"与思想政治理论课并非同一概念范畴，前者是一种课程观和课程设置理念，后者乃是一门或一类具体的课程，因此并不存在取代和被取代的关系。事实上，"课程思政"不仅不是要取代或者弱化思想政治理论课，相反，它是要在激发其他学科课程育人功能、促进育人合力的同时，不断强化和提升思想政治理论课本身的教育功效。而从课程之间的相互关系来看，"课程思政"也并不是要将所有课程都改造成为思想政治理论课，正如邓小平所言："毫无疑问，学校应该永远把坚定正确的政治方向放在第一位。但这并不是说要把大量的课时用于思想政治教育。学生把坚定正确的政治方向放在第一位，这不仅不排斥学习科学文化，相反，政治觉悟越是高，为革命学习科学文化就应该越加自觉，越加刻苦。"②

## 四、四课堂联动的协同育人机制

课堂是对大学生开展思想政治教育的主渠道，我们在民办高校思想政治

---

① 石书臣：《同向同行：高校思想政治教育协同创新的课程着力点》，《思想理论教育》2017 年第 7 期。
② 《邓小平文选》第二卷，人民出版社 1994 年版，第 104 页。

教育工作中，大胆创新，将原有的第一课堂、第二课堂进行延伸，将学校的所有理论教学、实践教学、文化活动、网络活动等整合成一、二、三、四课堂，并探索了一条四课堂联动的民办高校思想政治协同育人机制。这一机制的各个组成部分及功能见图5-1。

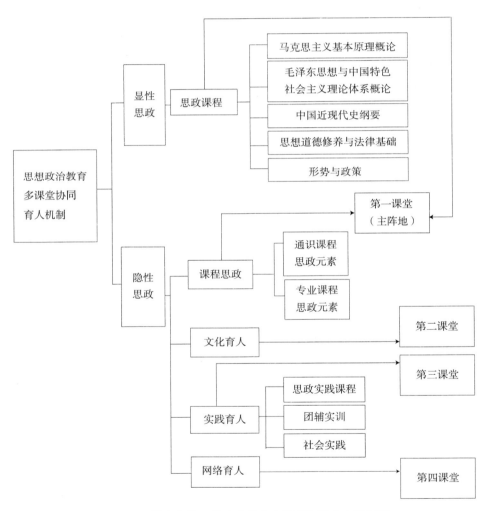

图5-1　民办高校思想政治教育多课程协同育人机制图

## （一）第二课堂之文化育人

民办高校在注重第一课堂对学生进行思想政治教育的同时，还要关注校园文化对于学生世界观、人生观、价值观的影响，树立文化育人的观念。文化的力量是强大而深远的，丰富多彩的校园文化活动有着润物无声的思想政治教育效果，民办高校的校园文化本身起步迟，更需要进一步加强建设。

首先，民办高校要鼓励学生在第二课堂活动中积极寻求思想政治理论课教师、专业教师的参与支持，让专业教师、思想政治理论课教师担任学生社团、实践创新团队、科研小组的指导老师，在学生的课外科技文化活动、创新项目实践、科研课题研究等第二课堂活动中融入思想政治教育工作。其次，要鼓励思想政治理论课教师、专业课教师担任班主任，参与学生第二课堂，在各类学生社团活动中引导大学生胸怀远大理想，陶冶高尚情操，磨砺意志品质，实现思想成长、学业进步、身心健康有机结合。

此外，高雅艺术是人类文化的优秀成果，近些年来，由教育部、文化部、财政部联合举办的"高雅艺术进校园活动"成为深受大学生欢迎、获得普遍赞誉的思想政治教育文化形式。通过这项活动，进一步传承了我国优秀民族文化艺术，丰富了大学生的校园文化生活，提高了大学生的审美情趣、艺术修养和文化素质，对于促进青年学生的全面发展具有深远而重要的意义。民办高校也要高度重视和支持"高雅艺术进校园活动"，让更多学生近距离走近高雅艺术、接受艺术熏陶。

## （二）第三课堂之实践育人

社会实践是加强和改进大学生思想政治教育的有效途径，是实现教学目标不可或缺的环节，也是发挥大学生智力创新优势、了解国情与省情、服务社会、在实践中锻炼提升自我的重要举措。民办高校可以通过大学生"三下乡"暑期社会实践与日常实践相结合、个人社会实践与团队实践并重的社会实践工作模式，促进课内与课外相结合、理论与实践相结合、被动教育与主动教育相结合，提高大学生在实践中运用马克思列宁主义、毛泽东思想和中国特色社会主义理论体系的立场、观点、方法，观察和分析社会现象的能力，在实践中学习社会主义核心价值观、习近平新时代中国特色社会主义思想，促进大学生形成正确的世界观、人生观、价值观，树立远大理想，增强历史使命感和社会责任感，进一步增强对中国特色社会主义的坚定信念，不断提高思想政治水平。

以浙江树人大学为例，学校在充分总结经验和把握当代大学生特点的基础上，首次提出了高校思想政治教育实践教学的新思路，即以"大思政"的视角，从实践育人的总体要求出发，以省情教育、大学生涯教育和心理健康教育为重点，拓展思想政治教育内涵，提升思想政治教育的针对性和有效性。形成了浙江人民出版社出版的教材——《思想政治理论实践教学教程》这一理论成果；创造性设计了"课堂教学"、"学期内团辅实训"和"暑期校外社会实践"三个主要教学板块，形成了独具特色的实践教学范式；解决了思想政治教育重理论教学轻实践磨炼的问题，解决了思政课教师队伍和辅导员队伍的相互融合问题，既提高了思政课教师课余育人的要求，又促进了辅导员专业化水平的提高，是实践育人的一次有效尝试。

### （三）第四课堂之网络育人

据中国互联网络信息中心（CNNIC）在京发布的第 42 次《中国互联网络发展状况统计报告》显示，截至 2018 年 6 月 30 日，我国网民规模达 8.02 亿，互联网普及率为 57.7%。中国互联网网民中 20—29 岁年龄段的网民占比达 27.9%；10—19 岁年龄段的网民占比 18.2%；学生群体占比为 24.8%。[①] 随着智能手机的快速普及和 4G 时代的全面到来，智能手机大规模进入校园，网络和大学生个体时时捆绑、须臾不离。网络已经成为高校学

---

① 《第 42 次〈中国互联网络发展状况统计报告〉》，2018 年 8 月 20 日，见 http：// www.cnnic.net.cn/hlwfzyj/hlwxzbg/hlwtjbg/201808/t20180820_ 70488.htm。

生生活的第一环境，对大学生的影响日益广泛和深入；而青年学生还处在世界观、人生观、价值观塑造的重要阶段，其思想、价值观、思维方式、生活行为方式等深受网络的影响。创新思想政治教育方式、主动占领网络思想政治教育新阵地、充分发挥网络育人功能，是当前高校思想政治教育必须面对的重大课题。网络育人即是为了适应网络化这一新形势的需要应运而生的系统育人工程。

在网络社会中，受教育者的主体性和自我意识不断增强，仅仅采用传统的说教式教育方法必然会遭到他们的反对与抵触，因此要改变单一、单向、经验式的做法，从被动接受与单向灌输转变为能动灌输与双向互动。教育主体要善于突破思维定势、更新教育观念、树立现代意识，对传统的思想政治教育方法不断进行反思、修改与完善，将传统的优秀教育方法与现代网络技术相结合，促进高校思想政治教育方法的现代化。

以 QQ、微博、微信为代表的自媒体平台，为大学生日常交流、获取信息、发表观点等提供了便利，在大学生群体中基本实现了全覆盖。民办高校要牢牢占据微博、微信等新媒体阵地，在提升微博、微信等自媒体平台的传播力方面下功夫，努力提升新媒体平台对大学生的吸引力，提高大学生的关注度；要积极开发和维护好具有权威性、专业性、思想性又符合大学生群体特质、具有吸引力亲和力的微博、微信公众号等信息传播平台；要对网络热点问题、社会问题以及重大理论问题等及时作出细致、全面、专业和权威的解读和分析，使其成为大学生思想政治教育的"传声筒"和"扩音器"。利用微博、微信等新媒体平台积极关注和回应大学生关切，将新媒体平台打造成陪伴大学生成长的朋友和师长，增强民办高校官方微博、微信的亲和力，不断提升微博、微信等新媒体平台的思想政治教育有效性。①

笔者所在的高校一直重视网络育人工作，主动占领网络这块育人工作新阵地。学校早几年就培育出"树人江"微博这样的校园红色网络"大 V"。

---

① 王晓霞：《当代大学生网络运用状况的调查分析》，《思想理论教育》2018 年第 2 期。

"树人江"以帮助学生们解决各种问题而吸粉无数。实际上，为了帮"树人江"更高效地解决来自学生的问题，学校专门建立了由相关部门负责人组成的事务处理 QQ 群，及时回应。此外，学校还有一批积极参与校园事务的网络评论员。学校管理学院辅导员李老师把平时跟学生谈心谈话的案例进行整理，发布在自己的网络公众号上，同龄人的故事让更多的学生有所感悟和启发；她还及时跟进与学生相关的热点新闻，在考研潮来袭、考生迷茫时写下《我为什么一定要考研》，当大学生生活费引发网络热议时，又发文《每月生活费 1200 究竟算不算少》，为学生提供了可靠的解释和指导。校党委书记也在网络上执笔，推出《舒达人有话说》栏目，至今已推出 60 余篇育人短评，有效地引领了全校的思政育人工作，形成了网上思想政治教育的重要力量。①

大学生良好的思想道德素质的形成是一个涉及知、情、意、行多种因素矛盾运动的复杂过程，也是一个内在转化和外部制约并行的发展过程，课外思想政治教育活动是一种以学生主动参与和体验为特点的教育活动，往往以实践活动为主要载体，如专业实习、社会实践、校园文化活动、志愿服务、学术活动等。学生积极参与加强思想道德修养的实际活动，可使其在活动参与中受到思想教育和品行陶冶。通过自身的感受、思考和体验，形成正确的信念和行为，从知行统一的结合上不断提高思想道德水平。课内教育和课外教育应该建立起优势互补的联动机制，构建把课内教育的价值目标和课外教育价值实践有机结合的协同教育体系，使学校教育价值与社会主导价值达到真正的一致，从而实现全过程育人。我们既要充分发挥思想政治理论课及其他各门课程的第一课堂育人功能，也要不断加强第二课堂的文化育人、第三课堂的实践育人和第四课堂的网络育人作用。只有四个课堂相互联系、相互影响、相互补充，才能真正实现民办高校思想。

在以思想政治理论课为核心，其他课程同向而行的协同育人机制建设

---

① 汪恒：《浙江树人学院：民办高校的特色思政之路》，《浙江教育报》2018 年 4 月 9 日。

中，还要围绕实效性、实践性等要求，进一步协同好专业教师与思想政治教育队伍两支队伍，协同好课堂内与课堂外两种教学空间，协同好理论学习与实践锻炼两种路径，推动民办高校学生思想政治理论课教育教学的协同联动、精耕细作，从而实现从大水漫灌到细水滴灌，无缝隙、无遗漏，有效提升思想政治教育的育人效果。

| 第六章 |

# 民办高校思想政治教育的
# 校内校外协同育人机制

党的十九大报告提出要"深化产教融合、校企合作"。2017 年 12 月，中共教育部党组印发的《高校思想政治工作质量提升工程实施纲要》（教党〔2017〕62 号）中特别指出，要建设"三全育人共同体"，实现校内校外大学生思想政治教育空间协同，形成学校、家庭和社会教育有机结合的协同育人机制。对于民办高校而言，校内校外协同育人机制建设既是人才培养过程中的现实需要，也具有较好的实践基础。本章所要探讨的校内校外协同育人机制侧重于探索校企合作背景下如何形成思想政治教育的协同育人机制的问题，并以浙江树人大学行业学院的建设为典型，来剖析校企协同育人的思想政治教育效果。

## 第一节　校企合作及政策演进

校企合作的高等教育模式最早产生于 19 世纪末的德国。在我国，改革开放以来，校企合作成为我国职业教育特别是高等职业教育中人才培养的一条重要路径。近年来，在应用型本科高校建设中，越来越多的本科高校重视校企合作,并在越来越广泛深入的校企合作中提高应用型人才培养的质量。校企合作正在从一种校企双方的自愿行为上升为具有国家制度性规定的一种办学探索,校企合作对大学培养高层次、出高水平科研成果和为社会作出卓越贡献具有重大的推动作用,直接关系到世界一流大学建设的进程甚至成败。①

## 一、对校企合作的基本认识

尽管校企合作的高等教育模式最早产生于德国,但"校企合作教育"一词最早出现于20世纪初的美国。各国关于校企合作的名称各不相同,德国称"双元制教育",英国称"三明治制度",日本称"产学合作"等,名称虽不一致,但其所反映的内容是一致的,就是在高等教育过程中,通过高校与企业的合作,来培养满足企业生产和发展所需要的人才。在我国,校企合作这一表述的提出首先见于2004年教育部等七部门颁布的《关于进一步加强职业教育工作的若干意见》,意见提出:"职业院校要坚持以服务为宗旨,以就业为导向,面向社会、面向市场办学,推动产教结合,加强校企合作"。这是"校企合作"首次在国家政策文件中被提及。其后,校企合作的人才培养模式成为高等职业教育的重要内容,在全国开展了较大范围的实践。

### (一)校企合作的定义

日本学者青木昌彦把校企合作定义为"通过分属不同领域的两个参与者——大学与产业的相互作用所产生的协同效应来提高大学与产业的各自潜能过程"②。我国学者从不同角度对校企合作进行了不同的阐释。2013年,

---

① 白守仁:《校企合作对建设世界一流大学的推动作用》,《高等工程教育研究》2003年第5期。
② 转引自蔡克勇:《社会历史发展的重要趋势——论加强校企合作的重要性和紧迫性》,《高等教育研究》1997年第6期。

张建春等学者在对基于 CNKI 收录的 2000—2011 年的高职院校校企合作研究文献进行分析的基础上，对校企合作作出了一个较为全面的界定，他们认为：校企合作是学校与企业利用各自教育资源、教育环境的优势，在资源、技术、师资培养、岗位培训、学生就业、科研活动等方面深度合作，把以课堂传授间接知识为主的教育环境与直接获取实际经验能力为主的生产现场环境有机结合起来，培养能适应市场经济发展、适合企业需要的高素质应用型人才为目的，最终实现学校与企业双赢的一种人才培养模式。[1] 其根本要求是工学结合、产教融合、共同发展。

## （二）校企合作的主要模式

校企合作的模式基于各所高校及企业需要的差异而呈现出较为丰富的形态。国内学者也比较早地关注到这一问题。如王章豹等（1997）将产学合作模式分为：人才培养型、研究开发型、生产经营型和立体综合型[2]；樊纯诗（1999）站在企业角度，以宝钢为例，系统地提出了企业与高校开展合作的七种形式：请高校的学者、专家来讲学，聘请专家为兼职教授；把中青年骨干送到高校去深造，与高校合作开展专题研修，合作编写继续工程教育教材；面向全国冶金行业合作建立办学实体，建企业博士后科研工作站，与高校联合培养博士后研究人员；与国外高校合作，开拓中外联合办学形式等。[3] 但根据近年来全国范围内校企合作的实践看，主要采用的模式大体上可以做如下的划分：

从校企合作中双方结合的紧密度来分，可以分为松散型合作和紧密型合作。松散型合作主要体现在双方在专业与课程上共同建设、共担任务，双方在师资上共同培育、双向流动，开展特定项目的合作研究开发等。紧密型合

---

① 张建春等：《高职院校校企合作研究：文献综述与展望——基于 CNKI（2000—2011）收录文献的分析》，《现代教育管理》2013 年第 2 期。

② 王章豹等：《机械产学合作模式及策略研究》，《机械工业高教研究》1997 年第 4 期。

③ 樊纯诗：《企业制胜的源泉——宝钢校企合作的探索与实践》，《教育发展研究》1999 年第 1 期。

作则体现在订单式人才培养中企业全面参与人才培养过程，校内外实习基地共同建设共享使用，企业注资在校内联合办学成为利益共同体等。

从校企合作实施中的关注度来分，可以分为"三位一体"和"五位一体"等模式。"三位一体"模式是以项目为纽带，实现教师、企业代表、学生三位一体化的校企紧密合作，主要关注主体的作用发挥。"五位一体"模式则指实现招生就业、创新创业与企业一体化，企业、社会及教学空间一体化；课内课外及假期教学时间一体化，产学研教学过程一体化，重点学科专业与区域重点产业一体化。该模式更关注合作内容客体的建设。

从校企合作内容的侧重度来分，可以分为以教育为目的的合作和以科研为目的的合作。以教育为目的的合作主要是以人才培养为目标，通过校企合作增加人才培养的社会需求适配性。以科研为目的的合作则以服务和创新为目标，围绕企业生产发展中面临的技术难题等开展联合攻关，通过校企合作解决企业发展中的难题，也为高校科研人员的研究增加了实用性。

### （三）校企合作中的学生思想政治教育价值

校企合作是充分以市场和社会需求为导向的教育机制，它的重要性在于能促进科技创新、科技成果转化、经济发展、人才培养质量的提高以及高校发展。① 在校企合作的人才培养过程中，既有市场需要的指挥棒在起作用，表现出具有市场导向性，但实际上，人才培养是必须遵循客观教育规律的；也彰显出较为明显的学生思想政治教育功能，具有重要的育人价值。这种价值至少可体现在以下几方面。

校企合作的企业能够为学生思想政治教育提供真实的职业环境，在真实的职业环境中，拥有比学校内更多的鲜活素材和教育情境，有利于进行体验式教育，增强职业认知，为学生职业素质形成、职业道德养成等提供基础和

---

① 易新河等：《我国校企合作研究二十年综述》，《高教论坛》2014 年第 2 期。

动力。

校企合作突出受教育者自我教育的作用与地位，学生自主性强，有利于激发学生的能动性和创造性。在企业中，学生的角色发生了变化，没有谁有义务教你，只是交给你任务要你完成，也面临复杂的人际关系，这就迫使学生不得不由被动地等待指导转变为主动地自我学习。在这个过程中可以培养与发展起学生真正的责任意识和义务感，为学生提供了自我教育的良好机会。

校企合作的企业文化能够帮助学生较为成功地将思想政治教育的课堂理论转变为他们内在的实践需求。优秀的企业文化容易对青年学生产生直观、形象的影响，引起他们的思考和审视，从而认真思考社会的价值导向，自觉按照社会的要求践行社会主义核心价值体系，提高自己的思想道德素质。

## 二、改革开放以来我国校企合作政策的演进与启示

新中国成立以来，我国在 1958 年 1 月发布的《工作方法六十条（草案）》中规定了中等技术学校和技工学校实施半工半读的问题，提出学生实行半工半读，也可以同工厂、工地、农村合作社或者服务行业签订参加劳动的合同。[①]《关于 1958 年度国民经济计划草案的报告》则正式提出了"今后在教育方面要有步骤地实行半工半读的教育制度"[②]，半工半读制度成为最重要的职业教育校企合作制度形式。[③] 但真正开始较大范围内的校企合作的实践是在改革开放以后，特别是进入 21 世纪以后，党和政府高

---

① 中央教育科学研究所编：《中华人民共和国教育大事记（1949—1982）》，教育科学出版社 1984 年版，第 212—214 页。

② 周惠英等：《中国教育同生产劳动相结合大事记》，教育科学出版社 1995 年版，第 77 页。

③ 周晶等：《我国职业教育校企合作正式制度建设的沿革与评析》，《教育学术月刊》2016 年第 6 期。

度重视这一工作，连续出台多项政策引导和推动全社会参与校企合作育人。

## （一）探索时期（1978—1999 年）

改革开放以来，经济社会的快速发展急切地需要高素质的技能人才，在这一时期，国家在重视发展职业教育的同时，也提出了一系列文件政策鼓励行业企业参加人才培养。

1986 年，国家教育委员会、国家计划委员会、国家经济委员会《关于经济部门和教育部门加强合作促进就业前职业技术教育发展的意见》提出：各地经委与教委共同帮助本地区企业与各类职业技术学校对口建立必要的协作联系；对口的企业应积极接纳师生下厂进行生产实习和实践。

1991 年，国务院《关于大力发展职业技术教育的决定》提出：我国的职业技术教育必须采取大家来办的方针，在各级政府的统筹下，发展行业、企事业单位办学和各方面联合办学，提倡产教结合、工学结合。这是首次在国家政策文件中提出产教结合、工学结合等概念。

1993 年，中共中央、国务院印发的《中国教育改革和发展纲要》提出：职业技术教育要依靠行业、企业、事业单位办学和社会各方面联合办学，走产教结合的路子。

1996 年颁布的《中华人民共和国职业教育法》第二十三条明确规定："职业学校、职业培训机构实施职业教育应当实行产教结合，为本地区经济建设服务，与企业密切联系，培养实用人才和熟练劳动者。"该法将职业教育领域中产教结合、工学结合的人才培养思想上升到国家法律层面。

这一时期，尽管在法律和政策层面上并未明确提出校企合作这一概念，但对产教结合、工学结合的要求是明确的，从人才培养的方向性上也与校企合作的要求是一致的，更多是体现出一种政府对校企合作的政策导向。因此我们把这一时期界定为校企合作的实践探索时期，也是政策的探索时期。

## （二）形成时期（2000—2010 年）

进入 21 世纪以来，随着我国社会主义市场经济体制不断完善，经济的持续增长、企业活力显著增加，人才资源的需要特别是技术技能型人才的需求更加旺盛，企业也越来越主动参与到校企合作的人才培养中，校企合作的规模也越来越大，对工作规范性的要求也越来越高。这一时期出台的文件与政策可以大致在表 6-1 中得到反映。

**表 6-1　2000—2010 年校企合作有关政策汇总表**

| 年份 | 政策名称 | 发文主体 | 相关内容规定 |
|---|---|---|---|
| 2002 | 关于大力推进职业教育改革与发展的决定（国发〔2002〕16 号） | 国务院 | 深化职业教育办学体制改革，形成政府主导、依靠企业、充分发挥行业作用、社会力量积极参与的多元办学格局，企业要和职业学校加强合作，实行多种形式联合办学 |
| | 关于进一步发挥行业、企业在职业教育和培训中作用的意见（教职成〔2002〕15 号） | 教育部、国家经济贸易委员会、劳动和社会保障部 | 要鼓励更多的企业根据实际需要，单独、联合或参与举办职业学校或职业培训机构。地方支柱行业和有条件的大型企业，可在整合现有教育资源的基础上，单独或与高等学校联合举办职业技术学院，培养行业和企业需要的实用人才。加强企校合作是依靠企业发展职业教育和培训的重要途径 |
| 2004 | 关于进一步加强职业教育工作的若干意见（教职成〔2004〕12 号） | 教育部等七部门 | 职业院校要坚持以服务为宗旨，以就业为导向，面向社会、面向市场办学，推动产教结合，加强校企合作 |
| | 关于以就业为导向深化高等职业教育改革的若干意见（教高〔2004〕1 号） | 教育部 | 高等职业教育应以服务为宗旨，以就业为导向，走产学研结合的发展道路 |
| 2005 | 关于大力发展职业教育的决定（国发〔2005〕35 号） | 国务院 | 职业院校与企业紧密联系，加强学生的生产实习和社会实践，改革以学校和课堂为中心的传统人才培养模式，大力推行工学结合、校企合作的培养模式。这是首次在国家政策层面肯定了职业教育校企合作的培养模式 |

续表

| 年份 | 政策名称 | 发文主体 | 相关内容规定 |
|---|---|---|---|
| 2006 | 关于职业院校试行工学结合、半工半读的意见（教职成〔2006〕4号） | 教育部 | 进一步加强校企合作，加快推进职业教育人才培养模式向工学结合、校企合作的根本性转变 |
| 2007 | 中华人民共和国就业促进法（中华人民共和国主席令第七十号） | 全国人民代表大会 | 职业院校、职业技能培训机构与企业应当密切联系，实行产教结合，为经济建设服务，培养实用人才和熟练劳动者 |
| 2007 | 关于进一步加强国家重点领域紧缺人才培养工作的意见（教高〔2007〕16号） | 教育部等六部委 | 鼓励高等学校与企业开展合作办学，联合建设重点领域学科和专业，按照企业对人才的要求实行"订单式"培养 |
| 2009 | 关于加快推进职业教育集团化办学的若干意见（教职成〔2009〕号） | 中华人民共和国教育部 | 加强政府的统筹协调，突出行业特色，形成以专业、行业为纽带，职业院校和行业企业共同参与的校企合作型集团 |
| 2010 | 关于大力推进技工院校改革发展的意见（人社部发〔2010〕57号） | 人力资源和社会保障部 | 校企合作既是技工院校发展的方向，也是技工院校的一项基本办学制度。要积极探索多种有效的校企合作模式，努力实现校企互利双赢 |
| 2010 | 国家中长期教育改革和发展规划纲要（2010—2020年） | 国务院 | 建立健全政府主导、行业指导、企业参与的办学机制，制定促进校企合作办学法规，推进校企合作制度化 |

与此同时，地方政府和各级教育部门为了推动校企合作的有法可依，也开始重视校企合作的地方政策制定和地方立法工作。

2008年，深圳宝安区政府出台了《宝安区关于加快职业教育发展的实施办法》等专门扶持校企合作的一揽子政策文件，如提供学生在企业实习期间的生活费等，从而以政府的强力主导性和积极行政作为支持了职业教育中的校企合作。

2009年3月，浙江宁波市开始实施《宁波市职业教育校企合作促进条例》，宁波成为我国第一个为校企合作立法的城市，该条例也是我国第一部有关校企合作的法规，为宁波地区职业院校和企业合作培养高素质技能型人才，促进校企健康合作、持续发展提供了法律保障，是完善我国地方校企合作法规的重要标志。① 该条例的制定，有助于解决校企合作中的一些制度性问题，有助于调动企业开展校企合作的积极性。

之后，河南、山东、江苏苏州等 20 余个省市相继颁布了地方性校企合作法规和规章，对各利益主体在校企合作中的动机和责任进行了有效的引导和约束，有力地推动了职业教育校企合作由自发到自觉的转变。② 这一时期校企合作逐步实现了法制化建设。

### （三）发展时期（2011 年以来）

经过 21 世纪前十年的建设，校企合作迎来新发展，特别是党的十八大以来，党和政府高度重视教育领域的各项改革创新，校企合作政策的覆盖面越来越广，也不再仅仅局限于职业教育。政策也从宏观领域走向微观领域，对实践的指导性增强。

2011 年，教育部印发了《关于推进高等职业教育改革创新引领职业教育科学发展的若干意见》（教职成〔2011〕12 号），意见围绕着"推动体制机制创新，深化校企合作、工学结合，进一步促进高等职业学校办出特色，全面提高高等职业教育质量，提升其服务经济社会发展能力"的目标，提出了八个方面的要求。

2013 年 11 月，党的十八届三中全会审议通过的《中共中央关于全面深化改革若干重大问题的决定》在深化教育领域综合改革中明确要求"加快现代职业教育体系建设，深化产教融合、校企合作，培养高素质劳动者和技能型人才"。

2014 年，教育部印发了《关于开展现代学徒制试点工作的意见》（教职成〔2014〕9 号），文件指出，现代学徒制是深化产教融合、校企合作，推

---

① 徐涵等：《改革开放以来我国职教校企合作政策的回顾与思考》，《职教论坛》2013 年第 31 期。

② 刘占山：《以制度和机制创新推动校企合作》，《光明日报》2013 年 11 月 21 日。

进工学结合、知行合一的有效途径。并对校企合作如何开展学徒制的人才培养进行了较为明确的规定。

2014 年，国务院印发《关于加快发展现代职业教育的决定》（国发〔2014〕19 号），在加快构建现代职业教育体系上，除巩固提高中等职业教育发展水平、创新发展高等职业教育外，首次提出"引导普通本科高等学校转型发展"，引导一批普通本科高等学校向应用技术类型高等学校转型，重点举办本科职业教育，这是首次在国家政策层面上将职业教育延伸至本科教育层次，有效地充实了职业教育的内涵。决定还明确提出要研究制定促进校企合作办学有关法规和激励政策，深化产教融合，鼓励行业和企业举办或参与举办职业教育，发挥企业重要办学主体作用。

2014 年 6 月，教育部等六部委联合颁布的《现代职业教育体系建设规划（2014—2020 年）》明确提出："将引导一批本科高等学校转型发展，支持定位于服务行业和地方经济社会发展的本科高等学校实行综合改革，向应用技术类高校转型发展。鼓励独立学院定位为应用技术类型高校。"

为落实国发〔2014〕19 号文件精神，2015 年教育部印发了《关于深入推进职业教育集团化办学的意见》，鼓励多元主体组建职业教育集团，深化职业教育办学体制机制改革，推进现代职业教育体系建设。文件指出：开展集团化办学是深化产教融合、校企合作，激发职业教育办学活力，促进优质资源开放共享的重大举措。在文件精神的鼓舞下，职业教育集团化办学呈现良好态势。截至 2016 年底，全国职业教育集团数量已经由 2014 年底的 1048 个增加到 1406 个，增幅为 34%，已覆盖了除西藏自治区之外的所有省（自治区、直辖市）。在 1406 个集团中，共有成员 35945 个，其中行业企业占比近 73%；参与集团的高职院校数量为 1236 所，占高职院校总数的 91%。职业教育集团内聘任企业兼职教师数量近 11 万人次，校际互聘兼职教师数量近 4.7 万人次，教师到企业实践的数量近 40 万人次；职业教育集团校企共建实训基地 4164 个，集团内企业对职业院校实训基地建设资金投入达 1739

亿元；集团内校企联合培养学生数量达 122 万人。① 职业教育集团化办学汇集多方资源，促进了全社会各类职业教育资源的整合，实施产教融合、校企合作、工学结合、知行合一的人才培养模式，有效提升了技术技能人才培养质量和社会服务能力。

2015 年 10 月，教育部、国家发展改革委、财政部联合发布《关于引导部分地方普通本科高校向应用型转变的指导意见》，文件在多项工作中提到了校企合作，如"确立应用型的类型定位和培养应用型技术技能型人才的职责使命，以产教融合、校企合作为突破口，根据所服务区域、行业的发展需求，找准切入点、创新点、增长点""建立学校、地方、行业、企业和社区共同参与的合作办学、合作治理机制""校企合作的专业集群实现全覆盖""通过校校合作、校企合作联合开发在线开放课程""通过校企合作、校地合作等协同创新方式加强产业技术技能积累，促进先进技术转移、应用和创新"等，覆盖应用型转型建设的各个方面，成为新形势下应用型本科高校转型发展的一个重要抓手和实现路径。而我国民办本科高校基本上都属于该指导意见提出的应转型的范围内。

2017 年 12 月，国务院办公厅印发《关于深化产教融合的若干意见》（国办发〔2017〕95 号），文件明确提出了今后一段时间里深化产教融合的主要目标是，逐步提高行业企业参与办学程度，健全多元化办学体制，全面推行校企协同育人，用 10 年左右时间，教育和产业统筹融合、良性互动的发展格局总体形成，需求导向的人才培养模式健全完善，人才教育供给与产业需求重大结构性矛盾基本解决，职业教育、高等教育对经济发展和产业升级的贡献显著增强。很显然，构建教育和产业统筹融合发展格局成为一个重要的问题。文件还进一步明确提出了协同育人要求下各方主体的地位，即校企育人"双重主体"，学生学徒"双重身份"，学校、企业和学生三方权利

---

① 《中国职业教育集团化办学年度报告（2017）》，2017 年 12 月 4 日，见 http://news.cyol.com/yuanchuang/2017-12/04/content_16744938.htm。

义务关系明晰。这对产教融合过程中形成校内校外协同育人的思想政治教育机制起到了很好的政策制约作用。

综上所述，我国高等教育在校企合作方面逐步实现了从无到有、从自发到自觉、从中高职到本科、从单一主体到集团化办学等变化，有力地推动了高等教育的内涵式发展，探索了一条具有中国特色的校企合作办学道路，并在学生的职业素养、道德情操、做人做事等方面的培养上起着重要的作用，为培养社会主义的合格建设者和可靠接班人作出了应有的贡献。

## 第二节　民办高校校企合作协同育人的创新探索

截至 2017 年 5 月，教育部发布的《全国普通高等学校名单》显示，我国民办高校共有 735 所，其中民办本科 152 所、独立学院 265 所、民办高职 318 所，大多以培养应用型人才和开展职业教育为主要职能，特别依赖通过校企合作来达成人才培养目标。近年来，我国民办高校结合自身办学定位，在校企合作育人方面开展了许多有益的探索，积累了许多积极有效的经验。

### 一、民办高校在校企合作育人上的优越性

#### （一）举办主体的无缝对接

在职业教育发展的大背景下，国家鼓励有条件的企业投资兴办职业教育。以浙江省为例，14 所民办普通高校中，主要由企业投资举办的高校有 10 所。在企业投资举办的民办高校中，尤其是一些产业企业，民办高校在专业设置、课程设置、学科建设等方面，都明显地体现出了为举办企业服务的倾向。如浙江广厦集团举办的浙江广厦职业技术学校，其核心的

专业群落是建筑工程类，浙江横店影视集团举办的浙江横店影视职业技术学院，学校着力建设的是与影视文化等产业结合度高的专业，浙江吉利集团投资的浙江汽车职业技术学院也大力发展服务于汽车制造维修等专业。陕西国际商贸学院由步长制药投资创办，步长制药是中药企业，涉及中药研制、加工、销售服务等多个环节。学校服务于举办企业的这一需要，逐步建立起了与医药行业相关的药学、中药学、制药工程、药物制剂等专业。对于一些举办主体为企业的民办高校而言，校企合作就具有天然的优越性，企业可以直接把企业发展中的人才需要落实到学校办学的各个环节，形成校企之间的无缝对接。

### （二）治理制度的灵活对接

在我国，大多数民办高校实行的是董事会领导下的校长负责制，一方面，学校董事会成员往往涵盖了社会上众多领域的不同人士，可以集更多人的智慧参与学校管理；另一方面，在学校的治理制度上更灵活，决策程序与环节更为精简，沟通成本更低，更容易在校企合作上建立一种全新的二级治理结构，在明确校企合作中双方的责权利以使校企合作在领导层面上的推进效率更高，减少了决策环节和决策成本。

### （三）人才培养的定位对接

我国目前的民办高等教育以应用型本科和高职教育为主体，这些学校的人才培养目标主要还是满足地方经济社会发展的需要，培养一线的人才，所以，从这个意义上讲，民办高校是与地方经济社会发展联系最紧密、最直接的群体。根据《民办教育促进法》及相关文件的规定，国家给予了民办高校更多的办学自主权，其中就包含专业设置权、招生自主权等。我国的民办高校是改革开放以来与社会主义市场经济的发展中同步发展起来的，它们更能接近市场、了解市场，也更能把握市场的规律。在人才培养上，更能在市场上寻找到合理的定位，并根据市场变化进行及时的调整和修正，特别是在应用型人才的培养上，与企业市场的联结更为紧密。

## 二、民办高校开展了多元化的校企合作育人实践

民办高校的创办是举办者解放思想、大胆创新的产物。在校企合作方面，民办高校也是走在前列的，近年来，我国的民办高校积极开展校企合作育人的探索，凭借其灵活的体制和机制优势，创新了多种校企合作的模式，并大胆地开展了制度创新、方法创新、手段创新，工作中所积累的经验为民办高校的建设提供了逻辑上的示范。

### （一）校企合作育人模式

除了与公办高校具有一致性的现代学徒制等外，具有典型意义的做法有：

**职教集团模式** 职教集团的兴起始于 2015 年国家出台了大力开展职业教育集团建设的文件后，我国的民办高校敏锐地抓住这一机会，对职业教育集团的组建方式、工作程序、工作任务和推进举措等进行了细化，推进了职业教育集团建设的深入，形成了抱团取暖、协同发展的良好局面。邢晖等人的调研显示，陕西省某职教集团，建立校企合作工作站，加强与企业深度合作。校企合作工作站作为校企双方在企业内设置的合作办学常设机构，负责教学、培训、产品研发、技术推广等工作的策划、组织和实施。校企共同投入场地、设备、技术、人员等资源，进行合作办学。在运行模式上校企双方采用契约约束形式，按照双方投入核算的方式进行利益分配。学校除了每年对校企合作工作站投入日常运行经费外，还将毕业班学生安排在工作站进行现场教学、生产实习和顶岗实习，并把该部分学生的学费作为合作办学的投入。"这种职教集团模式，企业不仅能够获得合作办学收益、社会培训收益、技术服务收益，还能获得合作办学的社会效益、人力资源效益和政府政策优惠，提高企业竞争力，调动企业参与职业

院校办学的积极性。"①

**股份制模式** 民办高校机制灵活，可以引进各种优质资源，来弥补自身办学的不足。如苏州工业园区职业技术学院，是在新加坡原总理吴作栋的提议下，为满足园区开发建设对高技能人才的需求，更好地服务于区内外资企业的需要而建立的一所新型高等职业技术学院。学院完善法人治理结构，深化股份制办学，组建了由政府主管部门、中外著名跨国公司、国内外知名高校组成的董事会。学院在办学过程中导入了新加坡公共管理领域的"亲商理念"，并将其明确为"亲企理念"。通过这些合作，学院与1100家企业建立了合作关系，建立了300余个校外实习基地，校企双方做到了目标一致、标准一致和全程合作，并逐步形成了校企"双主体"人才培养模式。② 通过政府、行业、企业和学术相关资源的整合，学院成为苏州地区18所高职院校中唯一一所国家示范性高职院校，也是全国唯一一所民办体制的国家级示范高职院校。

## （二）校企合作的广度

从我们在全国十余个省市60多所民办高校调研的情况看，所有的民办高校都开展了各种形式的校企合作。以北京市为例，北京现有的14所民办高校都开展了校企合作，14所民办高校都成立了专门为学校寻找合作企业和项目的职能部门，并进行跟踪服务。从合作的方式看主要分为三种：一是境外合作，提供德国、澳大利亚等职业教育发达国家短期的无薪或半薪岗位，如北京工业大学耿丹学院；二是境内合作，多为顶岗实习，这是北京民办高校校企合作采取的主要模式；三是校内实训，由学校建立实训基地，聘请"双师型"教师进行指导，如北京培黎职业学院、北京汇佳职业学院等。③

---

① 邢晖、李玉珠：《民办高校校企合作的实践选择与应然策略》，《国家教育行政学院学报》2017年第5期。

② 资料来源：苏州工业园区职业技术学院官方网站，见 http：//www.ivt.edu.cn/。

③ 李曼：《北京民办高校发展困境与转型诉求》，《浙江树人大学学报（人文社会科学）》2016年第5期。

广西南宁学院基于利益共同体的考虑，深入开展校企、校政、校校合作，形成了六种成功的校企合作办学模式，即：与南宁市威宁投资集团的"互联互通"模式，与南宁市轨道交通公司的"需求驱动"模式，与广西壮族自治区质量技术监督局的"打通行业"模式，与中兴通讯公司、苏州高博教育集团的"攀亲嫁接"模式，与广东省建筑设计研究院广西分院的"厂校一体"模式，与中科招商集团、广西"新桂商"群体的"创业就业贯穿"模式。这六种模式，已经突破订单培养、设立实习实训基地、联合制定培养计划与课程体系、互派师资等层次，上升到基于利益共同体的稳定、长效、较深度融合阶段，初步构建起行业企业参与学校治理、专业建设、课程设置、人才培养和绩效评价的制度，这六种成熟的校企合作模式有效打通了应用人才培养的第一校园与第二校园的联系，大大创新与拓宽了产教融合、校企合作的技术大学应用型人才培养的路径。①

## （三）校企合作的深度

企业参与学校实验室建设等。如烟台南山学院，学校依托投资主体南山集团的经济实力，由企业出资建设校内实验室，资源与企业共享，学校起主导作用。通过校企紧密融合、深度融合、高端融合，搭建学生基础技能操作平台、专业技能训练平台、综合技能应用平台，联手培养高层次应用型人才。"各专业实验室加强校内开放管理，促进与企业的沟通、融合，无偿为南山集团下属各企业开放。这样，在校教师、学生都可以共同参与到企业生产检验和产品设计、开发工作中，为学生的实践训练提供了良好的素材和平台。同时，在这样的实践过程中，企业会发掘一些动手能力强、专业知识较扎实的学生，教师会优先推荐到该企业就业，实现校企互利共赢。"②

---

① 资料来源：南宁学院官方网站，见 http：//www.nnxy.cn/? singleView-1。
② 王晓等：《民办高校校企合作共建实验室的探索——以烟台南山学院为例》，《农产品加工》2016 年第 9 期。

### （四）校企合作的平台建设

在实践中，一些民办高校打造了校企合作、工学结合的管理平台。通过有效地整合校企两种不同的教育环境和教育资源，将校企双方的管理要素，有机结合于技能型人才培养的内部运行程序、结构及运转方式中，构建一个有利于校企双方共生共赢共发展的新型运行平台，形成了校内有让学生以"见习者"身份去"真操作"的实践教学场地，校外有让学生以"职业人"身份去"真顶岗"的实习环境。

## 三、民办高校在校企合作育人方面存在的问题

校企合作共同培养人才，是解决高校人才输出与企业人才需求之间矛盾的最有效路径，而在民办高校的实践中，校企合作存在诸多亟待解决的问题，如合作的层次问题、合作双方的地位问题、合作双方的付出与回报问题、合作的长效机制问题等。从与公办高校校企合作的情况看，这些问题既有共性，也有个性，主要表现在以下几方面。

### （一）企业对与民办高校合作的积极性不高

尽管近年来我国民办高校在提高办学质量上花了较大的力气，但与公办高校比，民办高校的社会声誉相对不高，人们对民办高校的学生还是存在一些偏见，所以在校企合作中，企业更多地愿意选择公办高校作为自己的合作伙伴。同时，一些企业作为经济实体，也觉得难以从学校与企业的合作中获得经济效益，从成本核算和经济利益最大化的角度考虑，导致企业参与校企合作的积极性并不高。

### （二）协同理念尚未深入到民办高校的人才培养思想中

"协同育人"是近几年高校人才培养相关的热门词汇，但是在教学过程

中却不能真正落实。一方面根源于民办高校教师对于校企合作协同育人的内涵和实质没有真正的理解，部分教师缺乏实践经验，难以将企业的技术和方法在教学过程中融合；另一方面是大部分民办高校在进行教师评价时，通常以所获得的科研项目的数量和资助经费的多少作为主要绩效考核标准，极少甚至没有涉及教师在校企合作协同育人方面的贡献，导向作用不明显，教师缺少内在驱动力。学生本身对通过校企合作的模式来培养自身职业技能与职业素养的认知水平也还比较低，主动参与的积极性不高。张琼分析了民办本科高校在深化校企合作过程中政府、学校、企业和学生四方利益主体各自为营的原因，并以图6-1表示了校企合作各方利益主体"各自为营"的状态。

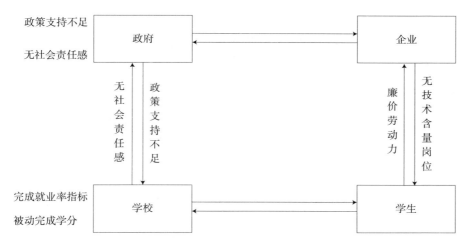

图6-1　校企合作各方利益主体"各自为营"①

## （三）校企双方的文化认同尚未实现

校内校外协同是一个多元主体参与的协同育人，文化认同是校企协同育人的关键环节，是把各种主体凝聚到一起的精神力量。认同感是一个组织得

---

① 张琼：《民办本科高校校企合作存在的问题与对策分析》，《河南财政税务高等专科学校学报》2016年第5期。

以顺畅协同运行的心理基础和内在动力，特别要注重目标认同、角色认同、路径认同。更现实的情况是，民办高校以人才培养和服务地方经济为己任，企业以利益最大化为奋斗目标，不同的发展目标造就了民办高校和企业不同的发展模式，学校和企业在合作过程中无论在思想上还是行动上都没有实现交融。一方面是合作停留在浅层次上，深度、广度不足。目前的合作更多的是"短期、局部型合作"，即企业提供资金或技术支持、联合建立实训中心或实践基地；以股份进行风险共担、利益共享的"长期、整体型合作"机制还没形成气候。因为合作的形式往往比较简单，彼此间缺少互动，没有真正实现资源的共享，所以学校和企业间的合作缺少实效。另一方面，校企间又常常遇到角色冲突。一是企业参与民办高等教育的身份比较模糊，在合作中存在角色冲突；二是学校不关心企业利益，往往使自己处在十分尴尬的境地；三是受教育者从"学生、学员、职业人到社会人"的转化，存在一定的角色冲突。①

## （四）制度的缺失使工作开展难以得到有效的保障

在我国有关校企合作的政策已经制定并实施，但在实践中，仍然存在制度上的缺失。如校企合作中学校与企业的权利与义务的划分，边界并不清晰。人才培养的成本和利益如何分配也是一个难点，缺少法律的界定。政府没有制定相应的税收优惠和成本补偿政策，企业考虑到自身经济利益、安全风险等因素，对校企合作的积极性并不高，客观上存在学校热、企业冷，高校主动、企业被动的情况。

## （五）校企合作的过程中反馈机制不健全

学校与企业合作的反馈机制不完善，学校、老师和合作企业交流相对较

---

① 杨文、石猛：《政校企合作：新时期民办高校发展的重要诉求》，《中国成人教育》2011 年第 19 期。

少，没有及时反馈，导致合作过程中没有形成统一的目标，出现了部分民办高校的校企合作只是为了合作而合作，学生为了实习而实习，企业为了完成任务而完成任务，不能真正达到提高学生实践能力、培养高素质人才的目标。校企双方在合作期间对学生思想政治教育工作的开展更是形同虚设。

## 第三节　构建民办高校思想政治教育的校内校外协同育人机制

高校思想政治教育贯穿于教育教学过程的始终，也贯穿于教育教学的每个空间。在校企合作、产教融合的大背景下，民办高校的人才培养模式正在发生根本性的变革，需要民办高校的思想政治教育工作者进一步探索，构建校内校外的协同育人机制。

### 一、从产教结合走向产教融合的发展要求

在我国，产教结合经历过"教学、科研、劳动三结合""工学交替、半工半读""校企合作""工学结合""订单式培养"等模式，对职业教育的人才培养起着重要作用，但实践中学校与企业产业"两张皮"的现象一直未能得到很好的解决。2013 年 11 月，党的十八届三中全会在深化教育领域综合改革中明确要求："加快现代职业教育体系建设，深化产教融合、校企合作，培养高素质劳动者和技能型人才。"党的十九大报告进一步要求："完善职业教育和培训体系，深化产教融合、校企合作。"2017 年 12 月，国务院办公厅印发了《关于深化产教融合的若干意见》（国办发〔2017〕95 号），我校的校企合作育人正从产教结合向产教融合发展。"结合"与"融合"，一字之差，但在根本要求上却有很大的变化。

## （一）对产教融合内涵的基本认识

2014 年以来，理论界有关产教融合的研究成果开始较多地公开发表，学者们从不同角度对产教融合进行了探索和分析。有代表性的观点有：杨善江认为产教融合中的"产教"包括两层含义，即产业与教育、生产与教学，并提炼出产教融合的六个特征：双主体性、跨界性、互利性、动态性、知识性和层次性。[①] 曹丹则提出：产教融合是指行业企业和高等职业院校为了各自的发展需要水乳交融地合为一体，因而产教融合是一个双向发力、双向整合的过程，企业和高校都是产教融合的主体，只有二者组成一个休戚相关的利益共同体，才能真正实现产教融合。[②] 柳友荣等提出了产教融合的四种模式，即产教融合研发模式、产教融合共建模式、项目牵引模式、人才培养与交流模式，这四种模式从不同视角反映了应用型本科院校与企业进行产教融合的途径，并形成一种相互影响、相互促进的关系。[③] 有关产教融合的研究还在随着实践的加快在不断深化中。

但笔者认为，产教融合是高校、政府、企业（或行业）、科研机构等组织，面向产业发展，以满足市场需求为出发点，以协同育人为核心，以合作共赢为方向，以政产学研育等结合为手段的教育方式，表现出空间整合、主体配合、要素结合、过程融合的新状态，它必须依赖于一种产教结合的新的治理体制来领导，并构建起协同的工作机制来推进各项工作的开展。

## （二）从产教结合走向产教融合的新变化

我们认为，这一变化至少体现在以下几个方面：

---

① 杨善江：《产教融合：产业深度转型下现代职业教育发展的必由之路》，《教育与职业》2014 年第 33 期。
② 曹丹：《从"校企合作"到"产教融合"——应用型本科高校推进产教深度融合的困惑与思考》，《天中学刊》2015 年第 1 期。
③ 柳友荣等：《应用型本科院校产教融合模式及其影响因素研究》，《中国高教研究》2015 年第 5 期。

从多元主体走向同一主体。产教结合是生产与教育相结合、学校与行业企业相结合的教育形式，在这种模式下，双方各为主体，根据分工，合作开展教育及人才培养等工作，学校和企业只是一种合作关系，人才培养过程中存在多个主体，而不同的主体从各自的利益与需求出发来进行制度设计，工作中的协同性不足。而产教融合是通过相互渗透、相互交叉，使教育与产业形成为一个共同体。在这个新的共同体内，通过新的治理结构的建设与教育制度的设计，双方共同开展教育教学、人才培养、技术创新、科研攻关等工作。

从物理结合走向化学融合。产教结合只是双方根据彼此的需要而达成的一种浅层次的结合。如：高校需要有学生的实习基地，找到相关企业建立实习基地，让学生进入基地完成实训教学环节；企业需要有新生的高技能型人才，找到相关高校提出定向培养或订单式培养的要求，学校按企业需求组织人才培养。这种合作只是一种简单的物理合作，双方并未产生更多的化学反应。而产教融合必须要经历一个要素结合并产生化学反应的过程，才能真正实现双方的目标。通过把分布在多个空间的办学要素如企业研发中心、产品设计制作中心、人员继续教育中心与高校的教师工作室、实验室、教室等集中在一个物理空间里，使双方目标融合、人员融合、实施融合，从而达成双方共同发展。

### （三）产教融合背景下协同育人的新模式

在传统的校企合作中，育人往往被设定为在校内进行理论教育、在企业进行实践教学两个环节来开展，教育教学的主体除学生外，又分割为教师和业师两个主体来实施，彼此之间存在信息的分割和教育的断裂，协同育人不能得到很好的彰显。传统的校企合作育人模式如图 6-2 所示。

而产教融合协同育人的要求则不一样，它是指校内外原本分散的育人主体整合成一个主体，紧紧以人才培养和使用为核心，在合作共建的系统内共享资源、共同教育的有效互动，并产生育人的倍增效应的模式，是在要素整合基础上的系统育人。如果用图示来表示的话，笔者认为，产教融合本身就

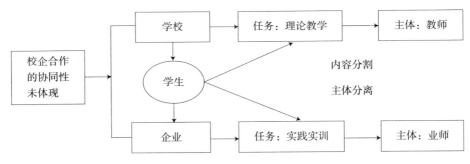

图 6-2　校企合作的育人模式示意图

是要画一个同心圆，把相关的利益共同体全部纳入这一同心圆中，形成共同愿景、共同目标、精准聚焦、同向发力，通过共建课程、共建基地、共建师资、共同教学、共同研究、共同管理等路径，实现协同育人的目标。产教融合的协同育人模式见图 6-3。

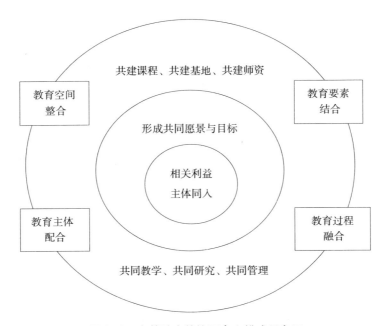

图 6-3　产教融合的协同育人模式示意图

## 二、行业学院是实现产教融合协同育人的新路径——以浙江树人大学为例

近年来，行业学院作为一种新的组织形态逐渐在教育教学改革中显现，成为传统"校企合作班""工学结合""订单班""实习实训基地"的升级版，也是新建本科院校和民办高校转型发展中实现面向行业的合作教育模式创新。国内多所高校，如常熟理工学院、呼伦贝尔学院以及笔者所在的浙江树人大学等地方本科高校开展了这方面的探索。

### （一）对行业学院的基本认识

行业学院主要是指高校与龙头企业紧密融合，政府、行业、其他企业参与，以行业（企业）的生产链、产品链、技术链和服务链为对象开展人才培养和科技服务的应用型的专业学院。[①]

从产生情况来看，它不同于我们传统意义上理解的归属于行业举办的高校，也即 20 世纪末我国"条块分割"管理体制下的行业性高校，也不同于新型的产业学院。产业学院往往是面向产业集群或产业集聚区的，具有区域性特征，采用跨学科与解决企业问题为导向的学习方式，围绕某一实际项目实施教学。行业学院是适应行业条状发展需求而产生的，具有鲜明行业特色的优势与潜质；依托行业及其主干企业的行业学院，围绕行业岗位标准，把职业情感、行业技术标准、管理规程及时融入应用型课程体系和教学内容中，这也是其区别于产业学院的重要特征。[②]

就组织建设而言，它是高校在现有院系设置的基础上，通过增设实体或虚拟的二级教学单位，面向行业培养应用型人才的二级组织。这样的组织具

---

[①] 陈新民：《行业学院：地方本科高校转型发展的新形态》，《中国社会科学报》2017 年 12 月 21 日。

[②] 李宝银等：《行业学院的功能分析与建设思路》，《教育评论》2017 年第 9 期。

有校企双方协同治理的组织结构，可在人员、经费、空间、资源等方面得到学校和合作方的支持，学院对人财物有相对独立的支配权。

### （二）行业学院的特征

一是创新机制，共同构建治理方式。行业学院实行理事会领导下的院长负责制，由学校和企业（事业、政府、行业）双方共建理事会，行业学院领导班子由校企双方共同委派组建。学院建设规划、方案等重大事宜由理事会商讨决定，学院日常运行由学院领导班子商讨决定。

二是对接需求，共同制定人才培养方案。紧密行业（企业）对人才知识、素质和能力的需求，依托现有专业（专业群、专业方向）形成行业特色凸显的人才培养方案，根据实际工作需要打破专业、学院、班级规模的界限，进行招生与设置班级（虚拟班）；大力倡导以行业需求为导向，在遵循教育基本规律的前提下，对理论教学和实践教学体系进行大胆改革。

三是柔性管理，共同组建教学团队。行业学院校企双方共同建立企业员工与教师岗位互派制度；引进企业技术骨干、专家协同教学，聘请企业优秀人才、管理人才和高技能人才作为专业（课程）负责人，构建一支专兼职结合的"双师双能型"教师队伍，形成校企合作教学团队，充分发挥他们在理论教学、实践教学、学生实习和毕业设计等方面的作用。

四是面向转型，共同实施教学管理。与相关行业（企业）团队一起，共同实施教学管理。在"三学期制"改革的基础上，尝试多学期的教学组织方式；尝试学生在学习时空上的灵活性与交叉性；鼓励行业学院进行相关课程的课程置换、学分替代；鼓励学院以生产过程、行业特点为导向，改革教学方式方法、课程评价方式。

五是聚焦应用，共同打造产学研基地。探索校政企多元化多层次多样式的合作，努力形成"校内实验实训中心情景化，校外实习实训基地教学化"；将行业学院打造成学校实践教学基地、业师来源基地、学生就业基地、教师实践能力提升基地、产学研合作基地、继续教育培训基地等"六合一"基地；在相同条件下，优先推荐申报省级或国家级大学生校外实践教学基地。

六是强化服务，共同开展项目研发。支持各专业（专业群）、课程，依托行业学院进行应用型改造，打造一批校企合作的企业模块课程、教材，使专业核心课程企业业师的协同教学率达 70% 以上，建设资源共享课程和新型教材；围绕实际运用，发挥技术优势，研发新产品与新工艺、改进管理流程，带动学生创新创业。

### （三）行业学院的优势

行业学院至少具有以下四个方面的优势：一是行业学院让没有行业背景的高校通过走产教融合道路培养行业精准人才，提高了人才培养的竞争力。特别是在跟一些行业中的龙头企业的合作中，由于龙头企业的美誉度和高校设立行业学院的先行度，使得行业中一般不会出现同类型组织，使得行业学院在一定时期内具有相对唯一性。高校也借助合作企业的力量，占领了该行业人才培养的制高点。二是由于不同行业差异大、专业性强，从某种程度上讲，行业学院可以避免专业设置的同质化，引导高校更好地个性化特色化发展，有利于形成良好的高等教育生态。三是行业学院是高校在探索校企合作、产教融合的过程中尝试采用的新途径和新方法，属于教育模式的一种创新，且具有较好的组织形态，便于移植，有望成为高校转型发展的重要趋势。四是从学校内部来看，行业学院的探索具有可复制性。待条件成熟，高校还可以围绕区域产业需求，通过整合、改造现有二级学院，将其设置成若干个综合性的行业学院，全方位、大力度地推进行业学院建设。

## 三、在行业学院建设中推进协同育人创新

产教融合的校企合作育人进一步加强了学校与产业的对接，充分吸纳了社会资源，实现了开放办学；改变了院校组织治理方式，形成了校企共同治

理的新模式；带动了专业学科、人才培养的改革，使应用型人才培养充分落地，有力地推进了学校的应用型建设，有效地实现了人才共育、过程共管、责任共担、成果共享。

## （一）从学校层面看：引入"鱼渔"，拓展了学校的办学资源

一是吸引了外部资金。近几年，行业学院的部分企业，通过注资、设立奖学金等方式支持学校的建设。当前，学校经费来源单一，主要依靠学生的学费收入和部分财政补助，企业的注资无疑拓宽了学校人才培养的经费来源渠道。二是丰富了教学资源。每一个行业学院建设的过程中，都会相应地建立校外实践基地，为学生提供实践实习的平台和资源。如红石梁的创业园、山屿海度假基地等。实践环节是学生提高应用能力的重要内容，从调查来看，在实践基地的学习中，企业还配有相应的导师，并以传帮带的形式提高学生的综合技能。"授人以鱼不如授人以渔"，业师对于学生直接的持续性的实践指导必将使学生受益，同时业师也是学校重要的教学资源。

## （二）从学院层面看：引入"活水"，加强了专业的应用性内涵

由于历史的原因，部分专业仍保持以学科知识传授为主的传统人才培养方式，教育教学理念相对比较陈旧。行业学院的引入，恰好促进了产教的融合，为专业的应用性增添了实践的内容，也成为一个满足学生提高实践技能，与就业对接需求的新增长点。在调查中，也显示过半的学生认为在行业学院最大的受益是提高了专业技能，因此要充分发挥行业学院的实践教学优势，促进专业应用性的发展。以浙江树人大学动画专业为例，2016 年因专业分流人数少而停开，2017 年该专业与杭州定格文化创意有限公司合作，成立行业学院，加强了专业的应用性内涵建设，提升了学生对于该专业的认可度，最后恢复了两个班的建制。"问渠哪得清如许？为有源头活水来。"引入一个新兴企业，必然带来新的理念以及与市场紧密接轨的实践经验，学

院积极主动的求变思维，是促进教学发展的不竭动力。校企合作班的深化建设和行业学院的兴起，也起到了"鲶鱼效应"，各学院纷纷开设各类的校企合作班，推动了各专业的应用性转型。

### （三）从学生层面看：引入"钙质"，促进了学生的自我成长

习近平总书记曾指出："理想信念是共产党人精神上的'钙'，理想信念坚定，骨头就硬，没有理想信念，或理想信念不坚定，精神上就会'缺钙'，就会得'软骨病'。"[①] 企业文化的强有力介入，是学校开展学生思想政治教育的有力补充，是从另一个侧面为学生的精神"补钙"。行业学院的学生培养，同样遵循着高等教育的人才培养规律，要做到培养的学生"知识上有深度、能力上有精度、素质上有温度"，知识、能力、素质协调发展，缺一不可。企业的有力介入，可以与学校、家庭形成一股合力，促进学生的全面发展。企业非常注重学生的理想教育、职业道德、价值观以及企业文化的熏陶。在学生学年总结的报告中，有人这样写道："我个人发自内心地认为，在接触山屿海的那一刻起，是我人生的一大转折点，我开始了我人生的发展阶段，虽然现在没有太大的成绩，但我会继续保持上进的心态，继续努力，继续以合作发展的态度，去解决学习、生活上以及老师与领导之间的问题，学会控制自己，学会为自己设立目标，学会坚持，做一个有梦想的人，做一个幸福的人！"

### （四）从办学机制看，引入"水车"，建立了政府—行业—学校的多元互动机制

实践证明，在建设行业学院的过程中，一定要引入政府和行业两个元素，构建行业学院"校、政、企、行"的理事会，形成真正的行业学院治理模式。学校也与政府有关部门制定"政府—行业/企业—学院"互动

---

① 《习近平谈治国理政》，外文出版社 2014 年版，第 414 页。

规划，将行业学院的人才培养目标提升到地方发展战略层面来认识，使之与地方经济发展和产业转型升级相适应，从而更好地为地方提供人才与智力支持。学校还建立了校级层面的协调机制。成立学校行业学院领导机构，统筹学校行业学院的规划发展问题，协调学校行业学院运行过程中的相关事宜，解决跨学科、跨专业问题，行业学院的考核及激励机制问题。合作双方也建立了定期的校企沟通机制。行业学院的建设，离不开校企的有效沟通，校企合作的沟通机制顺畅是行业学院快速发展的保证。校企合作之初，需要经历一个磨合期，需要双方经常性的沟通协调，如每月一次的研讨，针对培养方案、教学计划、课程设计等内容进行反复、充分讨论，等一轮制度规范形成之后，即可按照既定机制运行。特别是教学过程控制需要合作多方共同进行，把控好教育教学质量，安排专人跟踪检查教学实施情况并记录在案，保证教学效果，形成教学共管机制、服务协调机制等。

### （五）从合作领域看，政产学研智用并行发展

行业学院致力于为地方行业企业解决生产实践中的具体问题、难题，成为行业企业转型升级的智力库。行业学院所在学院教师充分利用这个平台，与当地政府、行业、企业一起，提高科研创新与需求的对接度、科研创新方向的凝聚度、科研创新资源的集成度、科研创新成果的成熟度、科研创新活动的组织度。如浙江树人大学的绍兴黄酒学院，充分利用学院教师的科研优势，与当地的黄酒行业对接，发挥面向行业的技术指导、科技支持的服务能力，开拓多赢的局面，从而推动行业学院的可持续性发展。定格文化创意公司将设计室搬到学校，企业提供设备、技术和师资，学校提供场地和管理，行业、企业和学校联合组织实习，为校内实训提供真实的岗位训练，营造职场氛围和企业文化。树兰国际护理学院则将课堂建到医院和病房，安排学生生产实践和顶岗实习。在此基础上，校企政等可以合作申报各级科技创业园，实现孵化企业、孵化技术、孵化人才和反哺教学，实现为学生提供创业

和就业机会、促进教师科研成果转化和服务地方经济发展的主要目的。通过产教融合，形成"创新在校园、创业在科技园、实业发展在产业园"的发展新格局，为区域经济社会发展作出突出贡献。

# 第七章

# 民办高校思想政治教育的
# 线上线下协同机制

习近平总书记在全国高校思想政治工作会议上指出："要运用新媒体新技术使工作活起来，推动思想政治工作传统优势同信息技术高度融合，增强时代感和吸引力。"[①] 民办高校的大学生思想政治教育要吸引和感染学生，就要运用青年喜爱并接受的话语和活动方式。当前，民办高校构建线上线下协同的思想政治教育范式既是一个不同学科领域交叉的理论命题，也是时代的呼唤和实践的需要。

## 第一节　新媒体对大学生思想政治教育的影响

科学技术的每一次发展都将催生新的文化生产方式，当人们还对电脑网络带来的互联网时代进行认知的同时，现代信息技术、通信技术的发展，使新媒体快速诞生，它带来的传播方式的"蜕变"构筑起思想政治教育新型传受关系，赋予民办高校思想政治教育时代新特征，给民办高校思想政治工

---

① 《习近平谈治国理政》第二卷，外文出版社 2017 年版，第 378 页。

作范式带来挑战与机遇。

## 一、新媒体的基本含义

对于高校思想政治教育而言，新媒体的介入引起了其主体、客体、环体和介体的全方位变化，带来了工作的新机遇和新挑战。

### （一）新媒体

"新媒体"这一概念于 1967 年由美国哥伦比亚广播电视网（CBS）技术研究所所长高尔德马克（P. Goldmark）提出，他在发表的关于开发电子录像商品的计划书中，称"电子录像"为"新媒体"。但这一概念和今天我们使用的新媒体概念无论从内涵还是外延上看，都要狭窄得多。其后，美国艺术家列维·曼诺维奇提出："新媒体以数字的方式展示，具有模块化、自动化、可变性和转编码性，以这些技术特征为依托使新媒体具有超媒体性、超时空性、开放性、交互性和虚拟性等特点。"[1]

在国内，2007 年徐振祥将其定义为：新媒体是指相对于书信、电话、报刊、广播、电影、电视等传统媒体而言的依托数字技术、互联网络技术、移动通信技术等新技术向受众提供信息服务的新兴媒体。[2] 2009 年冯刚提出：新媒体是以现代信息技术为支撑，以信息网络、无线通信网、卫星等介质为依托，以有线或无线等方式进行信息传送的一种媒体形态。[3] 2013 年董召勤认为：新媒体是利用数字技术、网络技术、移动技术，通过互联网、无线通信网、卫星等渠道，借助电脑、手机、数字电视机等终端，向用户提供

---

① 季海菊：《新媒体时代高校思想政治教育的解构与重塑》，东南大学出版社 2014 年版，第 9 页。

② 徐振祥：《新媒体：大学生思想政治教育的机遇与挑战》，《思想政治教育研究》2007 年第 6 期。

③ 冯刚：《新媒体技术的思想政治教育功能研究》，《北京教育（德育）》2009 年第 10 期。

信息和娱乐服务的传播形态和媒体形态。[①] 2015 年李林英等进一步提出：新媒体是建立在数字技术、网络技术、移动通信技术基础上的，以数字设备为终端，通过计算机网络和无线通信网络进行传播的新兴媒体形态。[②] 其实从大众的直接认知来看，新媒体是指有别于报纸、广播、电视、杂志等传统媒体的，主要依赖于信息技术和通信技术而发展起来的新媒体形态。而随着时代的发展，笔者认为新媒体的基本功能没变，但其表现形式与手段在发生变化，需要随着各种技术的变迁对新媒体的内涵和外延的认识不断深化。

## （二）新媒体的特征

一般来讲，学界将新媒体的特征定位在开放性、即时性、无障碍性、交互性、便携性等方面。从实践中，我们看到，除了上述特征外，新媒体至少还应具有以下几方面特征：

**技术性** 从上述学者们对新媒体的定义中我们看到，新媒体是与数字技术、互联网技术、移动通信技术等紧密相连，是需要有新技术的强有力支撑的。从某种意义上说，新媒体不仅是一个新闻学的概念，也是技术层面的概念。它对电脑、网络、通信设备等技术设施的依赖程度非常高，离开了技术手段，新媒体是无法存在的。

**多变性** 新媒体会随着它所依赖的技术发展变化而快速变化。如高校的思想政治工作者大都经历过关注校园网、博客、QQ、微信，再到现在各种APP 等，从手机报、数字报再到手机电视、数字电视等的变迁，新媒体不断以新的面孔出现。往往刚熟悉了前一种新媒体形式，又出现另一种功能更强大、影响力更大的新媒体。

**全维性** 新媒体可以最大限度地缩短信息传播的时间，却能最大化地扩

---

[①] 董召勤：《新媒体时代大学生思想政治教育创新》，《学校党建与思想教育》2013 年第25 期。

[②] 李林英、郭丽萍：《新媒体环境下高校思想政治教育教学研究》，人民出版社 2015 年版，第 19 页。

大传播的空间。它能实现信息"零时间""零距离"的即时传播，并以信息交互的时效便捷、异地同步，突破了传统媒体的时空限制，而实现了信息传达的时空全维性。

**平等性** 在新媒体空间，教育者和受教育者享受平等的话语权，思想政治教育中传统制度化权力滑向虚拟的现象明显，思想政治工作教育者的中心主导地位被弱化，教育者的"话语霸权"弱化甚至消解。

**非理性** 新媒体中既有经济社会、政治文化等方面的重要事件，也有家长里短、明星绯闻等方面的市井万象，各种不同取向的理论学说、思想观点、价值观念等堆积成数量巨大的信息流，即时的信息使人们对信息的理性考量变为非理性传播，看似简单的信息，在犹如核裂变式的传播中不断分裂、变形，甚至走样，产生负面效应的风险大大增加。

## （三）新媒体环境下高校思想政治教育话语权

新媒体时代对高校思想政治工作提出了许多新要求，使得思想政治教育的环境复杂化、主体性特征明显化、信息来源立体化、手段多元化等。究竟新媒体时代首要应把住什么问题？是建好新媒体，管好新媒体，还是用好新媒体？我们在研究这一问题时，通过在师生中开展的调研发现，话语权是新媒体环境下的高校思想政治教育最核心的问题。

近年来，学界开始涉及并重视新媒体环境下高校思想政治教育话语权研究。学界主要从"话语体系"和"话语权"博弈的本质出发，论述教育者话语与受教育者话语两者话语系统的本质关系。如胡德平等学者（2015）认为，高校思想政治教育话语体系势必在话语理念、话语方式、话语内容及话语权威等方面遭遇挑战；吴华等（2016）提出要从理念、内容、形式等方面完善话语体系，从而牢牢把握高校思想政治教育话语的主导权；侯勇（2017）则结合全国高校思想政治工作会议的最新精神，论述了新媒体视域下思想政治教育话语呈现出内容"堕距化"、话语语境"多元化"、话语传播"风险化"及话语效应"边缘化"等困境，并从话语主体、话语氛围、话语传播及话语平台等方面提出消解对策。李炳昌（2015）认为，新媒体环境赋予大学生新的话语权和自主学习权，需要构建个性化的知识体系并作出多元化的阐释；黄静婧（2015）认为，微传播时代思想政治教育话语权要从话语建构、话语内容、话语表达、话语载体等方面予以重塑。

在高校的大学生思想政治教育实践中，我们的深切体会是只有牢牢把握了新媒体的话语权，才能把握新媒体的意识形态走向，也才能真正发挥新媒体的育人作用。这将成为本章线上线下思想政治教育协同机制研究的重点。

## 二、新媒体域场对大学生思想政治教育的积极影响

大学生思想政治教育"从解构传统马克思主义的意识形态及领导权的经济还原论和阶级本质主义为思想旨趣，质疑阶级斗争的宏大政治与人的全面解放的宏大叙事，倡导微观政治、身份政治与话语政治，本质上是一种文化政治学"①。新媒体构建了新域场。域场即"某一域界之社会关系，包含着此域界里人与自然的关系及人与人之间的关系。场域中包括时间、空间、能力、生态四大域境"②。域境各种元素之间相互作用和协调运动，为实现人的自由平等的本质属性而有序构建和谐关系。但在新媒体域场，我们却清晰地看到了与传统域场的新特征，由此也带来了许多新的积极影响，特别是使思想政治教育模式由封闭走向开放、由单一走向多元。

### （一）时间域境：即时快捷、迅速反馈，教育时效增强

新媒体的超文本链接突破传播主体文化背景的限制，手机媒体的出现，更是使网民人人都有照相机、个个都有麦克风、人人都有摄像头，宣告进入"人人都是记者""人人都是发言人"的时代，"零时空"和"秒互动"的

---

① 陶水平：《后马克思主义文化政治学及其文论价值》，《中国文学研究》2014年第1期。
② 彭曼丽、彭福扬：《生态与经济社会协同发展的唯物史观诠释》，《哲学研究》2014年第4期。

传播成为新的信息传播方式，传播的开放性和快捷性颠覆了传统媒体作为唯一信息源的生态圈。我们也看到，课间休息、食堂用餐，校园生活的每个时空，低头一族成为较为普遍的文化现象，每个青年学生都成为海量信息的制造者、见证者、传播者和评论者，极大增加地球村中同频事件的"共振效应"。虚拟、即时交互式对话模式打破传统思想政治教育的时空限制，减少教育过程的局限性，既有利于思想政治教育工作者在深层次上掌握教育对象的精神理念和思想动态，又提高了大学生思想政治教育的时效性。

### （二）空间域境：全时全域、透明畅通，教育域场延伸

新媒体的"信息领域带有原始性与粗糙性，社会运动身份认同与激进民主政治，反全球化运动社会力量等，给大学生思想政治教育空间域境布下不可确定的文化政治学元素"[1]。新媒体的介质属性宣告进入全时域传播、全民围观式的透明社会，个人隐私被公开化，网络信息的集成性和传播的多元化丰富了高校思想政治教育的内容，零延迟、核裂变、全时空立体化式的传播特征是对大学生思想政治教育传统模式的挑战与大肆摒弃。全时全域传播有助于提升教育信息的透明度和被教育者意见表达的均衡性和多元化，"润物细无声"的教育模式是对传统枯燥教育模式和理念的润色，符合大学生的心理特征和新媒体时代赋予其习惯的接受方式，有利于提升思想政治教育的渗透力。

### （三）能力域境：双向多向、平等互动，教育能力拓展

新媒体的主体与客体传播关系由导向性的线性传播转变为交互性的网状传播，平等交往文化满足现实双维度的交往理性，新媒体环境下思想政治教育的教育者和受教育者两大要素关系发生了根本变化，教育主体在思想政治教育系统中的位置更趋平等并相互作用。新媒体的信息虚拟化过程暗含真实

---

① 杨宝富、张瑞臣：《论胡塞尔先验现象学作为独立的"第一哲学"范式》，《哲学研究》2014年第4期。

的文化属性，新媒体颠覆了传统单向权力灌输式的思想教育模式，甚至出现互为教育者或受教育者反哺教育者的现象。大学生思想政治教育者在拥有传统马克思主义教育理论的同时，需要更深掌握政治理论等综合知识，熟练运用新媒体话语开展思想政治教育工作。同时，新媒体的多元化、互动化传播模式和价值诉求的趋同化致使网络文化的异质性特征凸显，大学生面对离散式的新媒体信息需要增强选择、理解、质疑、评估等价值选择和思辨能力。

### （四）生态域境：海量信息、多维呈现，教育内容多元

现实物理世界和网络虚拟世界的边界被新媒体从技术层面击破，新媒体具有的多元化传播功能满足了多元选择群体的需要。作为新的社会组织形式，新媒体具备信息资源多元化、舆论表达多元化的技术满足了大学生的年龄及知识结构特征需要和对现实物理世界的利益诉求。新媒体传播快、互动强、触点多、燃点低、影响大等特点让海量信息在多层次、多领域、多角度形成多维呈现式样的观点广场，去议程设置、去中心化、传播特征蕴含着社会化阅读范式内化为不同的虚拟社区文化，并越来越凸显对现实社区的影响力，为社交性组织形式追求的向往核心提供全新生态域境，利用新媒体已经成为大学生思想政治教育的升华方式。

当新媒体成为思想文化信息的集散地、社会舆论的放大器和意识形态较量的重要战场，它带来的多元化功能触发以"微动力"为背景的社交网络传播形态的革命，容易使现实生活中潜藏的社会冲突完整呈现。新媒体开放式的数字文化构筑全新文化形态，打破了思想政治教育的时空界限，在时间、空间、能力和生态上构建全新生态场域，形成新挑战。这将是每所高等学校所面临的重要机遇和重大挑战，必须要认真应对。

## 三、新媒体域场对大学生思想政治教育的消极影响

对于这个问题的研究，学界有多种观点。如徐振祥（2007）认为：在

新媒体环境下，信息的自由传播、传播者的平民化、信息的虚拟化等，造成新媒体的失范和对大学生思想政治教育的挑战。挑战主要体现在新媒体信息传播的"无屏障性"给大学生思想政治教育增添了难度，新媒体的虚拟性和互动性容易引发大学生心理信任危机和人格障碍，新媒体技术的快速发展使高校现有的思想政治教育模式受到挑战，新媒体传播的技术复合性与信息传播的快捷性对高校思想政治工作的媒体素养提出新要求。[1] 王振友等（2014）在对内蒙古自治区部分高校学生开展调研的基础上提出：新媒体给大学生思想引领带来新难度、对思想政治教育工作者的综合素养提出了新要求、对高校传统思想政治教育方法和途径形成了新挑战。他们的统计还显示，全天 24 小时中，大学生有超过 13 小时都与网络、手机等相伴。[2] 陈华巍等（2016）提出新媒体被大学生思想政治教育纳入消极因素，表现在对教育主体、教育客体、教育介体和教育环体产生了解构、异质、稀释等作用；具体体现在教育主体"去中心化"、教育客体"紊乱化"、教育介体"失效化"、教育环体"复杂化"。[3] 他们从不同的角度分析了新媒体给高校思想政治教育工作带来的消极影响和挑战。

课题组对这一问题进行了分析与认知，我们认为从高校思想政治教育的四个有机组成部分出发，来认真分析新媒体对高校思想政治工作带来的消极影响，可以看到在每个组成部分上都存在着明显的弱化现象。

## （一）教育主体：滞后性带来权威的弱化

从思想政治教育的属性出发，在新媒体产生前，教育主体往往先于客体掌握相关的理论知识和实践经验，他们所带给客体的信息往往具有较高权威

---

[1] 徐振祥：《新媒体：大学生思想政治教育的机遇与挑战》，《思想政治教育研究》2007年第 6 期。

[2] 王振友等：《新媒体视域下的大学生思想政治教育研究》，《中国青年政治学院学报》2014 年第 4 期。

[3] 陈华巍等：《新媒体视域下大学生思想政治教育有效路径论析》，《思想教育研究》2016 年第 3 期。

性，对客体的影响更深。然而在新媒体时代，教育主体由于其工作、科研、家庭等事务繁杂，不可能把很多的时间关注在新媒体提供的各种信息上，他们在工作中跟进滞后，工作盲点不断增多，客观上也使得他们不再单向具有很强的权威性，使得教育过程中，教育主体的尊重感和价值感被稀释，其权威往往会受到学生的挑战，理论的说服力在下降，教育的效果也被打了折扣。

### （二）教育客体：主动性带来中心的弱化

在传统的媒体社会，学生的学习往往带有被动性，课堂教学是最有效的教育形式。而新媒体为青年学生打开了一个新的世界、新的海洋，他们不再困守于传统的"施教—受教"的单向传输模式，而是主动地在数量庞大的信息景观里自由地穿梭，选取他们自认为有价值的信息加以吸收。而信息发布的高度自由性、新媒体信息传播的非技术性等使得信息传播和接受都存在"去中心化"的趋势，原来围绕中心伞状接受信息变成无中心网状接受信息。

### （三）教育介体：多元性带来效率的弱化

新媒体带给教育的一个显性特征就是教育介体的多元化，网络课堂、翻转课堂、微课堂等层出不穷，QQ 群、微信群等各种交流工具也相继登场，教学软件、手机 APP 也提供了新的学习方式，虽然这些变化使得大学生们在学习中拥有了更多的选择权，但是也使得各种路径中存在不同的话语体系，发出了不同的声音，增加了正确价值取向引导的难度。而且相当多的知识还是碎片化的，这也导致教育过程中存在低效率化。

### （四）教育环体：复杂性带来主流的弱化

高校不是孤岛，更不可能是信息"孤岛"。网络社会、信息社会、新媒体社会形成了一个个与现实社会相对应的"虚拟社会"，它不依赖于我们传统的社会环境，只需要一定的技术手段就可超越时空限制和物理实体的束缚而形成一个庞大的新的教育空间。在传统社会里，主流媒体会发出主流的声音，牢牢地把意识形态的领导权控制在手中。但在新媒体环境下，主流媒体的声音会被海量的信息稀释，其应有的价值引领作用被消解，这是我们必须引起高度重视的一个问题。

校报、校园广播、校园电视台是民办高校传统媒体的"三驾马车"，在官方把关色彩浓厚下的"只读"媒体呈现的往往是生产结构化文本，直线式的传播模式下受众身份单一，互动较为匮乏。以微博、微信为代表的新媒体技术网络传播路径失去中心掣肘，集制造者、见证者、传播者和评论者为一身的"公民记者"时代突破了单纯的传播者和受众关系，交互性传播模式构建起新型传受关系，颠覆了传统媒体作为唯一信息源的生态圈。新型话语生成机制下的开放性赋予大众对结构性文本重新予以解构的空间与对抗的权利，高校传统舆论场的结构化文本生产模式已受到社会思想活跃代表的新媒体舆论场不断予以解构的被动挑战与矛盾对抗状态，必将带来工作的更高要求。

## 四、党和国家高度重视运用新媒体技术加强和改进大学生思想政治教育工作

面对互联网时代和信息时代的新变化，党和国家高度重视新媒体的建设、运用和管理，也重视运用新媒体技术加强和改进大学生思想政治教育工作。

### （一）强调重视新媒体的建设、运用和管理

早在 2001 年 7 月江泽民同志在中共中央举办的法制讲座上就指出："对信息网络化问题，我们的基本方针是：积极发展，加强管理，趋利避害，为我所用，努力在全球信息网络化的发展中占据主动地位。我们要抓住机遇，

加快发展我国的信息技术和网络技术，并在经济、社会、科技、教育、文化、国防、法律等方面积极加以运用。同时，要高度重视信息网络化带来的严峻挑战。……既要积极推进信息网络基础设施方面的发展，又要大力加强信息网络管理方面的建设"①，推动信息网络化迅速而又健康地向前发展。在讲话中江泽民同志比较早地注意到了信息网络化带来的机遇和挑战，提醒全党同志如果对网络信息安全问题不注意、不警惕、不加紧解决，对信息网络不加强管理，势必导致严重后果。

党的十八大以来，以习近平同志为核心的党中央高度重视新时期的思想政治工作中新媒体的建设、运用和管理，发表了一系列重要讲话。2014 年 2 月 27 日，习近平总书记在中央网络安全和信息化领导小组第一次会议上的讲话中指出："做好网上舆论工作是一项长期任务，要创新改进网上宣传，运用网络传播规律，弘扬主旋律，激发正能量，大力培育和践行社会主义核心价值观，把握好网上舆论引导的时、度、效，使网络空间清朗起来。"②

### （二）重视新媒体对青年学生的影响

2004 年，中共中央、国务院印发《关于进一步加强和改进大学生思想政治教育的意见》，意见特别强调要"主动占领网络思想政治教育新阵地"，这是首次在文件中明确要把网络作为思想政治教育新阵地，也是首次阐述了要形成"网上网下思想政治教育的合力"。就如何做好网络思想政治教育工作，文件进一步明确要求：要全面加强校园网的建设，使网络成为弘扬主旋律、开展思想政治教育的重要手段。要利用校园网为大学生学习、生活提供服务，对大学生进行教育和引导，不断拓展大学生思想政治教育的渠道和空间。要建设好融思想性、知识性、趣味性、服务性于一体的主题教育网站和网页，积极开展生动活泼的网络思想政治教育活动，形成网上网下思想政治

---

① 《江泽民文选》第三卷，人民出版社 2006 年版，第 300 页。
② 《习近平谈治国理政》，外文出版社 2014 年版，第 198 页。

教育的合力。要密切关注网上动态，了解大学生思想状况，加强同大学生的沟通与交流，及时回答和解决大学生提出的问题。要运用技术、行政和法律手段，加强校园网的管理，严防各种有害信息在网上传播。加强网络思想政治教育队伍建设，形成网络思想政治教育工作体系，牢牢把握网络思想政治教育主动权。①

2004年，教育部、共青团中央在《关于加强和改进高等学校校园文化建设的意见》中也要求要充分发挥网络等新型媒体在校园文化建设中的重要作用，使网络成为校园文化建设新阵地。文件还首次关注到手机这一新工具，提出"倡导使用文明、健康的手机短信用语"②。

2004年12月28日，针对校园网络的快速发展，教育部、共青团中央印发了《关于进一步加强高等学校校园网络管理工作的意见》，这是首次专门针对网络媒体的文件。文件强调要充分认识加强高校校园网络管理工作的重要性和紧迫性，增强使命感和责任感，要主动占领网络新阵地，建设思想政治教育专题网站，牢牢把握网络思想政治教育主动权等。其后，在文件精神的指引下，全国组织实施了"绿色校园网络"计划，推动高校网络思想政治教育工作有效开展。

2005年，胡锦涛同志在全国加强和改进大学生思想政治教育工作会议上的讲话中曾提出过"如何积极主动地运用现代科技手段，使大学生能够通过现代信息传播渠道接受积极健康的思想文化"的时代命题。同年2月，中共中央宣传部、教育部印发了《关于进一步加强和改进高等学校思想政治理论课的意见》，意见进一步强调了要"大力推进多媒体和网络技术的广泛应用，实现教育手段现代化"。

习近平总书记高度重视新媒体对青年人的影响。2013年，习近平总书

---

① 教育部思想政治工作司组编：《加强和改进大学生思想政治教育重要文献选编（1978—2008）》，中国人民大学出版社2008年版，第380页。

② 教育部思想政治工作司组编：《加强和改进大学生思想政治教育重要文献选编（1978—2008）》，中国人民大学出版社2008年版，第393页。

记在全国宣传思想工作会议上指出："很多人特别是年轻人基本不看主流媒体，大部分信息都从网上获取。必须正视这个事实，加大力量投入，尽快掌握这个舆论战场上的主动权，不能被边缘化了。"①

2017 年 2 月 27 日，中共中央、国务院印发了《关于加强和改进新形势下高校思想政治工作的意见》，意见再次强调要"加强校园网络安全管理，营造风清气正的网络环境"。

上述论断，都充分反映了党和政府对互联网及新媒体工作的重视，也成为我们构建民办高校思想政治教育线上线下协同机制的重要依据。

## 第二节　新媒体时代民办高校思想政治教育的话语重塑

大学生作为"数字化生存"的最先体验者之一，新媒体已成为他们生存生活的重要方式。对于民办高校的思想政治教育而言，新媒体带来的变化和冲击是显性的，也是与公办高校具有共性的。但是在应对这种变化的快速反应力和现实的应对力上，民办高校则稍显不足，更需要在信息时代的洪流中，创造更好的教育环境。

### 一、新媒体时代民办高校思想政治教育存在的突出问题

#### （一）民办高校学生素质相对低，信息筛选能力弱

随着新媒体的发展，后喻文化格局日趋明显，在接受各种良莠不齐的信息时，受教者往往先于教育者。受到办学层次和招生排列等影响，民办高校

---

① 《习近平关于全面深化改革论述摘编》，中央文献出版社 2014 年版，第 83 页。

的学生生源集中在基础教育阶段的中后端群体，综合素质相较公办院校学生偏低，自我约束力较弱，他们在互联网和新媒体提供的海量信息中进行筛选时，其鉴别力和判断力相对较弱，容易受到不良信息的影响，使得他们的价值观、道德人格、交往心理等较之公办院校学生更容易发生偏差与缺失，心理需要的多层次性和差异性更加明显，基于信任的归属感和幸福感的平等诉求也更加强烈。

## （二）民办高校教师综合素养不高，新媒体引领能力不足

随着民办高等教育的发展，一批年轻人进入到民办高校的思想政治教育队伍中，特别是辅导员队伍，他们与新媒体的联系相对紧密。但从实践上看，这一传播群体的综合素养和引领能力还是不足的。一线的年轻辅导员虽然接受新事物较快，实践操作新媒体能力较强，但他们的政治理论素养相对较低，导致他们对新媒体思想政治教育范式的宏观把握和微观执行都难以达到最大化效应，新媒体的话语权缺失、引领能力不足。另外，民办高校的基层学生工作者"经常出现一人多职的现象，直接导致他们仅仅能完成基本的学生管理任务，而无精力深入地研究新媒体环境下对学生的影响"①，很难及时把握新媒体条件下大学生的需求，使得思想政治教育工作效果无法得到有效的保证。

## （三）民办高校的传播载体尚未形成有效的"矩阵"，共振效应不明显

要想使新媒体发挥较好的思想政治教育作用，必须要形成合力。但现实的情况是，在民办高校中，限于技术与人力的不足，传统媒体与新媒体之间未能有机地结合在一起，新媒体之间的融合也不足，各种媒体仍处于相对孤

---

① 李厚艳等：《新媒体环境下高校学生思想特点及引导对策研究——以辽宁省部分民办高校为例》，《学理论》2015 年第 12 期。

立的状况，未形成载体合力；也未形成较好的教育主客体之间的新媒体互动机制，往往学校官方的媒体只是单向在发布信息，与师生之间的双向交流缺少，使得教育的效果在打折扣。

## （四）民办高校新媒体宣传的总体水平不高，新媒体宣传效果不足

从调研中，我们看到一个现象，目前，大部分民办高校都很重视微信、微博和校园网的"两微一端"建设，但总体建设水平不高，粉丝数和点击率远远低于公办高校。笔者摘录了 2016 年、2017 年全国高校微信公众号100 强的部分数据进行对比。

### 表 7-1　2016 年全国高校微信公众号 100 强基本数据选摘

| 排名 | 高校公众号名称 | 发布次数 | 文章总数 | 阅读总量 | 点赞总数 | 学校性质 |
|---|---|---|---|---|---|---|
| 1 | 上海交通大学 | 368 | 488 | 9609576 | 137400 | 公办 |
| 2 | 武汉大学 | 298 | 524 | 8657568 | 121284 | 公办 |
| 3 | 浙江大学 | 362 | 687 | 8747914 | 111387 | 公办 |
| 4 | 西安交通大学 | 248 | 442 | 5810133 | 122448 | 公办 |
| 5 | 厦门大学 | 309 | 393 | 4929198 | 7580 | 公办 |
| 64 | 三亚学院 | 289 | 429 | 1755501 | 31877 | 民办 |
| 80 | 浙江树人大学 | 241 | 258 | 1019672 | 27152 | 民办 |

注：表 7-1、表 7-2 数据来源于《中国青年报》发布的全国高校微信公众号 100 强信息。

### 表 7-2　2017 年全国高校微信公众号 100 强基本数据选摘

| 排名 | 高校公众号名称 | 发布次数 | 文章总数 | 阅读总量 | 点赞总数 | 学校性质 |
|---|---|---|---|---|---|---|
| 1 | 浙江大学 | 369 | 437 | 10474266 | 326337 | 公办 |
| 2 | 武汉大学 | 317 | 516 | 9935083 | 156285 | 公办 |
| 3 | 上海交通大学 | 362 | 369 | 7385400 | 142276 | 公办 |
| 4 | 北京大学 | 310 | 405 | 5867403 | 132490 | 公办 |
| 5 | 厦门大学 | 304 | 324 | 4752625 | 95188 | 公办 |

| 排名 | 高校公众号名称 | 发布次数 | 文章总数 | 阅读总量 | 点赞总数 | 学校性质 |
|------|------------|---------|---------|---------|---------|---------|
| 77 | 浙江树人大学 | 283 | 286 | 1333635 | 33296 | 民办 |
| 100 | 大连东软信息学院 | 169 | 172 | 787129 | 22375 | 民办 |

注：表7-1、表7-2数据来源于《中国青年报》发布的全国高校微信公众号100强信息。

从 2016 年和 2017 年连续两年数据比较来看，全国高校微信公众号前 100 强中，分别有 2 所民办高校占据其中两席，能有这一成绩的取得，已实属不易，相关民办高校的党委宣传部也已做了艰辛的努力。但仔细分析，可以清楚地看到，从全国范围看民办高校的官方微信总体水平还是不高的，体现在：一是群体优势不明显，进入前面矩阵的民办高校数量偏少；二是总体水平还不足。以连续两年进入全国100强的浙江树人大学为例，与前五名的差距还是很明显。笔者也对浙江树人大学的官微进行了跟踪调研，目前，学校官微进入新的瓶颈期，粉丝量、阅读量和点赞数都保持在一个相对稳定的数量上，短时间内难有很大的突破；在越来越多的高校重视新媒体建设后，如果没有更多的人力和财力的投入，将会被超越。

## 二、新媒体时代民办高校思想政治教育的范式转换特点

托马斯·库恩在《科学革命的结构》中提出"范式"的概念，他认为每一个科学发展阶段都有特殊的内在结构，而体现这种结构的模型即"范式"（Paradigm），范式通过一个具体的科学理论为范例，表示一个科学发展阶段的模式。思想政治教育作为一个理论学科、一个相对独立而特殊的系统，无疑有其自身所关注的基础性问题与核心问题，有其自身相对完善的基本理论、基本观点与基本方法，也有其教育主体所共有的信念、价值与技术。可以说，这些要素共同塑造与铸就了思想政治教育自身所特有的基本范式。但是在新媒体环境下，大学生思想政治教育范式却发生了明显转换。这一范式转换的特点主要体现在以下几个方面。

## （一）"现实说教"与"虚拟重导"的立体融合

"话语客体的思想和行为是网络思想政治教育的逻辑起点，网络思政教育有效话语权不仅体现为教育者在网络思想政治教育活动中具有话语资格，而且体现为通过话语控制系统引导，调控教育活动的能力和实现教育目标的效力。"① 新媒体以碎片式、情绪化的阅读方式改变了大众传播的话语生成机制，传统理论化思想政治教育所遵循的深刻性思想被边缘化，传统师生教育关系得以消解与弱化，教育主体的话语权威受到挑战。新媒体语境中作为教育客体的青年大学生乐于接受开放式虚拟空间提供的平等话语环境得以有效疏导，面对面说教式传统思想教育范式转化为"现实说教"与"虚拟重导"的立体融合，这是遵循现代教育和传播规律的选择结果。

## （二）"主体性"到"主体间性"的交互教育

主体间性哲学认为"主体间性"即交互主体性，是主体间的交互关系。主体间性首先涉及人的生存本质，生存不是主客二分基础上主体征服、构造客体，而是自我主体与对象主体的交互活动。传统思想政治教育容易让教育客体的主体性迷失，新媒体环境下"教育客体"到"互动主体"的角色转变，大学生通过新媒体网络文化的参与和解读让教育者在新媒体话语中往往出现"失语"和"缺位"现象，增加了思想政治教育者的主体性控制难度，新媒体技术支持下的交互式传播和去中心化对话为主体间性思想政治教育生成提供交往的实践可行和必要，在相互理解的基础上呈现现代思想政治教育主体间育人和自育的辉映景观。

## （三）"一元教育"到"多元服务"的人文关怀

"数字化生存"已经成为当代大学生的第二生存空间，新媒体平台突破

---

① 占建青：《网络思想政治教育有效话语权的建构》，《黑龙江高教研究》2012 年第 10 期。

传统思想政治一元化教育。在即时、快捷的新媒体话语技术下青年大学生渴望的往往是日常生活的救助和心灵创伤的抚慰诉求，第一时间的发现并进行科学的网上网下的育人服务已经成为外部环境和现实条件的客观需要。新媒体的虚拟环境不仅挑战高校的思想教育管理，也挑战日常管理服务水平，应该包括学业帮扶、就业指导、心理抚慰、生命教育、情感沟通、生活资助等"多元化服务"内容，在人文关怀中彰显大学生的生命价值和尊严，体现网络舆论的疏导性原则，符合思想政治教育和舆论传播合目的性和合规律性的统一原则。

（四）"单向独白"到"平等对话"的话语机制

马斯洛需求理论所倡导的"生理、安全、社交、尊重和自我实现"的五种层次需求中，尊重和自我实现的需求更为强烈。追逐人格化尊重的主体特征是新媒体赋予思想政治教育的典型属性，新媒体"属我"和平等的特征重新解构话语和权利的逻辑关系，也有助于对被教育者群体的回归和主体价值的自我建构与彰显，成为公共生活民主化的"试验田"和"推进器"。新媒体的开放性与大学生价值取向多样化使重复、简单、形式、空洞化的传统"单向独白"式思想政治教育已不适应时代发展的需要，思想政治教育中传统制度化权力滑坡现象明显，大学生基于尊重、信任和担当的归属感和幸福感的平等话语诉求空前。

## 三、新媒体时代民办高校思想政治教育的话语重塑

新媒体语境下民办高校思想政治教育的话语内容、话语关系、话语理念、话语表达等面临新挑战。要努力提升民办高校思想政治教育质量，需要建立基于新媒体平台的主流话语导向机制、符合新媒体传播环境的话语均衡机制和基于新媒体价值情感的话语关怀机制。

## （一）建立基于新媒体平台的主流话语导向机制

树立话语新权威。社会主义核心价值体系是新时期中华民族最本质的价值认同，高校是整合社会秩序的最大教育空间力量，而民办高校则是树立社会主流价值新权威的重要场所。民办高校思想政治教育要用开放的思维与理念，立足社会转型时期的基本国情，重视教育对象的层次性与学生差异性，理性接受、尊重各民办高校学生的价值取向与批判性认同，激发学生的民族荣誉感和自豪感，引导他们树立科学的发展观和社会主义核心价值观，坚持中国特色社会主义的道路自信、理论自信、制度自信和文化自信。

拓宽话语新渠道。民办高校要充分借用新媒体话语，打造基于微博、微信为主要载体的新媒体群落与微矩阵平台，让思想政治教育呈现网状"蒲公英式传播"势态。同时，以图文并茂形式进行更接地气的主题传播与讨论，增强思想政治教育的趣味性、主动性、生动性和前瞻性。另外，培养认同社会主义核心价值观的网络意见领袖，营造强大的公共能量场，宣传符合中国特色社会主义发展要求的思想观念、道德规范、价值理念与政治观点，引领民办高校学生对主流意识形态的自主性认同。

设置话语新议程。民办高校思想政治教育要充分借助新媒体议程设置特点，通过导向需要，对有关议题进行重构以及各媒体之间的联动等方面，全方位地展现媒介在传播具有中国特色社会主义价值观方面的重要作用。学校层面，要坚持社会主流价值理念的导向需要，通过相关议题同构设置提供时政热点、政府政策等宣传与教育平台，引导民办高校学生树立正确的主流价值观；媒介层面，充分利用网络载体的价值导向，为学生开发差异性认知行为的虚拟空间与平等交流平台，帮助他们树立正确的世界观、人生观、价值观与民族观；学生层面，坚定爱国主义理念，贯穿并落实社会主义核心价值观，在主题、内容、载体等方式上不断创新议程设置，充分发挥民办高校的网络意见青年领袖等舆论引导力量。

## （二）建立符合新媒体传播环境的话语均衡机制

官方话语与平民话语的均衡。高校思想政治教育话语权的确立离不开教育者的权威性与教育内容的可信性。民办高校教育更需要使用准确、清晰的话语及时发声、主动发声、权威发声，保证社会主义核心价值传播的话语权。同时，要充分考虑新媒体话语的情境，话语方式上，转向真诚的平等交流模式；话语风格上，将官话、套话转向切合情境、学生乐于接受的新媒体生活语言；话语内容上，从宏大叙事转向生活叙事，建构民办高校思想政治教育的理解性话语文化，在学校官方话语与平民话语的融合中提升思想政治教育的亲和力、感染力与说服力。

显性话语与隐性话语的融合。人网互动实践的复杂性需要借助新媒体话语突破思想政治教育介质的扁平化，民办高校的思想政治教育需要创设新媒体与传统教育互动融合的立体化模式，使大学生在无意识的心理状态下接受教育环境所负载的信息渗透而达到在显性课程中难以实现的文化信息层某些方面的变化。要建立基于新媒体话语的网络思想政治教育体系，通过微电影、微视频、微课堂等学生喜爱的方式实现思想政治教育网络"渗透式"覆盖。当前，以微博、微信为代表的新媒体具有虚拟性和把关人角色弱化等特征，致使教育者难以对虚拟化的教育对象及其思想行为进行有效监督和制约。因此需要线上线下相结合，将丰富的校园实践活动创造的载体价值与网络思想政治教育的文化价值统一起来，构建民办高校思想政治教育的新型生态环境。

## （三）建立基于新媒体价值情感的话语关怀机制

处理好一元独白与多元对话的关系。思想政治教育需要跨越浅表认知（价值感知）阶段，进入深层认同（自觉自愿）直至实现内化（价值取向），才能转化为实际行动的能力。新媒体具有后现代话语浓厚色彩的文化情境与行为，民办高校学生具有较强的自尊心与渴求平等的认同感，要实现认知、认同到内化的深层跨越，必须构建基于新媒体价值情感的话语关怀机制，使思想政治教育走心入心。在实践中，需要坚持社会主义核心价值观教育的一元引领地位不动摇，这是维护主流价值形态权威性与统一性的客观要求。坚持相互尊重和并存包容的理念，使用新媒体话语构筑平等交流的融合模式，将社会主义核心价值观教育的一元嵌入到多元文化的价值尊重与平等对话中去，贴近青年大学生的思想、学习、生活实际与情感需求，在尊重学生话语权中弘扬马克思主义网络文化，共同塑造民办高校学生健全的人格品质。

教育主客体边界的情感融合。思想政治教育来源于生活，是一种高度的情感行为。新媒体提供的形象话语、生活话语等微观叙事模式改变了思想政治教育传统宏观叙事模式，充分利用基于价值尊重的新媒体话语，有助于实现民办高校思想政治教育对象自我认同和社会认同的价值统一。充分考虑各民办高校学生的价值诉求与层次特征，在内心深处感知、尊重他们的文化特质与价值情感，彰显马克思主义思想的包容性，用充满人文、生动、丰富与生活的情感话语与道德体验规范大学生的价值取向，真正让学生自觉、深刻把握中国特色社会主义制度的特色、优势和价值。利用新媒体平台开展富有民办高校特色的校园文化活动，打造民办高校校园文化品牌，增强学生的自信心与自豪感。同时，关爱民办高校学生中的学习困难、生活困苦、情感困乏、网络困迷、心理困惑、家庭困杂、就业困境等特殊群体，利用国家政策、地方政策予以帮扶，于公办学生同等待遇中帮助他们更好地为社会作出贡献。

## 第三节　建构民办高校思想政治教育的线上线下协同机制

在新媒体蓬勃发展的时代，民办高校如何立足于着眼于育人对象，着手于育人主体，着力于育人载体，探寻新媒体环境下思想政治工作的客观规律，研究高校舆论场的演进方式，转换思想政治教育话语模式，创新民办高校思想政治工作范式，构建高校新型的线上线下协同机制，并建好思想政治教育工作生态圈，对新形势下有效开展民办高校思想政治工作具有现实意义、实用价值和战略价值。

## 一、新媒体时代民办高校思想政治教育的创新路径

新媒体环境下大学生思想政治教育的域境嬗变和范式转换已现实存在，在宏观上，民办高校需要实现理念、阵地、机制、队伍的转型，力求思想政治教育与公共理性精神的契合；在微观上，民办高校需要在技术实践基础、新媒体文化、议程设置等层面夯实基础、开拓创新，开拓隐性思想政治教育的时空领域，构建现代思想政治教育长效机制。

### （一）树立战略性创新理念

新媒体的产生、发展和壮大催生了大众传媒的深刻变革，开创了大学生思想政治教育工作的新范式，传统思想教育模式受到现实挑战，民办高校必须敢于作为，树立大学生思想政治教育战略性创新理念。一是开放包容理念。新媒体传播的开放性、无边界性和影响的强烈穿透性迫使高校以开放吸纳的姿态在第一时间把握话语客体的思想和行为，在大学生思想政治教育工作中强化话语控制系统引导，在包容式理念下主动掌握话语权，才能化被动式教育为主动式教育。二是技术实践理念。利用拥有技术属性的新媒体开展大学生思想政治教育工作，必须树立技术实践理念，尊重、了解传播规律并熟练掌握技术要领，克服思想政治教育中新媒体技术话语权缺失的现象。三是全员育人理念。新媒体的多元化功能使思想政治教育的全员育人理念得以彰显，努力探寻新媒体环境下育人服务的客观规律，在个人、团队和学校部门间构建网络新媒体的立体矩阵，大胆创建"新媒体群落"来创新民办高

校育人服务范式，积极探索基于"新媒体群落"的大服务育人体系，构建民办高校新型育人服务生态圈。

## （二）构筑育人与自育的"双主体"思政形态

新媒体平等交互性的网络化特征宣告传统主体性思想政治教育范式的终结，倡导人性化教育理念的柔性管理，开展主体间性思想政治教育范式，构筑育人与自育的"双主体"思政形态，符合现代传播和民办高校的教育规律。一是"多元型"教育主体育人。新媒体环境下大学生思想政治教育进入教书育人、管理育人和服务育人的全员立体育人形态，整合教师教学、后勤服务、技术保障、思政队伍、学生意见领袖等资源，在新媒体传播与教育中充当好"巡视员、信息员、保洁员、潜水员、评论员、消防员"等角色，构筑"多元型"教育主体开展思想政治教育工作。二是"专业、人格型"新媒体育人队伍构建。新媒体的开放性使信息源多维呈现在大学生面前，传统权威的教育理念往往被一则负面舆论反证，民办高校思想政治教育需要建立一支具有一定思想、技术、经验的新型网络政工团体队伍，运用深厚的理论功底与专业的视角辨析、解读社会问题，因势利导开展思想政治教育工作。三是"素质、正向型"自育群体打造。新媒体从技术层面消除了现实物理和网络虚拟世界的边界，"网络异化"和教育环境的"信息异化"，使民办高校学生的自主意识增强而集体精神容易弱化，个性张扬而社会责任容易消解。必须通过加强网络道德和法律意识，提升新媒体媒介素养，增强对信息的辨别能力和批判精神，在自育中实现个人价值和社会价值的统一。

## （三）创建显性与隐性立体思政模式

后现代大师杰姆逊从非中心化主体的消亡、自我的多重化和碎片化三个维度描绘后现代社会人的生存状态。新媒体的"去中心化、交互性、碎片式"传播暗合于后现代特征，显性与隐性立体思政模式有利于民办高校思想政治教育文化新产品的开发和教育新型生态环境的构建。一是新媒体手段的科学运用。"高校借助新媒体平台可以弥补传统媒体在公共事务领域社会表达功能的缺失，提升信息的透明度和意见表达的均衡性和多元化，在校内建构起对真相追逐的公共空间"①，民办高校思想政治教育工作者需要利用新媒体技术和话语环境将现实性问题虚拟化，把握传播和教育的主动权。二是传统与新媒体思政的优势互补。新媒体时代网络思想政治教育的新态势是变与不变的科学结合，不变的是基本目标、基本要素、基本功能和基本原则，变的是思想政治教育的内容体系和教育范式。新媒体赋予的文化生产传播方式需要建立平等多维互动的反馈平台，优化话语环境、重视话语评价，创新话语模式。同时，新媒体"把关人"角色的缺失致使教育者难以对教育对象的思想行为进行有效监督和制约，民办高校通过网下与网上的思想政治教育模式可实现优势互补并形成合力。

## （四）打造拥有技术话语的思政实践基础

《国家中长期教育改革和发展规划纲要（2010—2020 年）》提出：要把教育信息化纳入国家信息化发展整体战略，建立开放、灵活的教育资源公共服务平台，加强优质资源开放和利用。民办高校思想政治教育必须加大新媒体技术层面的投入建设。一是搭建以互联网为基础的校园虚拟网络平台。采用方便网络升级、扩展和互联的开放性网络体系，利用多层交换技术，保证具有数据、图像、语音等多媒体实时通信能力，实现网上信息采集、处理的自动化和设备资源的共享。二是搭建以移动终端为核心的校园移动数字化平台。技术先进、统一规划的数字化校园为移动终端的技术嵌入提供承载基础，搭建以移动智能终端为核心的校园移动数字化平台，克服思想政治教育的信息"孤岛"现象和时空限制，同时为民办高校管理水平和学生便捷的

---

① 方海涛：《论高校网络自媒体管理的现状及管理途径》，《学校党建与思想教育》2012年第 30 期。

学习生活服务。三是搭建以微博、微信为整合重点的校园社会化媒体平台。以微博、微信、即时通信工具为代表的校园社会化媒体形态以大众为传播目标，以定向为传播目的，以及时为传播效果，以互动为传播应用，作为大学生获取信息的重要手段正在深刻地改变并影响着大学生的学习生活，高校要大胆整合新媒体资源，形成具有创新形态的新媒体群落，构筑校园社会化媒体平台开展大服务育人实践体系。

### （五）推进校园新媒体文化建设

新媒体文化蕴含的文化价值已经成为一个国家文化生成传播能力和国家软实力的衡量标准，民办高校需要厘清校园文化的内涵与延展方向，确立校园文化建设的时代理念，将新媒体文化纳入校园文化建设总体规划。一是建立、完善新媒体文化制度。在顶层设计上，高校需要建立新媒体准入、信息披露、舆情阐释等制度，构建新媒体学习服务和育人服务评价机制。二是发挥新媒体文化传播功能。新媒体时代的到来吹响传播革命的号角，民办高校在大学生思想政治教育中要充分掌握新媒体的传播特点，发挥新媒体的文化传播功能，开展舆论导向建设，对社会转型发展时期的青年人价值观教育、高校管理与育人服务模式创新具有一定的实用价值、现实意义和战略意义。三是挖掘新媒体文化服务功能。新媒体具备传播、教育功能的同时也被赋予便捷的校园学习及日常生活服务功能，民办高校校园文化建设中要积极挖掘、拓展新媒体文化的服务功能，为学生提供学习、休闲及日常生活服务。四是加强文化道德建设。新媒体的去中心化去议程设置为言论传播的自由提供技术支持，也为情绪化语言滋生舆论暴力提供空间，部分大学生的政治认同感和核心价值观的缺失容易导致网络舆论失范。民办高校思想政治教育要以开放、信任的姿态树立现代大学教育理念，满足被教育者对言论自由空间追逐的同时必须坚持德法并重，建立媒介素养教育的内容体系，净化"微时代"的网络环境。

### （六）探寻新媒体思政与公共理性精神的契合

公共理性在哲学界被视为消除社会多元化主体对立，实现公共利益必须具备的一种基本思维和精神品格，被视为社会和谐和文明的重要标尺，新媒体环境下民办高校思想政治教育应该寻求与公共理性精神的契合点。一是个体自由与社会责任的抗争调和。新媒体去中心化的议程设置为大学生追求个体自由话语权提供技术支持，思想政治教育的本质属性要求处理好价值多元化和教育导向一元化的关系，需要在公共利益的实现过程中体现个体自由的同时达成具有社会责任感的理性共识，抗争中实现个人自由和社会责任的和谐统一。二是物质生命与精神生命的冲突统一。在物质财富日益发达的今天，道德、信仰等层面的精神贫困是人类的核心生态贫困，民办高校思想政治教育必须摆脱新媒体的工具主义倾向，充分发挥社会主义核心价值观的思想引领性，将人文精神的坚持作为新媒体文化的重要使命。三是亚文化与主流文化的生态和谐。亚文化作为次级文化群体持有的信念、价值观念和生活状态，是对主流文化的一种全新的阐释和符号化层面的演绎和定义。新媒体赋予的自由话语权赋予青年大学生亚文化的代表地位，但颠覆性的人物个性让深入其中的新媒体参与者容易模糊真实的历史原生态，民办高校应该充分发挥新媒体的先进技术传播条件，传播中国特色社会主义理论体系，培养大学生崇高的理想信念、爱国主义、道德情操，构建正确的价值观体系，促使正向型高校网络舆论阵地的形成。

通过上述有效举措，可以构建起一个基于新型舆论场的民办高校思想政治教育线上线下协同机制。

## 二、建好新媒体时代民办高校思想政治教育的新型舆论场

"舆论场，就是指包括若干相互刺激的因素，使许多人形成共同意见的时空环境，包括'同一空间的人群密度与交往频率'、'舆论场的开放度'

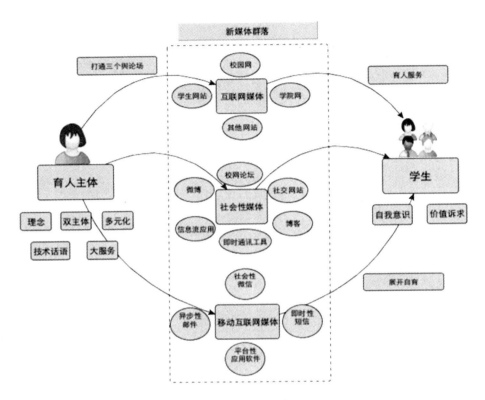

图 7-1　基于新型舆论场的民办高校思想政治教育线上线下协同机制

和'舆论场的渲染物和渲染气氛'三要素，是在公共意见分类集中在'场'作用下集聚并形成传受的人群集合"①。新媒体舆论场的异军突起使高校舆论场角色出现转型分化并呈现多元演进轨迹，需要民办高校有效地构筑起校外传统媒体舆论场、校内传统媒体舆论场和新媒体舆论场的舆论场群。在校外传统媒体舆论场、校内传统媒体舆论场和新媒体舆论场的博弈中，作为非主流舆论的新媒体舆论场以其话语技术优势迅速占领阵地并强势递进。需要厘清校外传统媒体舆论场、校内传统媒体舆论场和新媒体舆论场的内涵和关系，并以网络为支点在相互制约中探寻、扩大交集，才能构建透明、理性、

———————————

① 邢彦辉：《两个"舆论场"的张力与融合》，《中国记者》2012 年第 12 期。

平衡、长效的具有互通融合功能的协同机制。

## （一）开放式理念的主动作为

爱因斯坦指出：科学是一种强有力的工具，怎么用它，究竟是给人类带来幸福还是灾难，全取决于人自己，而不是取决于工具。高校作为社会网络的重要节点，作为高校主流舆论营造者、引导者要持续学习、借鉴社会化媒体的生存逻辑和演进规律，理性接受舆论场间的对抗形态并以开放姿态主动作为。首先，要理性接受新媒体舆论场与传统舆论场之间冲突与裂变的客观存在，以开放的思维驾驭全局，对舆论传播方式进行变革和创新，树立基于开放、信任、平等、德法并重的战略性创新理念，积极探寻舆论场域间的通融交集。其次，基于网络技术的高速发展，高校新媒体舆论场迅猛发展之势已难以扭转构筑高校舆论场新格局。要实现高校舆论场的互通融合，校外传统媒体舆论场、校内传统媒体舆论场应主动树立变通意识，顺应新媒体舆论场的发展需求，凸显被教育者的主体价值地位，主动适应多变环境，寻求与新媒体舆论场的平衡点，在思想观念、立场态度、利益诉求、表述方式上力求趋同并扩大交集，构建高校不同舆论场之间的通融功能机制。

## （二）舆论场间的信息透明与畅通

新媒体传播的无边界性和强烈穿透性使高校不同舆论场的信息不再成为"孤岛"状态，高校校园危机形成机理日益社会化。英国危机公关专家罗杰斯特（Michael Regester）曾提出在危机处理时的"3T"原则，即："Tell your own tale"（"以我为主"公布）"Tell it fast"（尽快公布）"Tell it all"（公布全部情况）。学校传统媒体舆论场代表学校官方组织的态度，是传递校园舆情的权威场域，是确保社会传统媒体舆论场与新媒体舆论场信息畅通的桥梁，也是最后解决校园舆情危机的核心舆论场。高校舆论场间的信息通畅首先需要学校传统媒体舆论场遵循"3T"原则调整传播策略，通过建立官方新媒体平台的方式，可以有效地弥补高校传统媒体在公共事务领域社会表达功能的缺失，从而进一步提升信息的透明度和意见表达的均衡性和多元化，在校内第一时间建构起师生对真相追逐的公共空间。信息透明、对称下的交互传播既能消解新媒体舆论场的流言风暴，又能为扮演守望者角色的社会传统媒体舆论场弘扬社会主旋律提供价值基础。

### （三）网络媒介素养的培育

新媒体推进了人们的思想由单一化向多样化演进，进而分化为各种有特殊兴趣和利益的群体，学校可以根据传播目的、传播内容和受众阅读习惯的不同，有针对性地选择形象宣传的载体和传播的渠道。高校新媒体舆论场改变了传统媒介素养具备的知识和能力需求模式，尤其是以微博为代表的新媒体去中心化去议程设置化特征为言论传播的自由提供技术支持，也为情绪化语言滋生舆论暴力提供空间。高校在满足被教育者对言论自由空间追逐的同时在知识结构上更需具备独立判断信息价值的能力，必须坚持德法并重，强化网络道德和媒介素养教育，逐渐形成与社会主义社会经济相适应、与社会主义法律规范相协调、与中华民族传统美德相承接的社会主义核心价值观。首先，要培养"专业、人格型"传播与传播管理者，建立成熟的新闻发言人制度，建设一支新型网络政工队伍，主动培养一批具有公信力的网络"舆论领袖"，保证社会公众的知情权与监督权，在应对模式上从被动走向主动。其次，将网络道德教育、网络法制教育纳入教育课程，大力加强师生媒介素养培育，培养师生面对繁杂媒介信息的思辨性应变能力，最大限度克服传播群体的非理性共鸣，推动高校舆论场的自我净化进程，营造正向型高校网络舆论氛围，达到合理利用、有效规范、自觉遵守，抢占高校意识形态传播高地。

### （四）价值诉求话语权的尊重

新媒体营造的虚拟空间已成为大学生不可或缺的第二生存空间，与此同时，我们要清醒地认识到网络传播技术革新和新媒体传播平台的兴盛，既为非主流社会舆论提供了释放能量的新出口，又为非主流社会舆论赢得平等话语权提供了无限可能。在新媒体情境下传播主体与传播客体为同一群体，高校传统主流舆论场的"话语霸权"消解，受教育者在平等语境对话下渴望被理解、认同、渴望和尊重的主体价值诉求欲念彰显，平等话语权的构建有助于教育者和被教育者信任关系的重构和教育理念在潜移默化中的渗透。在此情境下，高校应主动搭建教育者和被教育者之间的新型交流平台，校园行政强势管理的角色要向真诚服务的职能转型，学生的教育管理触角要从课堂、宿舍等现实世界延展到微博、微信等新媒体世界所在的虚拟空间，重视、理解、接受学生群体网络话语权的主导性，创新管理模式、变革管理流程，积极吸纳学生参与治校管理，引导他们进行自我教育和自我管理。

### （五）舆论传播内容体系的宏观覆盖与传播模式的微观深化

新媒体时代高校舆论传播的新态势是"变"与不变的科学结合，不变的是基本目标、基本要素、基本功能和基本原则，变的是舆论传播的内容体系必须坚持战略和全局的高度。首先，必须以大学精神和理念等教育为特性内容，坚持以中国特色社会主义理论体系和社会主义核心价值观为指导思想和核心，坚持马克思主义基本原理和毛泽东思想教育、中国特色社会主义理论体系教育、社会主义核心价值体系教育。同时，新媒体赋予新颖的文化生产传播形式，我们看到，它在灌输国家意识形态的功能中，除政治功能外，还包括个体发展功能、文化功能、经济功能。高校需要搭建平等、多维、互动的反馈平台，优化话语环境、重视话语评价，创新话语模式，在保证教育传播内容体系宏观覆盖的同时强化话语传播模式的微观深化，积极建构有效话语权的实现途径，彰显社会价值所必需的人文关怀。

## 三、重视危机应对，塑造民办高校良好形象

高校形象是高校"人格化"的象征，实质是高校客观现实的外化形态，

是新形势下办学实力与综合竞争力的重要体现，是现代大学发展战略的核心要素。媒介则是架构公众认知与高校形象的桥梁。当前，中国社会正面临转型阵痛，高校与社会的关系更趋复杂化，随着社会媒体的多元化发展，民办高校舆情危机的生成机理不断演化，近年遭遇网络舆情危机时有发生，媒介聚焦下的社会热点事件中高校负面形象呈现加剧之势，而民办高校往往出现应对乏术、舆情引导不力的被动局面。

## （一）正确把握高校舆情危机的传播新形态

传播形态："自上而下"的瀑布式传播转变为"上下交互"的融合式传播。传统传播形态议程设置下生成的是层层把关后的结构化文本，传播受众在自上而下的瀑布式传播中角色扮演单一，反馈渠道缺乏，互动性较弱，为高校塑造的往往是象牙塔式的正面形象，公众对高校的认识和评价基本来自传统的传媒渠道。而媒介融合时代，以微博、微信等为代表的新媒体由于缺乏中心掣肘，打破了单向的线性传播，网络传播主体的平民化、普遍化与多元化让原有的传播形态转变为上下交互的融合式传播，高校的宣传部也转化为校报、校刊、微博、微信、BBS、贴吧等方阵式传播阵营。新型传播形态将公众演化为民办高校舆情的传播者、评论者与监督者等多重复合角色，与人格化的高校平等对话，多方舆论借助新媒体平台不断发酵，民办高校舆情的聚焦中更容易引发舆情危机。

传播情境：线性描述型传播转变为"超真实"的立体场景化传播。与传播学大师麦克卢汉（Marshall McLuhan）的"拟态环境"类似，鲍德里亚（Jean Baudrillard）将"仿真"作为分析后现代文化现象的一个术语，他认为，仿真将想象呈现为真实，将不在场的东西通过技术的手段即时转换为在场。虚拟的世界越来越真实，并且比真实世界更真实，即"超真实"。网络虚拟世界借用技术图文形式进行动态、立体网状式传播，通过评论、加工等环节不断予以解构，最终形成本地化、场景式"超真实"情境呈现。新媒体传播的无边界性和强烈穿透性使民办高校舆情信息不再成为"孤岛"状态，尤其是作为移动互联网技术使用的主力用户，民办高校学生在频繁的媒体接触中具有敏锐的嗅觉和强烈的猎奇心理，与其他公众的秒互动中切身体验着仿真式的舞台表演，似乎将公众转化为在场，这些都极易激发受众的参与动机，冲破高校垒起的舆情"围墙"。

传播话语："宣传导向"的单向式传播转变为"公众导向"的对话式传播。哈贝马斯（Jürgen Habermas）认为，"公共领域的核心力量在于，公民在交流的自主领域中能够自由参与理性辩论，远离国家、大媒体公司以及侵犯他们日常生活的社会不平等结构的控制与影响"①。在被大众媒介选择和解释过的世界里，传统传播领域通过生成结构化文本来引导公众的价值观。对于高校形象而言，媒介往往将大学精神、理念、文化等作为正面宣传导向。网络技术的革新改变了民办高校传统传播格局，新媒体传播介质促使传播者和受众高度融合，社会公众的权益意识日益觉醒，媒介对民办高校的社会监督功能不断强化，网络舆论呈现草根化结构，传统媒体的话语浓度得以稀释。传播主体的多元化、主体与受众的同质化、传播介质的去中心化等属性为高校与学生、高校与公众之间的自由商讨式对话提供表演的舞台，其结果或将舆论集聚为热点舆情，或在利益诉求达成共识后妥协。

传播场域：离散式舆论传播转变为"超空间"舆论场群的共振式传播。社会化媒体的勃兴催生新的文化生产方式和传播方式，"网络舆论因不同的政治、经济、文化、心理、媒介等因素形成交互、多元、多变的舆论气候，它的形成存在一个有着诸多共生效应的'场'，而新兴的网络舆论场可以说是由新媒介场、心理场及社会场三'场'交融而成的网络舆论传播环境"②。虚拟世界建构的是反既往的新空间，是对真实空间的一种超越，它具备了后地理与后历史的特性。在新媒体舆论场的蓬勃发展下，民办高校舆论场角色逐渐演变与转型，并分化为校外传统媒体舆论场、校内传统媒体舆

---

① 蔡文之：《网络传播革命：权力与规制》，上海出版社 2011 年版，第 35 页。
② 余秀才：《网络舆论场的构成及其研究方法探析——试述西方学者的场论对中国网络舆论"场"研究带来的启示》，《现代传播（中国传媒大学学报）》2010 年第 5 期。

论场和新媒体舆论场的舆论场群。舆论场间在对话、共鸣等互动博弈中容易形成共振式传播，民办高校若应对不力容易演变为舆情危机并推向"群体极化"。

## （二）民办高校舆情危机的根源探寻

**社会层面**　在社会经济、地理政治和文化三种冲突的"根部"，全球社会正面临着三种根本性问题，它们存活于不同文化和文明背景下人们的心灵和头脑，社会变革转型中所累积的深层次矛盾不断激化。网络技术革命改变了人们的传统意识和价值观念，在多层次、开放性的新型办学时代，高校不再是一个纯粹的教育或学术"孤岛"，民办高校与社会形成一个更加紧密依存的整体，承担着更高的社会期望与舆论关切。同时，民办高校舆情危机的生成机理日益社会化，形象遭遇危机的背后往往映射出社会的盲点。

**领导力层面**　新媒体时代，政府、主流媒介、教育者等传统权力机构或代言者的话语权威正被互联网弱化，公众的"注意力场域"转移到网络虚拟社区。新型话语传播环境下民办高校领导力的效能发挥出现多种制约新因素，主要包括发展眼光的缺失与新型公共关系意识的薄弱。高校师生是大学形象的塑造者与传播者，民办高校行为形象遭受舆论危机时，学校领导者由于在新形势下对高校形象管理经验的缺乏，对公共关系意识薄弱等原因更容易出现舆情危机应对不力。

**机制层面**　随着高等教育大发展步伐的加快，高校在激烈的竞争中已驶入规模扩展与内涵提升的发展双轨，但民办高校形象树立或品牌打造的机制创新相对滞后，陷于经验模式不能自拔。应急预案的形式化、启动预案的机械化依然存在，疲于应付甚至演化为"二次危机"的事件时有发生，舆情危机应对机制的薄弱已成为民办高校形象机制运行和创新的重要盲点。舆情危机发生后，民办高校当事人即利益相关者作为新闻发言人更加容易给公众一种不客观、辩解式的感受，加深了公众对民办高校的"刻板成见"，舆情危机应对机制的不成熟更容易影响民办高校管理体制形象，同时影响公众信任与社会认同。

### （三）视角转变中重塑民办高校形象

**开放的思维** 民办高校形象建设工作的环境、载体、范围、方式都发生了很大变化，传播对象的政治素质、媒介素养、权益意识等不断提升，需要运行于暂悬过去传统的危机处理模式，用发展的眼光审视民办高校形象传播，接受并正视媒体变革下传播逻辑的变化，打开思维突破"我中我"的经验主义状态。这个过程不能停留在对过往经验的简单反省与反应，需要从正在涌现的未来可能性出发，把握权益觉醒下社会心理发展特征。首先，要重新审视、检验我们的改革理念，找准民办高校形象建设与舆情危机传播的切入点与着力点，将大学形象战略真正纳入大学的整体发展战略中。同时，用崭新的眼光审视政府、公众、媒体等公共关系，尤其需要具备良好的专业素养提升媒介公关意识和能力。另外，要持续学习、借鉴社会化媒体的生存逻辑和演进规律，充分借助大数据时代赋予的客观数据和事实，善用新媒体技术手段，了解并熟练运用新媒体语言，熟练掌握媒体公关的内容、策略及技巧，用勇敢面向未来的态度来重构、创新高校舆情危机的应对机制，提升民办高校形象的增值力与辐射力。

**开放的心灵** "网络传播技术革新和新媒体传播平台的兴盛，为长期郁积的非主流社会舆论提供了释放能量的新出口，新媒体等社会化媒体开创的互动传播和对等传播时代，又为非主流社会舆论赢得平等话语权提供了无限可能"[1]。在社会的进步和公民权益意识觉醒下教育主体、客体与社会公众的角色发生着深刻变化，表现出典型的主体间性。新媒体营造的虚拟空间已成为大学生不可或缺的第二生存空间，社会公众不断以公共权益监督者的角色过滤并接受舆情信息，教育客体与社会公众渴望的话语权得到前所未有的尊重与理解。民办高校管理者在应对舆情危机中，需要从教育客体与公众

---

[1] 袁勇：《舆论场交锋：博弈、冲突、互动与通融》，《新闻爱好者》2013年第8期。

的内在状态出发，借用新媒体等虚拟情境积极感受传播对象，用同理心去聆听他们的心声，努力融化主客体边界，唤起传播客体的自我意识，将舆论引导的目的性与传播对象的现实利益诉求相结合，才能在心理交融中实现价值认同，构筑良好的大学精神与文化形象。

**开放的意志**　高校形象建设是一个由形象定位、形象设计、形象建设与传播构成的系统工程，需要在开放的意志下改变领导模式，转移我们个人和集体运行的内在场境，在整合视角下共同行动起来。首先，进一步推进网络互联网管理与舆论传播的法制化进程，民办高校要明晰社会各主体的责、权、利，完善社会资源整合机制，建立由政府、高校、非政府组织、个体等多元主体共同构建的舆情危机组织管理网络。同时，民办高校需着力推进集体领导模式，打破离散式的教育管理模式，组建专业网络政工队伍，构建校园舆论危机专业管理团队。其次，将新媒体建设纳入校园文化建设工程，利用学科优势开发适合本校的校园网络舆情危机应对系统，大胆引入权威媒体组建的专业舆情监测机构，提高预警监测的及时性、准确性、专业性和权威性，为民办高校舆情危机应对提供技术基础。

**开启信任对话**　舆论的认同与理解代表对某种态度、信念或价值的接受，民办高校要跨越心理障碍下的责任担当，拥有关闭与暂悬"评判之声"、"嘲讽之声"甚或"恐惧之声"的意识和勇气，在平等、诚恳的对话合作中重构信任关系。学校领导者应拥有较高的情商能力，冷静思考，深潜公众的场域中剖析问题根源，成熟运用校园大众传媒、校外大众传媒及社会大众传媒等媒介平台。同时，重视传统媒体向传统和新媒体并重转移，重新审视民办高校新闻网在高校网络宣传和形象建设工作中的定位，从学校发展建设的总体规划出发，构建常态化的媒介沟通机制和舆论应对机制，在多媒体整合传播中构建新型网络舆论生态环境，实现民办高校形象舆论宣传的最优化传播效应。

科学技术的每一次发展都在催生新的文化生产方式，新媒体开放式的数字文化在时间、空间、能力和生态上为民办高校思想政治教育域境创设多重聚合的平台与转换形态，为民办高校思想政治教育开拓了文化新视野，民办高校需要在宏观和微观上开拓思想政治教育的时空领域，开发思想政治教育文化新产品，创建"显性"与"隐性"立体思政形态、打造拥有技术话语的思政实践基础、推进校园新媒体文化建设、探寻新媒体思政与公共理性精神的契合，需要搭建以互联网为基础的校园虚拟网络平台，以移动智能终端为核心的校园移动数字化平台，以微博、微信等新媒体整合为重点的校园社会化媒体平台，打造拥有技术话语的育人实践基础。另外，应以新媒体技术为主导开展"大服务"育人实践，以"大服务"为核心构建新媒体学习服务体系，以新媒体为平台搭建育人服务评价体系，探索基于新媒体舆论场的"大服务"育人体系，挖掘以新媒体育人功效为载体开展线上线下协同教育，构建大学生思想政治教育新型生态圈，进而提升思想政治教育的整体性和协调性。

| 第八章 |

# 民办高校思想政治教育多校区
# 协同育人机制构建

高校多校区办学是我国高等教育体制改革和高等教育大众化双力驱动的产物。自 20 世纪 80 年代开始，为解决高等教育供求关系失衡的问题，在国家政策引导下，我国高校出现了一波扩张、合并的浪潮，出现多校区办学的普遍情况。走过初创期的民办高校，进入 21 世纪以来，为了契合高等教育大发展的需要，相当一部分也走上了多校区的办学模式，探索多校区的协同育人机制具有重要的实践需求。如何防止民办高校的思想政治教育因多校区办学而更加被弱化、边缘化、行政化的情况，是需要所有民办高校办学者、思想政治工作者思考和解决的重大命题。

## 第一节 我国高校多校区办学基本情况

我国高校的多校区办学始于 20 世纪 80 年代中期，发展于 90 年代，形成于 21 世纪初，贯穿于高等教育从满足人们"上大学"的需要到"上好大学"需要的全过程。有两个及以上校区的高校逐渐增多，成为我国高等教育大发展中的一个新变化。2013 年的统计数据显示，全国有普通高校 2142

所，其中 1959 所高校拥有多个校区，占到 91%。① 但多校区办学不是一个简单的办学行为，涉及学校的整体发展、学科规划、财政运行、学生思想政治教育等系统工程。

## 一、多校区办学的缘起

### （一）多校区大学

多校区大学是相对于单校区大学而言的，核心要义是指一个具有独立法人办学资格的主体，拥有两个或两个以上具有一定物理距离校园的大学。

这个概念中笔者认为特别值得提出的：一是区别"分校区"与"分校"的概念，判断的唯一标准是有没有具备独立资格的法人。"分校"往往是指某个校区具有独立的办学权，含独立的自主招生权、人事权、财务权、行政管理权等权利，在一定程度上能够形成自主办学的情况，而这些权利，分校区是没有的。二是校区间的物理距离。有许多高校因为水域、道路、山脉等因素的分割，将毗邻或接近的校园称为"南校区、北校区、东校区、西校区"，或以地域命名的校区，但在实际运行中是一个校园的使用功能布局，管理统一、人员一致、设施共享。我们认为这样的分割，不能形成真正"分校区"的概念，这类大学亦不能被界定为"多校区大学"。当然上述"南校区、北校区、东校区、西校区"，或以地域命名的校区情况也存在属于多校区的情况，不能一概而论，这在后面我们对民办高校多校区办学情况的调研中可以得到佐证。

### （二）我国高校多校区办学的成因

我国高校的多校区办学自 20 世纪 90 年代开始，其发展历史演进大致经

---

① 张兴华：《如何破解多校区办学困局》，《中国教育报》2013 年 10 月 19 日。

历了两个历史时期，"即从 1992 年起在'共建、调整、合作、合并'方针指导下的合并阶段；从 2001 年开始的扩张新校区阶段。第二阶段以高校校区的自我扩建为主，合并浪潮在这一时期逐渐减弱，但是年之后仍有百余所高校继续完成合并"①，其兴起与发展受到了多重因素的影响，从早期的较为明显的政府主导形成的"合并型"到后期学校自发形成的"扩张型"，再到现在由地方政府为推动经济结构转型而主动"引入型"。综合分析其原因，可以将多校区办学归纳为以下主要成因。

1. 独立自主拓展形成多校区

由于学校规模快速扩张需要，或升格办学层次需要，或原有办学空间不符合教育主管部门评价指标体系等多重因素影响，原有校区的发展空间无法就地拓展或无法承受拓展成本，而另寻他域开辟一个或多个新校区而形成的"多校区办学"的格局。如上海交通大学、中国美术学院、南京大学、华南理工大学等。民办高校大多是由于自身发展的迫切需要而形成的多校区。在这样的多校区形成过程中，基本上都是高校较为自动地发挥着作用。

2. 合并重构形成多校区

为扬长补短，提升整体综合实力，几个高校之间通过整合学科专业、人财物等联合成立新的大学，原有多个学校成为新的大学多个校区的格局。值得提出的是，这类合并中，存在两种情况：一是某所高校办学历史较长、办学实力较雄厚，就以它为主体合并其他高校，如浙江大学与杭州大学、浙江医科大学、浙江农业大学合并时，采用浙江大学校名；另一种情况是多个大学之间实力相当，没有主次之分，不存在一家独大的情况，合并后也没有沿用哪个大学的名称，而是命名了新的大学名，如扬州大学、大连大学等。但无论哪种情况下，通过合并都出现了一所高校多个校区办学的情况。

3. "借鸡生蛋"形成多校区

许多高校在面临发展的"瓶颈"及巨大竞争压力时，在寻求独立发展

---

① 李群：《我国高校多校区管理模式研究》，长江大学硕士学位论文，2014 年。

模式效果不明显或没有能力自行开辟一个或多个校区的情况下，通过并入声望较高、财力雄厚、生源较好的强势学校得以发展，并成为强势学校之分校的多校区，可称为"冠他校之名型"。如北京大学、四川大学、华中科技大学等。

4. 政府主动作为引入高校形成多校区

除教育主管部门的政策引导之外，许多非中心城市的政府部门，为弥补高等教育的缺陷而主动引入大学。而引进大学智力、人力资源，主动接洽地处中心城市的大学，采用无偿提供土地、建筑及经费扶持等政策，吸引高校在辖区内设立校区，这就是大家熟知的地方政府的"交钥匙工程"，也催生了大量的"多校区大学"。如20世纪80年代，山东威海（没有高等学校），邀请一些著名高校在自己的城市办分校，如山东大学威海分校、哈尔滨工业大学分校（后改为威海校区）。到90年代末期，一些城市希望自己拥有高水平大学和为区域经济提供高新技术的发源地，如珠海的中山大学，深圳的北京大学、清华大学、哈尔滨工业大学、南开大学，苏州的中国科技大学、西安交通大学等高校。近年来，在地方经济转型发展的驱动下，部分经济实力较强的县市引入高校建校区，这在浙江表现得尤为明显。如浙江传媒学院的桐乡校区、浙江科技学院的安吉校区、浙江树人大学的杨汛桥校区等。

从我国高校多校区办学的发展历程和综合多种成因来考察，最为关键的还是政策引导或扶持形成多校区。政策因素是推动我国高校形成"多校区办学"十分重要又十分特殊的一种因素，也是社会主义国家集中优势资源办大事的集中体现，这是西方国家无法达到的，也是无法借鉴的。自1992年至2000年，我国高等学校结构进行了大规模的调整，全国有31个省、直辖市、自治区，60多个部委，900多所高校参与了高等学校的合并与重组，其中形成了一大批高校一校多区的办学格局。[①] 当然不管是"合并"模式，还是"建设新校区"模式，其背后的巨大推动力都是我国的高校扩招政策。

---

① 周玲：《中外多校区办学的案例研究》,《高等教育研究》2001年第2期。

根据教育部公布的数据显示，1999年，我国的高校在校生为413万人，当年录取人数为160万人，比1998年的招生人数多了52万人，增幅达到48%。到了2009年，高校在校生则达到了2700万人，当年招生人数也首次突破了600万人。到了2016年，招生815万人，在校生2894万人。这样的大发展政策，无疑从最显性层面推进中国大学进入多校区办学模式。

## 二、我国多校区办学类型及管理模式

多校区办学作为高等教育发展过程中的一种现象，在国外早就出现了，并形成了两种较为明显的管理模式，其管理的规范化、法制化、高效化程度比较高。尽管多校区办学进入学界的研究视野时间不长，实践探索的时间也不长，但已形成了具有中国特色的多校区办学。

### （一）多校区办学的主要类型

根据多校区大学办学的现实情况，我们把多校区的办学模式分为独立办学型、学科分类型、职能分类型、混合型四大类，为了更加直观地了解这四种办学类型，我们以表格的形式将这四种类型办学的特点进行比较，并以浙江省高校多校区办学为例（见表8-1）。

表8-1　多校区办学类型及其对比（以浙江省高校为例）

| 分类模式 | 特点 | 优点 | 不足 | 高校代表 |
| --- | --- | --- | --- | --- |
| 独立办学型 | 作为一个独立运行的校区，各校区学科、专业可以重复、互不影响，管理相对独立 | 功能定位和管理模式相对独立，权责利统一 | 这种模式适合于二级独立学院 | 浙江农林大学暨阳学院 |
| 学科分类型（纵切型） | 以学科门类为基础，每个专业的学生在一个校区完成学业 | 能够形成特色的学科、专业群，调动和发挥学院的积极性 | 不利于不同学院不同学科的相互交叉、渗透、互补及跨学科的发展 | 浙江传媒学院桐乡校区 |

续表

| 分类模式 | 特点 | 优点 | 不足 | 高校代表 |
|---|---|---|---|---|
| 职能分类型（横切型） | 以学生年级或层次类型为基础确定校区功能，如基础部校区、研究生校区、继续教育校区等 | 强化了局部对于全校的隶属，有利于增强师生对学校的归属感和认同感 | 会出现实验室布局困难、重复建设、学生校区间的规模牵动等问题 | 浙江树人大学杨汛桥校区 |
| 混合型 | 综合考虑校区的规模、功能、地域、环境等因素，同一校区从学科（专业）上看纵切型和横切型同时并存 | 能够形成学科特色、实现校区间的融合 | 管理上带来困难，容易出现职责不明的情况 | 浙江大学 |

上述四种类型各有其优势与劣势，也与其内部管理模式的选择直接相联系，需要针对不同学校的具体情况进行具体分析。

## （二）多校区管理模式分析

目前，国内大多数学者对我国多校区高校的管理模式都用"条块"理论进行分类。所谓"条"是指学校对校区的纵向管理，是学校有关职能部门向校区实施的延伸管理，亦称集权型管理；所谓"块"是指校区或院（系）内部的纵向管理，是由校区成立的管理机构实施本区化管理，亦称分权型管理。① 除这两种模式之外，还有"条块结合"的管理，这是介于相对集中和相对独立之间的模式，目前这种管理模式又有两种情况，即条块结合，以条为主；条块结合，以块为主。通过研究，我们整理了四种主要管理模式的特点，如表8-2所示。

---

① 吴咏梅：《关于我国高校多校区管理的思考》，《襄樊学院学报》2009年第1期。

### 表8-2　多校区管理模式对比

| 管理模式 | 特点 | 优点 | 不足 | 适用于 |
|---|---|---|---|---|
| 条式管理模式（集权管理模式） | 分校区仅作为下属学院所在地，不设置管理机构，接受学校统一领导 | 纵向科层控制与协调便捷、效率高、能产生职能部门的规模效应 | 高层和职能机关负担重、部门之间缺少横向协调、组织对外界环境变化反应慢、缺乏创新 | 规模较小、校区紧邻的多校区大学 |
| 块式管理模式（分权管理模式） | 学校核心区作为各校区紧密联系的纽带，只在宏观发展战略、重大决策等大政方针上给予指导，权力下移 | 按照人才培养、科研、服务的需要划分，灵活性好，适应能力强，学院内协调便利 | 失去了规模效应，机构设置重复，造成一定程度的教育资源浪费，各学院之间协调困难 | 规模较大、校区之间距离适中的多校区大学 |
| 条块结合，以条为主管理模式 | 相对集权的管理模式。核心校区是管理中心，其他校区派出延伸的职能机构，有的设立校区管理委员会 | 加强了资源的统一配置、统一管理，有利于盘活资源 | 管理成本增加，协调难度较大，降低了管理的效率 | 同城多校区办学 |
| 条块结合，以块为主管理模式 | 相对分权的管理模式。学校核心校区和分校区有明确的管理职责分工，分校区接受学校统一发展规划，并独立负责各项工作的实施 | 有利于校区的办学自主性 | 责权有时候不明确，导致某些管理环节的脱节或失控 | 各校区距离校本部较远或学科门类众多、统一管理困难或将部分院系（专业）整体放在校区办学 |

纵观我国多校区办学的实际情况，可以发现多校区办学并没有一个统一的固定的模式，都是各所高校根据不同的发展阶段、不同的发展要求、不同的发展条件等选择最适合的模式。但是从长远看，还是需要各所高校进一步重视校区规划，并将它与学科专业建设规划等紧密联系在一起考虑、与师生成长成才发展的需要等结合在一起考虑，才能最大化地发挥多校区办学的优势。

## 三、国内对多校区建设及管理研究综述

近代高等教育在西方国家起步很早，在其规模扩张的过程中必然经历的一个阶段就是多校区办学。通过百余年的不断实践与探索，他们在多校区的办学模式、管理机制上已经日趋完善，有许多值得我们借鉴的地方。但中国的高等教育发展模式与现行运行机制，与西方国家之间有着较大的区别与差异，结合中国国情与发展的实际开展有针对性的研究，才能为我国高等教育的发展提供遵循。为此，不少学者对此展开了相关的探索与研究，通过对文献的相关检索与分析，国内学界对高校多校区办学研究大致可以分为以下几个阶段。

### （一）探索借鉴阶段

具体时间大致出现在我国高校合并重构浪潮的初期，主要是对出现的新鲜事物，学者试图通过借鉴欧美西方发达国家业已成型的模式与方法来应对问题与挑战。如周玲在《中外多校区办学的案例研究》（2001）中对美国加州大学的事业部制、康奈尔大学的一校多制以及东京大学的功能定位进行了详细的阐述；对国内多校区大学如何制定总体发展规划、确定校区定位、采纳何种管理模式等问题提供了借鉴。当然，这一时期也有学者关注到了新校区办学存在突出问题，如耿有权的《多校区办学的主要问题与基本对策》（2001）等。进入中后期，随着我国高校多校区办学实践的丰富，也有学者从不同层面进行了细化的中外大学多校区办学比较。

### （二）宏观理论及管理模式阶段

具体时间大致为我国高校合并重构、开辟新校区的中后期，研究的聚焦点是多校区办学的政府政策引导、办学的格局、校区功能定位等，尤其突出的是大量学者对多校区管理的模式进行了深入细致的研究。如刘筱勤在

《"一校多区"现象形成的原因分析》（2007）中，指出多校区高校之所以会形成，行政力量在其中发挥了至关重要的作用，这是对时代需求的回应，具有相当重要的意义。齐平、朱家勇在《我国多校区大学办学管理模式的分析与思考》（2008）一文中提出国外"大学系统"的管理模式不完全适合中国的国情，只能借鉴，不能照搬，他们从管理的角度把管理模式划分为"条块式"（或者集权式和分权式），"条块式"又分为"以条为主"型、"以块为主"型、"条块结合"复合型及"内部混合"型，钟连超、陶小江、杨江水、张礼强等也做过类似的研究。此外庆承松的《对高校新校区管理模式的思考与探索》（2008），以及彭国存与庞龙斌合著的《浅论高校多校区办学的校区管理模式》（2010）等。在这些著述中，集中讨论的管理模式除了有职能模式，还有学院模式，以及混合模式。集中反映在蹇兴东、刘智云的《多校区大学管理的若干问题》（2003）以及陈运超、沈红的《浅论多校区大学管理》（2001）中。其他有关的论述大多是上面几种模式的不同表述，例如在徐云丽、杜红合著的《从决策成本分析多校区大学管理模式》（2005）中提到的校区相对独立模式，其实就是以块为主的管理模式；垂直管理模式就是以条为主的管理模式，而将条与块整合一体则被称为混合管理模式。

### （三）实证研究或问题研究

在高校多校区办学经过数年实践后，面对层出不穷的矛盾、问题与挑战，有大量的办学实践者及学者对不同层面的问题开展了大量的研究，这其中既有第二阶段多校区定位、管理模式等宏观问题的深化，更多的是针对多校区背景下教学管理、学科建设、校园文化构建、学生管理、队伍建设、思想政治教育等分项分块问题的具体研究。如杨文斌、黄崴的《高校多校区办学教学管理模式探析》（2005），黄少斌和陈鹏的《与时俱进做好多校区学生教育管理工作》（2003），谢志芳的《至德要道——多校区高校学生思想教育管理工作研究》（2008），高清的《高校新校区校园文化建设的思考》

（2008），谢志芳和宗伯君的《多校区高校学生管理工作模式探索》（2004）。此外，沈红等在《多校区大学管理研究》（2001）中提出，相关的管理需要进行科学的筹划，从而构建健全的学科布局，通常运用的方法包括科学有效地整合学科门类，明确各个校区的不同定位等。此外，还应该在体制层面着手创新工作，强化学科间的关联。黄少斌、陈鹏在《与时俱进做好多校区学生教育管理工作》（2003）中指出，应该重视对学生的情感教育，从而营造出和谐、共进并且彼此相连的浓厚校园文化氛围。此外，还应该采取多种手段，如信息化网络等，做好学生的相关工作。

对于我国高校的多校区办学研究，可以得出如下几个结论：从视角上看，研究宏观问题多，而聚焦细微办学少；从内容上看，研究定位管理模式最多，而涉及思想政治教育较少；从研究思想政治教育上看，研究校园文化、学生管理等项目多，而从整体上研究系统协同育人机制的尚属空白。

## 第二节 民办高校多校区办学的特殊性及思想政治教育的新挑战

由于我国民办高校办学体制、运行机制，育人主体与客体及面临的政策环境、办学环境等与公办高校均存在较大差异，使得民办高校在实际办学中处于弱势的状况，其在单一校区办学阶段即存在思想政治教育偏弱的情况。民办高校进入多校区办学之后，若不从根本上提高认识、统一思想，不形成有效的强化思想政治教育的协同机制，就很难将"立德树人"的根本任务贯彻到民办高校教育的全过程。廓清民办高校办学的差异性，厘清思想政治教育的问题所在及成因，是构建多校区民办高校思想政治教育协同育人机制的前提。

## 一、民办高校多校区办学的现状及特殊性

### （一）民办高校多校区办学的现状调研

2016—2017 年，笔者赴全国十余省市区 60 余所民办高校进行了调研，在调研中发现，大部分民办高校都在近年来完成了校区的扩张，建设了新校区。我们选择了部分具有典型意义的民办高校进行了分析，这些民办高校分布在北京、上海、江苏、浙江、山东、河南、广东、宁夏、江西、陕西等省，既有我国改革开放以来民办教育起步较早发展较快的省份，也有民办高校教育发展时间较迟的省份，覆盖面较广，具有一定的代表性。部分民办本科高校多校区办学情况见表 8-3。

表 8-3　部分民办本科高校多校区办学情况一览表

| 学校名称 | 校区数量 | 办学校区情况 | 占地面积（亩） | 新校区启用时间 | 新校区办学类型 |
|---|---|---|---|---|---|
| 浙江树人大学 | 2 | 杭州拱宸桥校区、绍兴杨汛桥校区 | 1200 | 2016 年 | 职能分类型 |
| 宁波大红鹰学院 | 2 | 本部校区、杭州湾校区 | 1700 | 2009 年 | 职能分类型 |
| 浙江越秀外国语学院 | 2 | 稽山校区、镜湖校区 | 1300 | 2011 年 | 学科分类型 |
| 北京城市学院 | 4 | 中关村校区、航天城校区、大学城校区和顺义杨镇校区 | 1200 | 顺义杨镇校区三期在建 | 混合型 |
| 上海杉达学院 | 2 | 上海浦东、浙江嘉善 | 808 | 2003 年 | 职能分类型 |
| 黄河科技学院 | 3 | 南校区、北校区济源校区 | 2800 | 2014 年 | 学科分类型 |
| 山东英才学院 | 2 | 南校区、北校区 | 1641 | 2010 年 | 学科分类型 |
| 三江学院 | 5 | 铁心桥主校区、东校区、南校区、东山校区、竹山路校区 | 不详 | 东山校区在建 | 学科分类型 |

续表

| 学校名称 | 校区数量 | 办学校区情况 | 占地面积（亩） | 新校区启用时间 | 新校区办学类型 |
|---|---|---|---|---|---|
| 广东白云学院 | 2 | 西校区、北校区 | 1350 | 北校区在建 | 待定 |
| 银川能源学院 | 2 | 永宁校区、滨河校区 | 1200 | 2015 年 | 独立办学型 |
| 西安培华学院 | 3 | 高新校区、长安校区、郭杜校区 | 1956 | 2012 年 | 学科分类型 |
| 江西科技学院 | 2 | 瑶湖校区、京东校区 | 不详 | 不详 | 不详 |
| 广州工商学院 | 2 | 广州花都校区、佛山三水校区 | 1390 | 2011 年 | 学科分类型 |
| 河北传媒学院 | 2 | 兴安校区、警安校区 | 2060 | 2013 年 | 学科分类型 |
| 山西工商学院 | 2 | 龙城校区、北格校区 | 701.92 | 2014 年 | 不详 |

注：上述数据来源于实地调研和官网，经笔者整理汇总。

## （二）新时期民办高校多校区办学特殊性

在调研的访谈中，我们与多位民办高校的举办者对多校区办学也进行了交流。举办者也认为，实行多校区办学是无奈之举，如果校园面积不扩大、办学条件不改善，学校的竞争力就会下降。但多校区办学，民办高校面临的困难更多，学校经受的考验就越多。与公办高校的多校区办学相比，民办高校受体制机制、办学历史及实力、政策因素等影响，呈现了较大的特殊性，主要有以下几方面。

1. 从时间分期上看：民办高校多校区办学滞后于公办高校

新中国成立后，我国民办高校从 20 世纪 80 年代开始初创，进入 21 世纪才开始蓬勃涌现，通过自身滚动积累发展的后劲，而多数民办高校的多校区办学是在 2010 年之后，随着高等教育扩招、毛入学率的快速提升而产生的。因此，发生于 20 世纪 90 年代的高校合并浪潮几乎鲜见民办高校身影。两者在时间分期上存在错位，即民办高校的多校区建设明显滞后于公办高校，这与民办高校自身发展的实力及其体制有较大关系。

2. 从成因上看：独立自主拓展的多，而合并重构的少

在这一点上，主要是受以下因素影响：一是由于民办高校特殊的体制及资本构成，政府几乎不投入或很少投入办学经费，办学也相对自主，因此几乎很少有民办高校在不改变其所有制的情况下与其他公办高校合并重构形成新的大学；二是由于民办高校均有自身出资的主体，在业务上受教育主管部门监督指导，但其管理权限往往属于投资主体，管理序列的不同，使得民办高校受政府政策的影响度远小于公办高校；三是民办高校办学历史短，办学积淀不足，高水平学科专业与师资均较为缺乏，生源基本处于中后段，知名度、美誉度和社会声誉不高，整体实力远低于公办高校，所以政府或其他机构愿意投入开辟新校区的就相对较少。综合上述几点原因，民办高校的多校区，多为因自身发展需要或适应高等教育大扩张情况下，通过自身积累，自行投入开辟新校区而形成了多校区办学的格局。

3. 从校区定位与构成上看：以职能分类型和学科分类型居多

传统意义上的主校区—辅校区的模式居多，而以学科分类、混合型的较少，这主要与民办高校的体制、招生的吸引力等有关，如上海杉达学院、浙江树人大学、浙江万里学院等民办高校的两个校区均采取了此类模式。这些民办高校的老校区一般位于大城市的中心城区，因为位置与区域优势对学生有吸引力，所以采用了职能分类的办法，来保持学校在学生心目中的优势。但是学校的管理成本大幅增长，带来较大的经济运行压力。而采用学科分类型定位的民办高校，在校区的运行成本上可以大幅减少，专业学科建设也与新校区的启用同步规划、同步实施。但由于周边环境配套问题，使得学生专业实习、社会实践等存在就近难以解决的困难。

4. 从管理模式上看：以条式管理或条块结合条式为主的居多

这主要取决于民办高校所采用的董事会领导下的校长负责制的领导体制，举办者或学校的实际管理者极少采用分权管理的模式，而集权管理的方式较为常见。这种模式的优点在于可以做到全校一盘棋，便于学校统筹有限的资源来办好学校。不利的是无法调动校区院系管理的积极性，管理效率

低下。

## 二、民办高校多校区办学对做好学生思想政治教育带来的挑战

当公办高校早就完成了办学空间的扩张转而进入大抓内涵建设的时期，民办高校开始投入巨额资金等完成空间规模扩大的任务。随着新校区投入使用，全国范围内多校区办学的民办高校逐步增多，公办高校多校区办学带来的挑战在民办高校也同样存在，有些问题表现得更为突出。

### （一）现实存在的物理距离带来的交流障碍

我国的民办高校一般起步于办高复班、自考助学班，老校区一般均处在中心城市或中心城市的繁华区域，便于学生上学。而在民办高校的多校区建设过程中，因为起步迟，在城市的中心区域或老校区周边已经很难得到新的发展空间，往往只能选择偏远一些、地价相对便宜一些的城郊或郊县，新校区往往跨区域或距离中心城区较远，交通不便利。这样的物理距离，导致了多个校区之间的诸多不便，教师、辅导员、班主任及相关行政人员与学生的接触变少或无法面对面交流，对学生的了解相对不足，无形中增加了与学生的距离感。同时，新校区一般以低年级学生为主，他们缺乏高年级学生的指导与帮助，成长中的困惑难以得到及时疏解，加之生活相对单一和不便，容易感到枯燥乏味并滋生心理问题。从学生与辅导员的关系来看，由于学生随着年级递增而在校区间流动，很难实现辅导员从学生入学到毕业的伴随式全程指导。

### （二）校园文化基础的薄弱带来的情境差异

在多校区办学模式下，思想政治教育工作环境的最大差异主要体现在文化环境上。经过数十年的校园文化建设，我国部分民办高校的校园文化正在

形成其特色，老校区会形成较为浓厚的校园文化，但与公办高校相比，校园文化建设总体上还是薄弱的。从客观上讲，在市场化、商品化等外部思潮的冲击下，一些民办高校在文化建设上十分被动，甚至一度丧失了对大学文化的主导权和话语权，"企业文化""家族文化""军营式管理"等背离中国大学文化基本特征的痕迹在少数民办高校时有所见，校园内的一些宣传标语和口号也有悖于中国大学文化的价值取向和现代大学精神。这将直接影响民办高校优良育人氛围的形成和人才培养质量的提升，严重制约民办高校的健康可持续发展。① 对于这个问题，笔者在专著《民办高校校园文化建设》一书中有过专门的分析。民办高校自身校园文化建设的薄弱性在新校区建成后同样存在。由于是新建校区，就会缺乏老校区的校园氛围、历史内涵和文化底蕴。又由于新老校区之间存在的物理距离，学生群体交集不多，教工群体相对独立，文化的同源性传递不足。同时新校区对老校区校园文化积淀的传承需要一个较长的过程，且周边地区文化生态相对薄弱。这就造成了新老校区间较为差异的校园文化，对于构建整体系统的协同育人机制带来诸多挑战。

## （三）办学经费的隐性压力带来的重心偏移

从公办高校新校区的建设来看，大多是当地政府的"交钥匙工程"，即学校的基本建设都由地方政府负责，学校在建设方面的投入很少，甚至不投入。但民办高校不一样，在新校区建设过程中，校区建设的所有费用必须由学校投资者或学校自身解决，学校要保证足够的建设资金。在总收入没有明显增加的情况下，只能靠压缩其他支出来确保建设，或者靠贷款来实现。新校区建成投入使用后，其办学成本相应提高，管理成本增加，"多校区办学造成学校领导和管理部门精力分散，管理效果也打了折扣，校区间的空间距

---

① 钟秉林：《民办高校要高度重视和切实加强文化建设——我国民办高等教育改革与发展探析（八）》，《中国高等教育》2012 年第 12 期。

离导致了学校系统协调成本的加大和效率的降低"①。同时，考虑教学的需要，有的民办高校只能在不同校区设置同样的专业、重复建设实验室等，客观上既造成了教学成本的增加，也造成了教学资源的浪费。在空间与规模、数量与质量、外延与内涵等矛盾的处理上，学校的举办者和管理者发生了重心偏移，这也使得本来可用于思想政治教育等方面的投入得不到有效的保障。

### （四）学科建设的重视不足带来的专业不稳

由于民办高校的新校区大多离中心城区有一定的距离，为了吸引学生报考，较多的学校选择将新校区定位在基础部，采用在新校区学习1—2年，回到老校区（或本部）再进行专业学习等，学校在新校区的学科建设上明显不重视或投入不足。加之专业老师大多属于"走教"的形式，有课去上，下课就走，师生之间面对面的专业交流很少，导致新校区的学生学科归属感不强，不了解所学专业的情况，无法较快获得专业的认同感和归属感，这对学生主动学习产生了阻碍。民办高校的学生本身学习能力较弱、习惯较差，这种对专业学科的无归属感使得新校区学生的学风建设成为一个重要问题。同时专业学院在参与新校区学生管理时也表现得尺度难以把握，参与多了怕影响新校区思政工作者的工作，参与少了又怕工作有缺失。

### （五）办学环境的复杂化带来的安全隐患

不同于20世纪90年代由政府主导的大学城的建设，民办高校在新校区建设中由于起步迟，所能获得的建设新校区的地方往往离中心城市更远。一方面新校区往往地处遍远，周边的环境有待规划和建设、配套的生活设施建设短时间跟不上、学校外围的环境更趋复杂。师生出行也不方便，给高校学生的安全教育增加了一定难度。另一方面往返于新老校区之间的校车也带来

---

① 刘华东等：《多校区办学的现状与对策》，《中国高等教育》2008年第1期。

安全隐患，每天有大量的交通车在公路上行驶，客观上增加了新的安全风险。以浙江树人大学绍兴杨汛桥校区为例，这是浙江省的首所小镇大学，尽管小镇原有的经济基础和生活设施还比较好，但因远离中心城区，交通条件、医疗条件、就业机会等都与老校区周边存在较大差距，新校园周边缺乏深厚的育人环境、人文环境和学术氛围，客观上带来了许多管理上的新难题。

## （六）管理队伍的参差不齐带来的效率低下

笔者在调研中发现，随着民办高校新校区的投入使用，原本就捉襟见肘的管理队伍和思想政治教育队伍就更紧张了，往往会采用派出一小部分管理骨干，然后在当地招聘年轻的管理队伍和辅导员补充到队伍中来，人员结构年轻化，但也存在缺少工作经验等现实情况。调研也显示：辅导员、班主任、学业导师更加愿意承担主校区学生管理任务，这样就会造成分校区（新生部）的学生管理队伍存在不稳定性和低水平管理的现象。[1] 面对错综复杂的学生思想工作情况和更为复杂的周边环境，队伍水平的参差不齐客观上也导致多校区学生思想政治教育的难度加大。

## （七）整体系统设计不足带来的各自为战

因办学规模扩张的需要，民办高校新校区的建设过程往往较快，建成后投入使用也很快，其多校区的管理采用何种模式往往在实践中逐步探索和完善。一些民办高校没有从观念、思路、体系、机制、运行模式等方面进行过系统研究，对整个学校的思想政治教育也没有做很好的整体性顶层设计，使得在多校区的办学模式下，任凭各自的状况自然生长，这将无法保证"立德树人"的根本任务贯彻到每个校区，贯穿到教育的全过程。

---

① 吴健康、王逊：《多校区管理模式对 90 后大学生教育管理的影响及解决策略研究》，《赤峰学院学报（自然科学版）》2017 年第 16 期。

因此，构建一套有效的思想政治教育协同机制，将"立德树人"的根本任务牢牢地贯彻到民办高校举办者、办学者的思想意识中，使其自觉认同、始终践行，对于确保民办高校的社会主义办学方向、坚守教育的公益性原则具有重大而深远的意义。

## 第三节　民办高校思想政治教育多校区协同育人机制的建构

针对民办高校多校区办学的实际，正视其在思想政治教育中存在的问题，运用协同学的相关理论，构建一套行之有效的思想政治教育协同育人机制，加强多校区大学生思想政治教育工作的创新路径。

### 一、确立"整体协同"的多校区大学生思想政治教育工作理念

在我国现行体制下，无论某所高校有几个校区，但高校只能有一个独立法人，多校区是学校教学的延伸和有机组成部分，这是由高等教育法所确定的。民办高校也不例外。

原教育部副部长周远清曾讲过：在我国，高校只能有一个独立法人，校区的绝对独立性较弱，必须坚持"多个校区、一个整体"的根本原则。在具体工作过程中，要做到"五统一"：统一的学校主体、统一的机构和领导、统一的管理制度、统一的发展规划、统一的学科建设。尽管这一经验性的总结主要是建立在合并高校多校区实践的基础上的，但对民办高校同样适用，特别是在多校区的大学生思想政治教育上只能采用一个理念，那就是"整体协同"。

## （一）多校区协同育人的必要性

从现实需求看，多校区协同育人具有重要意义。社会发展过程是人与人之间、组织与组织之间的互动过程，协调促进了互动与发展。互动的过程实质就是利益的分配过程，是各主体要求的满足过程。然而，随着多校区的发展，高校的资源分布情况和社会经济环境、政治环境、人文环境都在不断发展变化，多校区之间的相互利益博弈亦将越来越激烈，各校区间争夺资金和资源，各个职能部门之间由于功能分隔、各自为政，资源浪费和内耗问题仍将继续发生并不断恶化，使学校这个大家庭实力受损，失去竞争力、失去发展的机会。在多校区办学的格局下，各校区虽然从物理空间上是独立的，但却是不能离开整体而存在的，或者是以主校区（本部）为核心而进行联动运行的，文化上也具有同源性，因此多校区协同管理具有较强的适用性与可行性。

## （二）多校区协同育人的可行性

多校区是当今高校发展的趋势，各个校区都是一个独立的系统，具备完整的组织管理架构和所需要资源，具备系统的整体性，又分别是构成高校的整体系统的子系统，各个子系统间由于资源要素的差异性，存在学生的交流互动、教师资源的交流互动等，这既有纵向的流动又有横向的校际、院际的互动，因此各子系统又都是开放的、关联的系统，他们之间的交流说明其间存在协同必要性。要提高学生管理的效能，就要从整体系统的角度为出发点，站在系统战略管理的高度去实现各子系统的有序协同，其主要内容包括校区内部纵向分权协同管理、校区间的横向整合协同管理和学校与学生主体的协同管理。

我们还要看到，当代电子科技高速发展，信息技术极为发达，这缩小了信息流动距离，某种意义上促进了社会的互动，冲击了组织管理中层级节制的集权体系，调整了学校各校区及各职能部门的边界，增强了校区间与部门间的协作，改变了高校管理组织各主体的构成。信息技术的发展和广泛运用，为多校区学生的协同管理模式提供了硬件基础。

同时，新校区所在的区域往往对高校的建设和发展寄予厚望，希望大学落户后能充分发挥高校人才集聚、科技集聚等优势，服务于地方经济社会转型发展的需要。这对高校密切与地方的联系创造了有利条件，对形成校地合作的协同育人机制奠定了基础。

## 二、民办高校多校区思想政治教育协同育人机制的实施模型

战略管理之父安索夫在其《公司战略》著作中提出，战略协同是战略构成的四要素之一，他认为企业中两种或两种以上要素的有机结合就可以取得超出它们单纯相加的效果，也就是 $1+1>2$ 的效果。在安索夫的基础上，伊丹广之把协同概念进一步分解成互补效应和协同效应两部分，认为显性资源的组合与利用将产生互补效应，而隐性资源的组合与利用则产生了协同效应。协同工作的情况下，这种合作行动的过程是在系统内在宏观机制的作用下实现的，是自发形成的合作并最终实现新质的自组织过程。协同学的这一特征与多校区关系的发展规律十分吻合，因此，其适用于民办高校多校区思想政治教育协同育人机制的构建。

民办高校多校区思想政治教育协同育人机制是一个自上而下整体协同推进的系统工程，其具体实施应包含如下四部分内容：

一是要确立协同育人机制传导的核心理念，这就是"立德树人"的根本任务、社会主义核心价值观、高校思想政治工作确立的指导理念及学校的核心办学理念、校训等；二是要成立建立多校区协同育人机制实施的运行机构，分别由最高决策机构、执行机构和各校区思想政治教育实施机构组成；三是运行的机制是由最高决策机构研究决定学校思想政治教育的目标、制定发展规划、研究实施的重大事项，由思政协同育人管理委员会按最高决策机构确定的目标规划，统筹分配学校多个校区的硬件、软件资源，向各个校区

下达具体实施计划，并负责实施过程及结果的监控与评价，由各个校区全员参与，协同联动实施思想政治教育的具体任务；四是这是一个整体系统的协同机制，是一个校内协同联动、全员参与，校社协同联动、社会力量集聚的不断运转、反馈、循环的互动过程，有利于形成良好的校园内部育人生态和校园周边文化生态。

## 三、协同育人机制实施的对策

民办高校在多校区的办学实践中，如何从整体上构建系统协同的思想政治教育协同育人机制，重点在于以下几方面。

### （一）强化思想协同：树立"全员育人、多校区联动"的意识

要建立民办高校思想政治教育多校区协同育人机制，并真正发挥其在培养大学生中的积极有效的作用，首先是民办高校的办学者、教师、行政及后勤保障等全体人员要真正树立"全员育人""全体思政"的思想和意识，这其中，尤其是民办高校的办学者（董事会、董事长）要认真贯彻党的十八届三中全会、十八大、十九大及全国思想政治工作会议的精神，旗帜鲜明地弘扬和践行社会主义核心价值观，将"立德树人"贯穿于学校教育的全过程。全体教职员工要始终坚持社会主义的办学方向、坚守教育的公益性原则，把社会主义核心价值观蕴含的国家主流意识、社会普遍要求、公民基本素养内化为自身的办学遵循和践行标准；要依照现代大学的办学规律和学生特点，以社会主义核心价值观为遵循，以国家的主流价值目标、价值取向和价值准则统领学校发展、支撑人才培养，把"三个倡导"体现到各个校区教学科研、学生培养、行政后勤管理、社会服务的各个环节。

其次是全体育人者要树立多个校区联动的自觉，不能将各个校区孤立，甚至互相挤占资源开展工作，从协同机制制度的顶层设计出发形成"多校区命运共同体"的观念，相互呼应、相互协同开展育人工作。

## （二）强化组织协同：确立多校区联动的领导体制

设置"协同育人的最高决策机构"。为提高多校区协同育人的有效性，保证核心理念得以贯彻落实，必须结合中国高校的国情和实际情况，从领导层面加以保障，所以必须吸收董事会、学校党委、学校行政主要领导参与其中。

设置协同育人的执行机构即"协同育人管理委员会"。这个机构主要是要破除思想政治教育等同于党建工作、思政队伍工作的狭隘性，因此要将学工、教务、人事、财务、资产等相关职能部门纳入其中，形成涉及多个校区与思想政治教育相关事项的统筹协同效应。

各校区设立"协同育人的落实部门"，负责协同校区内部的思想政治教育工作。

## （三）强化文化协同：构建多校区共建共享的思想政治教育软硬环境

民办高校在多校区育人协同中，需要加大投入不断完善学校的硬环境和软环境建设，通过多种多样的形式和措施形成多个校区联动的健康向上的舆论导向和具有强大凝聚力、号召力的校园文化精神，给各校区的学生以积极、健康、向上的影响。

一是营造多校区协同的硬环境。要发挥协同机制的有效作用，保障各校区必要的思想政治教育工作场地、活动园地、交流场所、文化设施、创新创业基地等的投入与建设，这里尤其要避免老校区建设较为完善，而新校区马马虎虎将就了事情况的出现，也要避免多校区间抢占资源的情况，确保投入到位、实施到位、使用到位。

二是营造多校区协同的软环境。首先是通过协同机制的运行，将党的教育方针、"立德树人"根本任务、社会主义核心价值观、育人目标等内容贯彻到各个校区育人的各方面。其次是要形成多校区统一的校园文化标识，如：开设校史陈列室，以民办高校创办的艰难历程和改革创新精神引导教育学生；放置校训石、校铭碑等，以办学初心理念感染大学生；设置与学校办学历史、办学成绩及文化传承相关的雕塑、小品、楼名、路名等文化潜移默化学生。再次是要多校区联动，形成学校的文化品牌，发挥校园文化的积极引导作用，将丰富多彩的校园文化注入时代的鲜明特色和蓬勃生机，形成正确的舆论导向和具有凝聚力、号召力的校园文化，使得身处其中的全体大学生的思想品德、理想信念、行为规范、心理意识和生活方式能够受到潜移默化的影响和熏陶，对大学生的人生价值取向产生积极健康的引导作用，进而成为推动大学生树立正确的世界观、人生观和价值观的起点和动力。

（四）强化队伍协同：培养各校区统分结合的骨干思想政治教育队伍

要推进大学生的"立德树人"工作，必须要有几支强有力的贯彻、引导、执行的队伍。民办高校多校区间要协同着力培养好思想政治教育队伍、教师队伍、学生骨干队伍三支主力军。为此，学校协同育人决策机构和执行机构，要通过搭建校区间的交流互动平台、举办各种类型的培育培养等方式，着力培育各校区思想政治理论课教师、专职教师、辅导员、党员干部队伍、学生骨干队伍的爱国、爱校情怀，提升他们的职业素养、责任意识、担当勇气，使他们成为贯彻"立德树人"根本任务，真信、真学、真践行社会主义核心价值观的表率。要发挥高校知识汇聚、人才聚集的优势，深入开展"立德树人"的教育机制、践行路径的探索和研究，为民办学校学生认同、践行提供强有力的理论支撑和践行范式。同时，要通过深入挖掘、宣传各校区师生中践行社会主义核心价值观、实践中国梦的先进集体和个人，树立典型、宣传先进，发挥模范人物的引领感召效应，为学生树立学习的榜样。

在多校区协同育人中，教师是比较难以发挥和发动的群体，要建立"课程思政"理念，建立全员、全过程、全方位育人的良性机制，必须有实实在在的抓手。建立民办高校协同育人的工作机制、评价机制和激励机制尤为迫切。例如，近年来，浙江树人大学在多个校区中推行的教师"一一三"育人建设工程取得了较好的成效，可以在民办高校中总结推广。一是明确"第一责任"，即始终把教师作为课堂的第一责任人，让教师抓学习、抓学风、抓学业；二是加强一个考核，即改变传统的对教师考核仅从教学、科研衡量的模式，而是把"育人"作为必考内容纳入整个体系；三是固化"三联系"，形成了教师必须联系一个班级、联系一个寝室和联系一个困难寝室的"三联系"制度，并已将其作为一项长效机制固化下来，受到了学生的广泛好评。

（五）强化阵地协同：统筹课堂、寝室、园地、网络新媒体四大思想政治教育主阵地

一是要用好课堂这个主渠道。民办高校要十分重视加强多校区间以思想政治理论课为重要依托的课堂教学。思想政治理论课是大学生思想政治教育的主渠道，民办高校要着力从思想政治理论课的课程建设、教材建设、队伍建设、教学方法等方面努力探索将社会主义核心价值观融入思想政治理论课的方法、途径和载体。通过思想政治理论课的教学使学生深刻认识到马克思主义解放思想、实事求是、与时俱进、求真务实的理论品质；领会到历史和人民为什么选择马克思主义，选择中国共产党，选择走社会主义道路；增强学生社会主义法制观念，提高思想道德素质，做合格公民，树立起正确的世界观、人生观和价值观。

二是要辐射寝室这个主空间。大学生涯中，对大多数学生来说，百分之五十以上的时间是在寝室里度过的。寝室不仅是学生睡眠、休息的场所，也是学习的场所、沟通交友的场所以及娱乐身心的场所。所以，各个校区寝室的氛围、寝室的环境、寝室的文化对于大学生的成长成才尤为关键。为此，通过推进多校区辅导员入住学生公寓、开展多校区联动的文明寝室创建，搭建多校区优秀寝室文化建设平台、文明标兵评选、优良生活习惯塑造等方

式，倡导卫生文明的生活习惯，着力培育学生的自律意识、自理能力，大力推进社会主义核心价值观在学生寝室的灌输教育。

三是要占领园地这个主载体。要积极推进社会主义核心价值观进各校区的园地，使其成为园地文化建设的遵循和灵魂，发挥其行动导向、润物无声的功能。各校区间要协同推进以校园网络、校报、广播、电视台、橱窗为主体的宣传园地；以图书馆、校史馆、艺术馆、博物馆、体育馆等为主体的场馆园地；以学生党员之家、大学生活动中心、社团中心、文化中心等为主体的学习娱乐园地；以讲座讲坛、各类竞赛、文化艺术活动、科技创业活动等为主体的校园文化生活园地；以暑期社会实践、实验实习基地、社区社会服务基地等为主体的实践园地。

四是要开拓网络这个新平台。要破除多个校区间的物理距离，实现交流与互动，推进学生对学校的认同与归属，在思想政治教育中必须发挥网络平台、新媒体、自媒体的积极作用。因此，针对大学生群体网络化生存、网络化生活的无人不网、无日不网、无事不网的习惯特点，积极主动占领网络阵地，充分利用网络传播速度快、立体性强等优势，以社会主义核心价值观来占领网络阵地，监控和引导好网络信息，牢牢把握网络舆论主导权。要围绕社会主义核心价值观教育的目标和内容，搭建专题教育网络平台，开设社会主义核心价值观网络课程；要通过开设辅导员博客、思政课教师博客、校务微博、校园微信公共号等，利用好微博微信平台，寓教育引导于管理服务之中；创新载体，积极探索大学生喜闻乐见的网络互动形式，及时与青年对话、交流和沟通，疏导情绪，在网络上进行主导价值观的宣传和影响。通过网络平台的拓展，巩固大学生社会主义核心价值观的理性认识，促进大学生把社会主义核心价值观内化为自身价值，外化为自身的自觉行动。

## （六）强化学科专业协同：形成交叉融合的育人氛围

大学的基本组成单位是学科，学科建设的状态体现高等学校的整体办学实力、学术地位和核心竞争力。学科建设是高校建设和发展的核心，是高校长期而艰巨的任务。近年来，我国的民办本科高校的办学规模已基本确定，其办学重心已从量的扩张转向质的提升上，学科建设成为学校的重要任务。民办高校在多校区办学过程中，要重视对学科布局的调整和优化，为学科交叉、渗透、互补和融合创造了新的机会和条件。特别是在实施学科分类型管理的民办高校中，更要注重在新校区建设过程中发挥学科建设这一"火车头"的牵引作用，把教师、学生都凝聚在一起，挖掘学科中的育人元素，充分发挥学科、科研育人的作用，形成教学科研协同育人的良好氛围。

### （七）强化育人环境协同：形成校社联动的育人生态

多校区办学是高校突破发展"瓶颈"、获得跨越式办学的一种有效途径，更是资源分化、重组、新引的一个重要机会。特别是对于民办高校而言，通过新校区建设，积极主动争取校区所在地政府和社会各界的广泛支持，可以吸纳更多的办学资源，有效地改善办学条件，和地方形成良性互动，共建良好的育人生态，这对于做好多校区民办高校学生思想政治教育工作具有重要意义。

# 第九章

# 浙江民办高校党建与思想
# 政治教育的实证研究

1984年浙江省诞生了改革开放以来国内第一批民办普通高校之一的浙江树人大学。1999年浙江大学城市学院创办，高起点创办独立学院，使浙江开创了我国民办高等教育界的"浙江模式"。2011年浙江省被确定为全国唯一的民办教育改革试点省份。经过30多年的发展，浙江民办高等教育为实现省"创业富民，创新强省"的目标提供了人才储备，也为浙江高等教育水平与经济社会协调发展作出了贡献。2016年12月，由中共省委组织部、省两新工委、省委教育工委联合组织开展了全省高校党建与思想政治工作调研，笔者参与了其中的民办高校党建与思想政治工作的专题调研，在对浙江树人大学、宁波大红鹰学院、宁波诺丁汉大学、浙江越秀外国语学院等四所民办本科高校和中外合作大学实地调研的基础上，笔者又通过电话、网络等方式对全省独立设置的部分民办高校进行了调研，并与2011年笔者对全省民办高校党建工作开展的研究进行了对比研究，形成了本章。

# 第一节　改革开放 40 年浙江民办高等教育的发展及经验

　　浙江民办高校的恢复和发展起源于改革开放后。浙江省是我国经济比较发达的地区，改革开放以来经济发展一直走在全国前列，民营经济发达，民间资金充足，为民办高等教育发展提供了基础。

## 一、浙江民办高等教育发展历程

　　改革开放以来，经过探索和引导，浙江民办高等教育从无到有、从小到大，逐渐成为我省高教强省的重要力量。我们在回溯浙江省民办高等教育的发展时，大致上把浙江民办高等教育划分为四个时期。

### （一）浙江民办高等教育进入恢复办学时期（1978—1983 年）

　　党的十一届三中全会"解放思想，实事求是"思想路线的确立和国家把工作重心转移到经济建设上来的果断决策，特别是 1982 年 11 月 26 日，彭真委员长在第五届全国人民代表大会第五次会议上所作的《关于中华人民共和国宪法修改草案的报告》中提出"两条腿"办教育的方针。全国人大五届五次会议通过的《中华人民共和国宪法》第十九条第四款规定："国家鼓励集体经济组织，国家企业事业组织和其他社会力量依照法律规定举办各种教育事业。"第一次在宪法中对社会力量办学作出原则规定。上述精神和政策激发了一批对高等教育充满热情的老知识分子和有识之士的办学灵感。他们租借场地，聘用教师，自筹资金，白手起家，从零开始，"小打小闹"办起了民办高校，主要组织高考复习班，这是民办教育恢复时期的基本办学形式，从此掀开了我国民办高等教育恢复发展的新篇章。由浙江省工商业联合会、中国民主建国会浙江省委员会联合组建的杭州钱江业余学校于1979 年 4 月 1 日正式成立，这是浙江省第一所社会力量举办的综合性成人业余学校，浙江省工商业联合会第五届主任委员（会长）詹少文任校长。当时学校主要开展职工培训，共开设 4 个专业计 12 个班，学员 456 人。1982 年 6 月，省人民政府浙政发〔1982〕47 号文件正式批准钱江业余学校试办中文和英语两个大专班并申报教育部备案。1983 年 8 月，时任教育部副部长张文松来校视察，肯定了钱江业余学校的办学探索，并作了"发扬钱江精神，为'四化'贡献更大力量，团结合作，开创教育工作新局面"的题词。之后，钱江业余学校发展迅速，至 1991 年秋季，学校班级人数为最多，达 227 个班 11106 名学员，达到学校的鼎盛时期，占当时杭州市社会力量办学学校在校生的五分之一。但其后，随着整个国家教育形势的变化，钱江业余学校在校生数逐年下降。钱江业余学校在其办学历程上还是以高等教育机构的形式存在的。

## （二）浙江民办高等教育进入规范发展时期（1984—1998 年）

由于恢复高考后的一段时间内，浙江的高等教育资源一直稀缺，浙江的大学录取率始终在一个低位徘徊，高考分数居高不下。在这个背景下，一些知识分子开始考虑创建民办高校，帮助解决浙江考生入学率低的问题。加上1982 年新宪法颁布，肯定和鼓励了社会力量办学，鼓舞了一批社会人士举办高等教育的热情。从 1984 年起浙江就先后批准开办了温州大学、浙江树人大学、浙江东海学院和中华高等专科学校等，开始了民办高等学校办学的尝试。1984 年 4 月，中共中央、国务院确定温州为我国沿海 14 个进一步对外开放城市之一，为推动经济与社会发展，办一所综合性大学成为一项重要工作。1984 年 7 月温州大学成立，1984 年下半年就参加全国高考招生，做到当年成立，当年招生开课，办学速度之快，受到广泛赞扬。省政府为了提高温州大学的知名度，特地聘请中科院院士、全国人大常委（后任全国政协副主席）苏步青教授为温州大学名誉校长（温州大学于 1999 年转制为公

办高校）。1984 年 10 月 24 日，由中国美术学院（时为浙江美术学院）部分
老教授发起，中华高等专科学校在杭州筹建，并于次年招生，当时挂靠单位
为光明日报国际技术开发公司（该校由于后来国家的整顿政策而停办）。
1984 年 12 月 5 日，省政府下文正式筹建武林大学（1985 年又改名为浙江社
会大学，1985 年底改为浙江树人大学），1985 年开始招生。这一时期，民
办普通高校由于准入门槛较高，国家控制非常严格，发展速度缓慢。1993
年，国家教委颁布了《民办高等学校设置暂行规定》，明确了民办普通高校
的设置条件和程序，突破了民办高等教育无章可循的状态，为规范民办高校
发展提供了依据和可能，使民办教育进入了依法办学、依法管理、依法行政
的新阶段。当年 10 月，国家教委根据办学条件在全国范围内批准了 4 所民
办普通高校，即：黄河科技学院、黑龙江东方学院、三江学院、浙江树人大
学。1997 年，国务院颁发了《社会力量办学条例》，同年 12 月，浙江省教
育厅出台《关于实施〈社会力量办学条例〉的若干意见》，意见在明确"国
家对社会力量办学实行积极鼓励、大力支持、正确引导、加强管理的方针"
的基础上提出"国家严格控制社会力量举办高等教育机构"，使正在进行的
民办高校审批工作几乎停了下来。由于当时整个国家的政治和经济环境，高
校招生指标由国家高度控制，这几所学校的招生计划很少，每年每校招生数
仅为 70—80 人。有统计数据显示：1998 年，全国仅有民办普通高校 25 所，
占全国 1022 所普通高校的 2.5%，在校生 2.4 万人，占全国普通高校
340.87 万在校生的 0.7%。[①] 这一时期民办高校办学艰难，但总体是按规范
发展的要求在办。经过实践的考验，当时的浙江几所学校至今唯有浙江树人
大学存在，并发展为本科院校。温州大学于 1999 年转制为公办高校，中华
高等专科学校由于国家的整顿政策而停办。尽管如此，民办高校办学的经验
积累和成功仍然鼓舞着社会投资。

---

① 徐绪卿：《新时期中国民办高等教育发展研究》，浙江大学出版社 2005 年版，第
15 页。

## （三）浙江民办高等教育进入多类型发展时期（1999—2009 年）

1998 年 12 月，浙江省政府及时出台了《关于鼓励社会力量参与办学若干规定》等一系列文件，特别提出："充分利用我省民间资金比较充裕的优势，调动社会各方面办学积极性，促进我省教育事业发展，满足人民群众日益增长的教育需求……积极鼓励社会力量以多种形式参与办学。只要符合国家有关法律、法规，有利于增加教育投入，有利于扩大教育规模，提高教育质量，有利于满足社会的教育需求，各种办学形式都可以大胆试验，积极探索。"在这些政策的引导下，大大加快了全省民办高等教育事业的发展步伐。1999 年，第三次全国教育工作会议召开。该次会议对中国多种教育的发展，重新制定了更为大胆和开放的定位，民办教育的定义也第一次从"对公办教育的补充"而改变为"与公办教育并重"，各级教育管理部门甚至开始直接给予部分民办学校以资金支持，浙江民办高等教育也借第三次全国教育工作会议的东风，进入了一个新的发展机遇期。

**推动民办高等教育量质同升** 在此期间，浙江民办高校的办学数量和办学层次在发展变化。一是办学数量增加。1998 年浙江育英职业技术学院成立，成为浙江省第一所民办高职院校。之后到 2011 年，浙江陆续建起了 12 所独立设置的民办高校，实现了数量上的扩张。二是办学层次提升。对于民办普通高校举办本科教育，教育部门一直持谨慎的态度。2000 年黄河科技学院成为全国首所民办本科高校，2002 年杉达学院、三江学院升本，2003 年浙江树人大学等 5 所民办高校升格为本科，2008 年浙江越秀外国语学院、宁波大红鹰学院双双升本成功，使浙江独立设置的民办本科高校增加到 3 所。1999 年民办金华职业技术学院获教育部批准正式成立；浙江农技师专改制正式启动，更名为万里学院，按照民办机制动作；温州大学转制获得同意。

**高起点创办独立学院** 除了支持和鼓励发展民办普通高校以外，根据浙江经济建设和产业结构调整对人才的需求以及群众求学高层次的愿望，浙江省政府鼓励和支持社会力量依托公办高等学校的雄厚基础和实力，采取改制院校和创办独立学院的办法，高起点创办民办高校，并不断发展壮大，大大改善了本科人才培养的结构，成为承担高等教育大众化的重要力量。1999年4月，浙江省人民政府经过认真研究，批复浙江省教育厅、宁波市人民政府，同意宁波大学以西校区土地、校舍与资产的置换，筹措社会资金，建立以民营机制运作的宁波大学科学技术学院。同年6月25日，宁波大学科学技术学院正式挂牌宣告成立，浙江省普通高校第一所国有民办二级学院由此产生。之后浙江省政府共批准多所公办高校共创办了22所独立学院。独立学院集合了公办高校的品牌优势、智力优势，又具有灵活的机制，办学起点高，具有较强的竞争力。截至2016年底，我省共有21所独立学院，共招生4.03万人，在校生16.38万人，独立学院的本科招生数和在校生数分别占全省普通本科招生数和在校生数的26.2%、26.8%，成为浙江民办高等教育发展中的一大亮点。浙江独立学院办学过程中坚持以"浙江精神"办学，采用渐进式改革模式，正确处理了政府、高校、社会/市场之间的三角关系，确保地方政府与高等学校良性互动，推动高等学校与社会/市场优势互补，使得浙江高等教育最终实现了外延式增长与内涵式发展同步并举，从而为中国高等教育改革提供了具有浙江特色的发展模式、发展道路、发展经验，具有积极的体制、机制创新特色和鲜明的示范、借鉴意义。[①]

**创办中外合作大学** 2004年，浙江还在全国率先举办了第一所中外合作的宁波诺丁汉大学，宁波诺丁汉大学是中国第一所经教育部批准引进世界一流大学并具有独立法人资格、独立校园的中外合作大学，可招收本科生、硕士和博士研究生。宁波诺丁汉大学的创办，使中国学生能以远低于海外的留学费用、不出国门就可以享受到世界一流大学的教育资源。

在此期间，浙江民办高等教育进入了全面发展的时期，民办普通本科、

---

① 周光迅、周国平：《从独立学院办学实践看高等教育发展的"浙江经验"》，《高等教育研究》2009年第11期。

民办高职高专、独立学院、中外合作大学等多元办学模式扩大了我省高等教育的规格和品种，增加了学生读大学、选择大学的机会。新的办学机制也激活了高等教育的竞争力和活力，促进了教育改革发展和效率的提高。

## （四）浙江民办高等教育进入内涵式发展时期（2010年至今）

2010年7月，党中央、国务院正式颁布《国家中长期教育改革和发展规划纲要（2010—2020年）》，纲要指出：民办教育是教育事业发展的重要增长点和促进教育改革的重要力量。对民办教育今后的发展，纲要提出了多方面的具体要求，这些要求成为浙江省民办高等教育得以创新发展的重要依据。

2010年12月，浙江省委、省政府印发了《浙江省中长期教育改革和发展规划纲要（2010—2020年）》，纲要提出了未来5—10年浙江省教育的总体战略：全面加快教育现代化进程，努力建设教育强省。纲要中特别提出要健全更加多元开放的教育体制和机制。以政府办学为主体，全社会积极参与，公办教育和民办教育共同发展格局将进一步完善。要引导和支持民办学校科学定位，办出特色，向高质量的民办学校方向发展。要规范民办学校内部管理制度。完善民办学校法人治理结构，督促民办学校规范运行方式和决策程序。制定理事会或董事会章程，理顺理事会或董事会与校行政的关系，规范决策程序，完善办学章程，确保民办学校规范运行。理顺民办学校党组织与决策机构的关系，保证学校党组织参与学校重大决策，确保党组织在民办学校中发挥政治核心作用等。

在纲要的指引下，1999年以来的高等教育外延式发展进入一个转折期，各民办高校纷纷进入内涵式发展的新时期。我们对2009—2016年间浙江省教育厅发布的《浙江教育事业发展统计公报》中有关民办高等教育的数据进行了收集，浙江民办高等教育的基本情况我们可以从表9-1、表9-2中有个大致的了解，我们还可以对数据进行进一步的分析，以把握这一时期民办高等教育的新变化。

表 9-1  2009—2016 年浙江民办普通高校（含独立学院）
招生及在校生情况一览表

| 年份 | 民办普通高校（所） | 独立学院（所） | 民办本专科招生（万人） | 占全省普通本专科招生比例（%） | 较上年增减 | | 在校生数（万人） | 较上年增减 | | 在校生占全省总规模（%） |
|---|---|---|---|---|---|---|---|---|---|---|
| | | | | | 数量（万人） | 比例（%） | | 数量（万人） | 比例（%） | |
| 2009 | 12 | 22 | 8.17 | 31.3 | −0.11 | −1.3 | 28.52 | 1.1 | 4 | 32.9 |
| 2010 | 12 | 22 | 8.03 | 30.9 | −0.14 | −1.7 | 28.95 | 0.43 | 1.5 | 32.7 |
| 2011 | 13 | 22 | 8.36 | 30.8 | 0.33 | 4.1 | 29.58 | 0.63 | 2.2 | 32.6 |
| 2012 | 13 | 22 | 8.62 | 30.7 | 0.26 | 3.1 | 30.15 | 0.57 | 1.9 | 32.3 |
| 2013 | 12 | 22 | 8.49 | 30.0 | −0.13 | −1.5 | 30.70 | 0.55 | 1.8 | 32.0 |
| 2014 | 13 | 22 | 8.48 | 29.8 | −0.01 | −0.1 | 31.10 | 0.44 | 1.4 | 31.8 |
| 2015 | 13 | 22 | 8.46 | 29.4 | −0.02 | −0.20 | 31.34 | 0.20 | 0.6 | 31.6 |
| 2016 | 14 | 21 | 8.51 | 29.5 | 0.05 | 0.6 | 31.26 | −0.08 | −0.3 | 31.4 |

表 9-2  2009—2016 年浙江独立学院招生及在校生情况一览表

| 年份 | 招生数（万人） | 较上年增减数量（万人） | 在校生数（万人） | 较上年增减数量（万人） | 其中本科招生（万人） | 在校生数（万人） | 占全省普通本科招生比例（%） | 在校生占全省本科总规模（%） |
|---|---|---|---|---|---|---|---|---|
| 2009 | 4.36 | −0.07 | 17.25 | 0.33 | 4.28 | 16.97 | 32.2 | 34.2 |
| 2010 | 4.26 | −0.10 | 17.21 | −0.04 | 4.2 | 16.98 | 30.2 | 32.5 |
| 2011 | 4.42 | 0.16 | 17.29 | 0.08 | 4.4 | 17.12 | 30.1 | 31.3 |
| 2012 | 4.54 | 0.12 | 17.38 | 0.09 | 4.51 | 17.28 | 29.5 | 30.4 |
| 2013 | 4.34 | −0.20 | 17.37 | −0.01 | 4.31 | 17.30 | 28.4 | 29.5 |
| 2014 | 4.35 | 0.01 | 17.48 | 0.11 | 4.32 | 17.41 | 28.3 | 29.0 |
| 2015 | 4.32 | −0.03 | 17.43 | −0.05 | 4.30 | 17.36 | 27.8 | 28.5 |
| 2016 | 4.03 | −0.29 | 16.38 | −1.05 | 未公布 | 未公布 | 26.2 | 26.8 |

注：表 9-1、表 9-2 数据来源于《浙江省教育事业发展统计公报》，由笔者进行收集整理。

这一时期，浙江民办高等教育呈现出以下几个特点：

一是民办高校数量增加在放缓。在这一时期，浙江民办高等教育明显放缓了新增民办高校的步伐，截至 2016 年底的 14 所民办普通高校、21 所独立学院、2 所中外合作大学中，12 所民办普通高校、21 所独立学院、1 所中外合作大学均创办于 2009 年前，2009 年后从数量上变化不大。发生变化的有 3 所学校：2016 年原温州大学城市学院转设为民办普通高校温州商学院、2014 年正式成立了温州肯恩大学和 2011 年开始筹建浙江科贸职业技术学院，民办高校数量的增加不再成为主流。2003 年，教育部《关于规范并加强普通高校以新的机制和模式试办独立学院管理的若干意见》印发后，浙江科技学院组建科技学院（后更名为理工学院）因合作双方冲突于 2003 年停止招生，浙江理工大学嘉泰学院未经教育部确认批准，2006 年浙江理工大学重新获批建立浙江理工大学科技与艺术学院。从总体上看，民办高校的数量在这一时期不再大幅增长。

二是民办高校招生数在校生数呈现负增长。根据我们的统计显示，2009 年浙江省民办普通本专科招生数占全省招生数的 31.3%，在校生占全省本科生总数的 32.9%，之后，招生数和在校生数逐年减少，到 2016 年，浙江省民办普通本专科招生数占全省招生数的 29.5%，在校生占全省本科生总数的 31.4%。独立学院占全省本科生总规模更是从 2009 年的 34.2% 降至 2016 年的 26.8%。尽管独立学院的规模减少其中一个原因是一所独立学院转设为民办普通高校，但从总体上看，2009 年以来浙江民办高等教育的规模没有再扩张，甚至是呈现负增长态势。图 9-1、图 9-2 可以更为直观地反映这一情况。

三是出现"县域办学"的新变化。在民办高校招生数和在校生数逐年下降的同时，尽管内涵式发展成为这一时期的主流，我们又看到另一种现象，即在此期间多所民办高校完成了新校区建设，解决了办学空间不足的短板。从 2010 年以来，浙江各地兴起举办高等教育的热潮，民办高校特别是独立学院希望尽快拥有不少于 500 亩的土地和独立法人财产权，以通过教育部的验收，地方政府希望通过引入高校来帮助推动地方经济社会发展，改善教育环境，导致高校的布点从原来的各地级市至少一所，往县或县级市下沉

（单位：%）

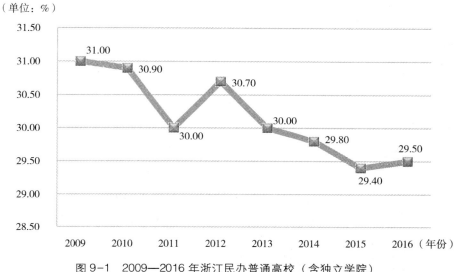

图 9-1　2009—2016 年浙江民办普通高校（含独立学院）
招生数占浙江省普通本、专科高校招生数的比例

（单位：%）

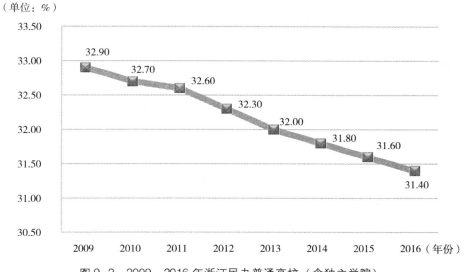

图 9-2　2009—2016 年浙江民办普通高校（含独立学院）
在校生数占浙江省普通本、专科高校招生数的比例

发展，双方互有需求，一拍即合，加上浙江是县域经济强省，可以承担高校新校区建设的基本投入。据笔者的不完全统计，2009 年以来，在杭的浙江省 9 所民办普通高校和独立学院开展了新校区建设（见表9-3），非在杭的独立学院也在往县级城市转移，如 2015 年，温州医科大学仁济学院在温州市洞头北岙街道新城建设新校园，浙江师范大学行知学院在金华兰溪市上华街道建设新校园，浙江海洋大学东海科学技术学院迁建舟山岱山县项目也正式签约；2016 年，宁波大学科学技术学院慈溪校区也进入到规划建设阶段。"县域办学"成为浙江省在改革开放后继中心城市办大学、高教园区建设之后的第三次区域高等教育布局调整的重要特征,[①] 从实践上看，高等院校的到来也有力地推动了地方技术创新、人才培养创新、商业发展模式创新、文化建设创新，对于县域经济的转型升级起到了积极的推进作用。

表 9-3　2009 年以来建设新校区的民办普通高校
（含独立学院）一览表

| 学校名称 | 原校区 | 新校区 | 新校区投入使用年份 | 模式 |
|---|---|---|---|---|
| 浙江财经大学东方学院 | 杭州 | 海宁 | 2010 | 独立校区办学 |
| 浙江农林大学暨阳学院（原天目学院） | 临安 | 诸暨 | 2013 | 独立校区办学 |
| 浙江中医药大学滨江学院 | 杭州 | 富阳 | 2014 | 独立校区办学 |
| 浙江工业大学之江学院 | 杭州 | 柯桥 | 2015 | 独立校区办学 |
| 杭州电子科技大学信息工程学院 | 杭州 | 临安 | 2016 | 独立校区办学 |
| 浙江工商大学杭州商学院 | 杭州 | 桐庐 | 2016 | 独立校区办学 |
| 浙江树人大学 | 杭州 | 柯桥 | 2016 | 两校区办学 |
| 中国计量大学现代科技学院 | 杭州 | 桐庐 | 建设中 | 独立校区办学 |
| 浙江理工大学科技与艺术学院 | 杭州 | 上虞 | 建设中 | 独立校区办学 |

四是着力建设应用型大学。2014 年 6 月，教育部等六部委联合颁布

---

① 胡坤、徐军伟：《县域办学：浙江省独立学院转型发展路径探析》，《宁波大学学报（教育科学版）》2017 年第 1 期。

《现代职业教育体系建设规划（2014—2020 年）》明确提出："将引导一批本科高等学校转型发展，支持定位于服务行业和地方经济社会发展的本科高等学校实行综合改革，向应用技术类高校转型发展。鼓励独立学院定位为应用技术类型高校。"这一政策的出台，客观上把 1999 年以后举办的大学都定位在应用技术类型。2015 年 4 月，浙江省教育厅、浙江省发展和改革委员会、浙江省财政厅联合发布《关于积极促进更多本科高校加强应用型建设的指导意见》（以下简称《指导意见》），鼓励高校进行应用型建设试点工作。我省民办高校更是把握住应用型转型这个机遇，推动内涵式发展。2015 年下半年，42 所高校申请成为试点学校。经过网络评审、现场答辩等环节，最终 10 所高校得以进入浙江省首批应用型建设试点示范学校序列。10 所本科高校中，民办普通本科 2 所，独立学院 4 所，民办高校占到 60%。以试点为契机，我省民办高校开展了转变办学理念、创新办学机制、改革培养方式、加强教师队伍建设、优化学科专业、增强创业能力应用型专业等一系列改革探索，学校的应用型特色鲜明并为社会认同，一批民办院校应用型建设走在全国同类院校前列。

五是高起点办学。从全国范围看，总体上民办教育还处于办学层次比较低、发展不够均衡、发展不够充分的阶段，绝大部分民办高校以职业技术教育为主，还未曾在前沿科学研究和高技术领域的高层次人才培养方面进行尝试。这与美国等国外一流高校中私立学校居多刚好相反。敢为天下先的浙江人与一批国内外知名学者看到了民办高等教育发展中这一空白，探索以新机制建设高水平的民办大学。2018 年 4 月，西湖大学正式获批成立。根据教育部复函，西湖大学系社会力量举办、国家重点支持的新型高等学校，为非营利法人，学校定位于研究型高等学校，着重培养拔尖创新人才。从倡议、创建到新生入学再到正式获批，西湖大学用了不到三年的时间，展现出令人惊叹的"浙江速度"。作为一所非营利性民办高校，西湖大学瞄准的是一流人才培养、一流学科建设，培养出来的人才首先服务于区域经济社会发展。这种高起点的办学回应了目前地方政府对高端人才的渴求，会在全国范围内形成一种辐射效应。"高起点办学"成为新时代浙江省形成民办高等教育人才培养"低中高"全链条办学的重要特征。从实践上看，西湖大学的高起点办学有可能会在全国范围内带动民办高校办学整体水平的提升，也改变社会对民办教育低水平的认识，会对民办高等教育的发展营造更好的社会环境。这也是浙江民办高等教育坚持走创新发展之路的一次新探索，或许这一探索将为中国高等教育的发展作出独特贡献。

六是独立学院回归母体高校。在浙江高教强省战略实施过程中，浙江出现了独立学院"回归公办"的新变化，主要以浙江大学的两所独立学院为代表。2018 年 4 月，浙江大学城市学院宣布 2018 年全面实行公费招生，5 月，浙江大学宁波理工学院也宣布全面实行公费招生，这两所独立学院是浙江高等教育实践过程中"名城+名校""政府+高校"合作的成功范例，更被教育部誉为全国独立学院的样板。2018 年 4 月，《独立学院设置与管理办法》（教育部令 26 号）正式实施，一批符合条件的独立学院脱离母体高校转设为独立设置的民办普通本科高校，2016 年温州医科大学商学院转设为温州商学院。在独立学院的办学中，许多母体高校将独立学院视为扩大办学规模、开辟经费来源、优化师资结构、增强社会影响的重要依托，考虑到巨额管理费收益和机会成本，不愿放弃继续举办独立学院；地方政府在财政经费紧缺的情况下，将公办高校投资举办独立学院作为筹措教育经费的稳定渠道。但 2018 年浙江的这两所独立学院回归母体，在全国范围内是首创，开了制度创新的先河。这既彰显了大学办教育的情怀，也彰显了浙江省委、省政府对教育的支持；既是服务于原母体大学——浙江大学双一流建设的需要，也是浙江省为培养高水平人才的一次大胆创新。"回归公办"成为浙江省民办高等教育办学体制改革的一个新特征，或许会对以"国有民办"独立学院占主体的浙江省独立学院的转制发展带来新机遇，也会对当前民办高等教育市场上资本化运作的合理性等形成冲击。

## 二、浙江民办高等教育现状

民办高校是指经批准设立的民办普通高校、独立学院、中外合作大学和非学历高等教育机构。因受笔者的研究能力和水平所限，本次研究重点关注独立设置的民办普通高校、独立学院和中外合作大学。根据浙江省教育厅发布的《2016年浙江教育事业发展统计公报》显示：2016年，全省共有独立设置的民办普通高校14所，独立学院21所。民办普通本专科招生为8.51万人，较上年增加0.05万人，增加0.6%；在校生为31.26万人，比上年减少0.08万人，减少0.3%，招生、在校生各占全省普通本专科招生、在校生总规模的29.5%、31.4%。① 尽管浙江省教育事业发展统计公报中未将两所中外合作大学计入，但我们从研究的整体性、多样性出发，并考虑中外合作大学党建与思想政治教育的特殊性，这次的研究中将浙江省两所中外合作大学一并包括。民办高校办学基本情况可通过表9-4至表9-6得到反映。

**表9-4　浙江民办普通高校一览表（2015年）**

| 序号 | 学校名称 | 办学地点 | 举办者 | 领导体制 | 建校年份 | 办学层次 | 在校生数（人） | 教职工数（人） |
|---|---|---|---|---|---|---|---|---|
| 1 | 浙江树人大学 | 杭州 | 浙江省政协 | 董事会领导下的校长负责制 | 1984 | 本科 | 15278 | 781 |
| 2 | 宁波大红鹰学院 | 宁波 | 宁波开发投资集团 | 理事会领导下的校长负责制 | 2002 | 本科 | 19000 | 1100 |
| 3 | 浙江越秀外国语学院 | 绍兴 | 越秀教育发展公司 | 理事会领导下的校长负责制 | 2001 | 本科 | 18997 | 918 |

① 《2016年浙江教育事业发展统计公报》，2017年3月2日，见http://jyt.zj.gov.cn/art/2017/3/2/art_1543965_21598072.html。

| 序号 | 学校名称 | 办学地点 | 举办者 | 领导体制 | 建校年份 | 办学层次 | 在校生数（人） | 教职工数（人） |
|---|---|---|---|---|---|---|---|---|
| 4 | 温州商学院（原温州大学城市学院） | 温州 | 张汉鸣 | 董事会领导下的校长负责制 | 2016年转设 | 本科 | 8359 | 618 |
| 5 | 浙江东方职业技术学院 | 温州 | 温州市现代服务业投资集团有限公司 | 董事会领导下的校长负责制 | 2002 | 高职 | 5028 | 352 |
| 6 | 嘉兴南洋职业技术学院 | 嘉兴 | 上海交通大学教育集团、嘉兴市教育发展投资公司 | 董事会领导下的校长负责制 | 2002 | 高职 | 4529 | 297 |
| 7 | 杭州万向职业技术学院 | 杭州 | 杭州市人民政府、万向集团 | 董事会领导下的校长负责制 | 2002 | 高职 | 6475 | 348 |
| 8 | 浙江育英职业技术学院 | 杭州 | 育英教育集团 | 董事会领导下的校长负责制 | 1998 | 高职 | 7000 | 490 |
| 9 | 浙江广厦建设职业技术学院 | 东阳 | 广厦集团 | 董事会领导下的校长负责制 | 2002 | 高职 | 10920 | 808 |
| 10 | 绍兴职业技术学院 | 绍兴 | 绍兴市政府、兴韦教育集团 | 董事会领导下的校长负责制 | 1999 | 高职 | 9723 | 686 |
| 11 | 浙江长征职业技术学院 | 杭州 | 民革浙江省委员会、嘉宏控股集团有限公司 | 董事会领导下的校长负责制 | 2000 | 高职 | 11204 | 895 |
| 12 | 浙江汽车职业技术学院 | 台州 | 临海市人民政府、浙江吉利控股集团 | 董事会领导下的校长负责制 | 2006 | 高职 | 1587 | 135 |
| 13 | 浙江横店影视职业学院 | 东阳 | 横店集团 | 董事会领导下的校长负责制 | 2006 | 高职 | 3804 | 306 |

续表

| 序号 | 学校名称 | 办学地点 | 举办者 | 领导体制 | 建校年份 | 办学层次 | 在校生数（人） | 教职工数（人） |
|---|---|---|---|---|---|---|---|---|
| 14 | 浙江科贸职业技术学院（筹） | 金华 | 浙江一唯教育投资有限公司 | 董事会领导下的校长负责制 | 2011年筹 | 高职 | 800 | 80 |
| | 合计 | | | | | | 122704 | 7814 |

注：浙江科贸职业技术学院（筹）2011年4月经浙江省人民政府批准筹建，2012—2016年挂靠金华职业技术学院招生。

### 表9-5　浙江中外合作办学情况一览表（2015年）

| 序号 | 学校名称 | 办学地点 | 举办者 | 建校年份 | 办学层次 | 在校生数（人） | 教职工数（人） |
|---|---|---|---|---|---|---|---|
| 1 | 宁波诺丁汉大学 | 宁波 | 英国诺丁汉大学、浙江万里学院 | 2004 | 本科 | 5712 | 714 |
| 2 | 温州肯恩大学 | 温州 | 美国肯恩大学、温州大学 | 2014 | 本科 | 1317 | 214 |

### 表9-6　浙江独立学院一览表（2015年）

| 序号 | 学校名称 | 办学地点 | 举办者 | 建校年份 | 在校生数（人） | 教职工数（人） |
|---|---|---|---|---|---|---|
| 1 | 浙江大学城市学院 | 杭州 | 浙江大学、杭州市政府、省邮电管理局 | 1999 | 13245 | 979 |
| 2 | 浙江大学宁波理工学院 | 宁波 | 浙江大学、宁波市政府 | 2001 | 11645 | 756 |
| 3 | 浙江工业大学之江学院 | 杭州 | 浙江工业大学、绍兴县教育投资有限公司（2012年起） | 1999 | 7714 | 658 |
| 4 | 浙江师范大学行知学院 | 金华 | 浙江师范大学 | 1999 | 6630 | 307 |
| 5 | 宁波大学科学技术学院 | 宁波 | 宁波大学、宁波前瞻教育科技发展总公司 | 1999 | 10117 | 460 |

| 序号 | 学校名称 | 办学地点 | 举办者 | 建校年份 | 在校生数（人） | 教职工数（人） |
|---|---|---|---|---|---|---|
| 6 | 杭州电子科技大学信息工程学院 | 临安 | 杭州电子科技大学 | 1999 | 8343 | 399 |
| 7 | 浙江理工大学科技与艺术学院（原嘉泰学院） | 杭州 | 浙江理工大学 | 2000 | 5895 | 362 |
| 8 | 浙江海洋大学东海科学技术学院 | 舟山 | 浙江海洋大学 | 2000 | 5628 | 411 |
| 9 | 浙江农林大学暨阳学院（原天目学院） | 诸暨 | 浙江农林大学、诸暨市教育发展投资有限公司 | 2000 | 6176 | 450 |
| 10 | 温州医科大学仁济学院 | 温州 | 温州医科大学 | 1999 | 6588 | 461 |
| 11 | 浙江中医药大学滨江学院 | 富阳 | 浙江中医药大学、富阳市城市建设投资集团有限公司 | 2000 | 4583 | 296 |
| 12 | 杭州师范大学钱江学院 | 杭州 | 杭州师范大学 | 1999 | 8804 | 562 |
| 13 | 湖州师范学院求真学院 | 湖州 | 湖州师范学院、湖州市城市建设投资集团公司 | 1999 | 7430 | 503 |
| 14 | 绍兴文理学院元培学院 | 绍兴 | 绍兴文理学院 | 2000 | 8866 | 516 |
| 15 | 温州大学瓯江学院 | 温州 | 温州大学 | 2000 | 7332 | 522 |
| 16 | 浙江工商大学杭州商学院 | 桐庐 | 浙江工商大学、桐庐县国有资产投资经营有限公司 | 1999 | 7592 | 449 |
| 17 | 嘉兴学院南湖学院 | 嘉兴 | 嘉兴学院 | 2003 | 7624 | 439 |
| 18 | 中国计量大学现代科技学院 | 桐庐 | 中国计量大学与桐庐县人民政府（2015年起） | 1999 | 6748 | 371 |
| 19 | 浙江财经大学东方学院 | 海宁 | 浙江财经大学 | 1999 | 10009 | 634 |

续表

| 序号 | 学校名称 | 办学地点 | 举办者 | 建校年份 | 在校生数（人） | 教职工数（人） |
|---|---|---|---|---|---|---|
| 20 | 同济大学浙江学院 | 嘉兴 | 同济大学、宏达控股集团有限公司、嘉兴市教育发展投资有限责任公司 | 2008 | 9571 | 626 |
| 21 | 上海财经大学浙江学院 | 金华 | 上海财经大学、金华市浙中教育集团 | 2008 | 6010 | 428 |
| | 合计 | | | | 166550 | 10282 |

注：表9-4、表9-5、表9-6的数据均来自浙江省教育厅整理汇编的《浙江省教育事业统计资料（二〇一五年）》，资料根据2015年下半年各高等学校上报的事业统计学年报表整理。

## 三、浙江民办高等教育发展的基本经验

改革开放以来，浙江经济社会建设取得了迅猛发展，社会事业全面进步。浙江是在一个并不优越的自然社会环境下起步的，但浙江人却因地制宜、开拓创新、依靠自己的力量创造了浙江现象。在此期间，浙江的教育事业也得到快速发展，特别是民办高等教育走在了全国前列，回顾发展历程，我们看到，在浙江精神的指引下，在省委、省政府的领导下，在有关政府部门的支持下，在全社会的参与下，浙江民办高等教育高举"立德树人"的大旗，致力于办人民满意的高等教育，努力为社会提供多元的、优质的高等教育服务，也走出了一条独特的浙江道路。我们认为，浙江民办高等教育发展的主要经验如下。

### （一）政府重视，坚定不移地走规范化发展的道路

改革开放40年来，浙江民办高等教育的发展首先就得益于省委、省政府的重视和支持。民办教育在发展中所遭遇的困局和障碍，不仅涉及法规政策问题，也涉及体制机制问题。其中不少问题和矛盾涉及面广、影响度大，

往往牵一发而动全身，已经不是单个部门或一般人物所能左右，需要由各级政府主要领导亲自协调、各部门同心协力才有可能得到妥善解决。浙江省委、省政府高度重视浙江民办教育的发展。①

浙江省高等教育长期以来规模偏小、名牌大学更少，一定程度上制约了浙江的经济发展。1998 年，全省招生数只有 4.7 万人，高等教育毛入学率仅为 8.96%，低于全国平均水平；全省 32 所普通高校，在校生的平均规模只有 3000 人左右，100 亩以下的袖珍大学有 7 所，最小的大学只有 41 亩。1997 年，国务院颁布《社会力量办学条例》，浙江省委、省政府抓住这一机遇，在 1998 年 12 月颁布实施了《关于鼓励社会力量参与办学的若干规定》，以省政府的名义率先对民间在发展民办教育中的制度创新给予充分肯定，成为全国其他省（区）推进民办教育的政策蓝本。② 这一规定出台后，1999 年浙江省在当年再批复了 10 所民办二级学院 1 所民办普通高校。1999 年 9 月，时任浙江省省长柴松岳在调研民办高等教育时，强调"要积极鼓励社会力量加大对教育的投入，扩大民办教育特别是民办高等教育的规模，走一条具有浙江特色、加快发展高等教育的新路子"③。民办高等教育成为我省实现高等教育扩招的重要途径。也正是在省委、省政府的大力支持下，浙江以种种优惠的政策措施，激发了社会力量投资兴学的热情。1998 年至 2002 年，全省社会力量对教育的总投入达 440.5 亿元，占同期教育经费总投入的 39.4%，极大地缓解了高校扩招中政府投入不足的矛盾。

在浙江省民办高等教育的发展过程中，省委、省政府一直坚持鼓励与规范并举。2010 年底，浙江省委、省政府印发了《浙江省中长期教育改革和发展规划纲要（2010—2020 年)》，为落实纲要精神，切实推进民办

---

① 董圣足：《温州新政：区域民办教育制度创新的典范》,《教育发展研究》2011 年第 22 期。

② 蓝汉林、郑春晔：《浙江独立学院产生的条件、机制与模式分析——基于历史制度主义的分析视角》,《中国高教研究》2014 年第 6 期。

③ 王慧华、张冬素：《教育大变局——浙江重大教育新闻的幕后解读》，浙江大学出版社 2006 年版。

高等教育的发展，2012 年浙江省教育厅、省发改委、省物价局印发了《关于进一步扩大民办高等学院办学自主权若干意见》（浙教计〔2012〕78 号）（以下简称《意见》），《意见》进一步鼓励支持民办高校规范发展，并从招生、专业设置、收费等环节入手，扩大民办高校办学自主权。《意见》明确了扩大招生计划编制权限。规定民办高校在确保达到校舍、师资、设备等基本办学条件要求的前提下，允许自主制定年度招生总规模和分专业招生计划，审核备案后可面向社会公布招生。在扩大收费自主权上，《意见》提出，民办高校可结合人才培养模式改革，自主选择本校当年专业总数 25% 以内的专业，在规定基准价基础上，在 50% 浮动幅度范围内，自主制定具体学费标准。《意见》鼓励民办高职院校试行"校考单录""三位一体"等改革，以及进行"注册入学"自主招生改革试点。《意见》改革了专业设置管理办法，按照民办高校的办学规模，省教育厅比较同类公办高校，放宽 20% 比例核定专业设置总数。在专业设置总数以内，允许民办高校根据教育部修订的学科专业目录及设置管理办法，自主设置除国家和省控制布点外的专业，并允许民办高校自主确定专业方向。《意见》有着非常明确的政策导向，即积极引导和支持民办高校合理定位，特色发展，提高办学水平和竞争力，满足广大人民群众对高等教育的多样化需求，更好地适应全省经济和社会发展需要。这一文件赋予了民办高校更多的办学自主权，进一步激发了办学活力。

为深化民办教育综合改革，鼓励和引导民间力量进入教育领域，促进民办教育健康发展，2013 年 9 月，浙江省人民政府印发了《关于促进民办教育健康发展的意见》（浙政发〔2013〕47 号），文件要求要引导支持民办学校合理定位，办出特色，提升水平，努力满足人民群众多层次、多样化的教育需求。文件从总体要求、民办学校的责任和权益、师生权益、要素保障、监管与服务等五个方面提出了 18 点具体要求，是内涵式发展时期我省民办教育特别是民办高等教育发展的重要政策，总体上体现了鼓励与规范并举的方针。

2016 年 3 月，为进一步理顺独立学院的办学体制，规范独立学院的办学行为，浙江省教育厅、浙江省发改委、浙江省财政厅浙江省人力资源和社会保障厅、浙江省物价局、浙江省国家税务局联合印发了《关于支持独立学院发展的若干意见》（浙教计〔2016〕50 号），文件意在推动民办高等教育不断深化改革，创新独立学院管理体制，增强独立学院独立发展、规范发展、持续发展能力，积极鼓励独立学院吸引社会力量和民间资本以多种形式开展合作办学，增强办学活力。按照这一文件精神，浙江的独立学院将按照《独立学院设置与管理办法》（教育部令第 26 号），参照普通本科高等学校的设置标准，严格落实"七独立"要求，即：具有独立的校园和基本办学设施，实施相对独立的教学组织和管理，独立进行招生，独立颁发学历证书，独立进行财务核算，应具有独立法人资格，能独立承担民事责任。切实保障和落实学校法人财产权，举办者和母体高校应将出资足额过户到独立学院名下，土地使用权证、校舍产权证必须办理在独立学院名下。文件对母体高校参与举办独立学院的行为提出了规范性要求，还特别强调了学校存续期间，任何个人和组织不得抽取、挪用学校资产和办学经费。按照这一文件的要求，从 2016 年起，省里启动独立学院规范设置省级验收工作，成熟一家、验收一家。通过省级验收后，报教育部验收。规范设置完成后，独立学院参照民办普通本科高校，纳入统一管理，独立编报预、决算，并按国家有关教育事业统计工作的规定，独立填报《高等教育基层统计报表》。通过省级验收的独立学院，享受同级政府对民办教育的财政补助政策；获得的省级学科专业等竞争性项目，享受与公办高校一样的省财政补助政策。这一规范性文件出台，是浙江省落实《中华人民共和国高等教育法》《民办教育促进法》及其实施条例、《独立学院设置与管理办法》（教育部令第 26 号）等法律法规的重要举措，标志着浙江省在独立学院的建设与管理上更加规范。

2017 年，为贯彻落实新修订的《民办教育促进法》和国务院《关于鼓励社会力量兴办教育促进民办教育健康发展的若干意见》，浙江省按照

"秉持浙江精神，干在实处、走在前列、勇立潮头"的新要求，以实行分类管理为突破口，以促进我省教育事业持续健康发展为目标，制定了浙江省人民政府《关于鼓励社会力量兴办教育促进民办教育健康发展的实施意见》为主体的"1+7"政策体系，其中1个文件围绕完善政策体系、规范办学行为、改进和提高管理服务水平等多个方面提出了要求。7个政策分别为《浙江省民办学校分类登记实施办法》《浙江省民办学校清算实施办法》《浙江省公共财政扶持民办教育发展的实施细则》《浙江省落实民办学校办学自主权的实施办法》《浙江省加强民办学校教师队伍建设的实施办法》《浙江省民办学校财务管理实施办法（试行）》《浙江省民办学校会计核算办法（试行）》《浙江省民办学校信息公开和信用管理办法》，政策很好地回应了民办高等教育发展中的现实问题，如产权落实、非营利性的扶持与奖励、师资队伍建设、财务制度等，对于规范和促进民办教育发展起着重要的导向作用。

从上述政策文件和浙江民办高等教育的发展历程中，我们体会到：浙江省委、省政府及教育主管部门及时制定的各种政策引导着浙江省的民办高等教育始终走在全国的前列，也实现了浙江民办高等教育的集体崛起，为我省高等教育大众化的实现、为满足社会的需求、为浙江经济社会的发展作出了贡献。

## （二）把握关键，坚定不移地走内涵式发展的道路

高等教育在经过21世纪前10年的大发展后，基本上实现了由精英教育到高等教育大众化的转变，高校的核心任务也随之发生变化，内涵式发展成为首要任务。我省一批民办高校的创始人、管理者也较快地把握了这一转变。如浙江树人大学校长徐绪卿2007年就在《中国高等教育》发表《民办高校亟待实施内涵发展战略》一文，阐述了民办高校实施内涵式发展战略的重要性和迫切性，指出内涵式发展是我国新时期高等教育发展转型的必然要求，也是民办高校增强实力、实施可持续发展的必由之路。对于民办高校

而言，内涵式发展与外延式发展相比，是以提高教育质量为核心、水平更高、难度更大的一种发展模式，是民办高校二次创业、苦练内功、提升办学品质的一场空前艰巨的硬仗，也是一次关系学校前途命运、涉及方方面面的深刻变革。民办高校与公办高校具有不同的体制机制，也处在不同发展阶段和发展环境之中，因此，民办高校的内涵式发展不能简单套用公办的发展模式和路径选择，必须在高等教育纵横交错体系中寻找自己的独特位置、地位和价值。浙江民办高校按照这一要求，在服务经济社会发展上"扎根"，在拓展学科专业发展上"细作"，在适合自己的处女地上不断耕耘、拓荒，从而与公办高校形成差异发展、错位竞争的态势。

党的十八大以来，对高等教育提出了以提高质量为核心、推动高等教育内涵式发展的要求。高等教育内涵式发展的根本要求就是要求高校要把人才培养作为根本任务和首要职责，把人才队伍作为持续发展的第一资源，把质量特色作为竞争取胜的发展主线，把国家战略需求和区域经济社会发展需要作为创新发展的动力源泉，把学科交叉融合作为品质提升的战略选择，把产学研结合作为服务社会的必然要求。浙江省的民办高校牢牢地围绕这一目标任务，开展了错位发展、培育特色的大量探索，并取得实效，办学质量稳步提升，办学的社会影响力也在提升。

在中国管理科学院自 2016 年以来发布的中国民办大学排行榜上，浙江树人大学连续两年位居全国民办大学首位，宁波大红鹰学院和浙江越秀外国语学院 2016 年在全国 108 所民办大学中分别排名第 25、38 位，2017 年在全国 117 所民办大学中排名第 17、31 位，都有了较为明显的进步。在中国独立学院排行榜上，浙江大学宁波理工学院蝉联独立学院的冠军，浙江大学城市学院蝉联亚军。这个课题组还根据教师创新能力排名、教学科研效率排名、毕业生质量排名、综合实力等情况，确定了 11 所独立学院为 2017 年中国高水平独立学院，这 11 所独立学院中浙江就占了 5 所，分别是浙江大学宁波理工学院（排名第一），浙江大学城市学院（排名第二）、浙江工业大学之江学院（排名第三）、浙江师范大学行知学院（排名第六）、浙江工商大学杭州商学院（排名第十一）。① 尽管这一排行榜并不能完全反映各民办高校办学的整体情况和各个环节，但至少反映了各高校办学的一些基本情况，也能反映出浙江省民办高校走在全国前列。

## （三）开放办学，坚定不移地走国际化办学的道路

2004 年 3 月教育部正式发文后，宁波诺丁汉大学在宁波成立，这是改革开放以来经中国教育部批准，在中国设立的第一家引进世界一流大学优质教学资源、具有独立法人资格和独立校区的中外合作大学，学校由英国诺丁汉大学与浙江万里学院合作创办，学校当年 9 月实现招生，2012 年底，英国高等教育质量保障署（QAA）来到宁波诺丁汉大学对学校进行质量把控。2013 年 5 月，QAA 在其官网上正式发布对宁波诺丁汉大学的质量评估报告，认为宁波诺丁汉大学的学术水平与学生质量与英国诺丁汉大学一致。这是对中外合作办学质量的一次检验和评价。

2006 年，温州大学与美国肯恩大学正式签署《关于合作举办温州肯恩大学的协议》，习近平同志亲自出席在美国肯恩大学举行的合作创办温州肯恩大学签约仪式，并作重要讲话。2011 年 11 月，国家教育部批准温州大学与美国肯恩大学合作筹备设立温州肯恩大学。2014 年 3 月 31 日，国家教育部正式批准设立温州肯恩大学。宁波诺丁汉大学和温州肯恩大学的创建工作，得到了中央领导的亲切关心和各级党委政府的高度重视。这两所中外合作大学的成立，是浙江省高等教育发展的一件大事，是浙江省贯彻实施规划纲要的重要举措，也是浙江省在新时期扩大对外开放，特别是推动浙江省高等教育对外交流合作的重要标志。

从其他民办高校国际化办学的实践看，浙江越秀外国语学院在国际化办学方面的实践走在全省高校的前列，2013—2015 年，连续三年排名浙江省

---

① 排名统计来源于武书连著的《2016 挑大学选专业》（民办大学版）、（独立学院版）及《2017 挑大学选专业》（民办大学版）、（独立学院版），中国统计出版社出版。

非硕博授权高校国际化总体水平第一，并且多个单项排名第一。2017 年，浙江树人大学"白俄罗斯研究中心"、浙江越秀外国语学院"东北亚研究中心"获教育部"国别和区域研究中心"正式备案，这也体现出我省民办高校在国际化研究方面的实践和探索取得了一定的成就。

2017 年 6 月，浙江省第十四次党代会报告指出：高等教育是制约我省创新发展的突出短板，必须下大决心全面实施高等教育强省战略。报告特别提出要"大力引进国内外著名高校在浙江办学，努力培养一流人才，发挥好高校在创新驱动中的重要支撑作用"。按照设想，浙江省拟引进 20 所国外一流的高校来浙江，与浙江高校共同举办高水平的大学。我们相信，在新一轮的发展中，浙江民办高校一定会抓住机遇。可以期待的是，在未来的发展中，浙江的开放办学、国际化办学将成为民办高等教育的新亮点。

## （四）不断探索，坚定不移地走改革创新的道路

2011 年 1 月，国务院办公厅印发《关于开展国家教育体制改革试点的通知》。试点分为专项改革、重点领域综合改革和省级政府教育统筹综合改革这三大类。在重点领域综合改革试点中，浙江省被确定为民办教育综合改革试点，也是唯一的民办教育试点省份，这也充分证明了正是由于浙江民办教育的健康发展，浙江省委、省政府及教育主管部门对民办教育的发展的高度重视，才得到这一试点的机会。

温州作为浙江四个先期试点县市，走在了全国民办教育改革的前列。教育部原副部长鲁昕就曾评价："温州市民办教育改革之力度最大，推进之速度最快，试点之成效最为显著，改革试点之经验值得借鉴。"① 自 2011 年承接国家民办教育综合改革试点任务以来，温州市调研梳理出了民办教育在法人属性、扶持政策、管理机制等方面存在的十大突出问题。按照公办、民办

---

① 郑建海：《温州市民办教育试点改革的经验及未来五年蓝图》，《浙江树人大学学报（人文社会科学）》2016 年第 1 期。

同属于国家公益性事业的法律要求，在同等待遇的基础上清理各种歧视性政策，2011—2012 年，先后出台包括《关于实施国家民办教育综合改革试点加快教育改革与发展的若干意见》及 14 项配套实施办法、政策在内的一系列文件。这些文件所构成的政策体系，破解民办教育在师资、产权、融资等方面的政策障碍，全面进行"制度重建"。温州民办教育改革的核心就是将民办学校进行分类登记管理。给予非营利性的学校"民办事业法人"身份，而对营利性学校按民办企业法人登记管理，这为 2016 年新修订的《民办教育促进法》实施的分类管理提供了生动的浙江的实践经验和鲜活实例。

从全国范围看，总体上民办教育还处于规模比较小、发展不够均衡、发展不够充分的阶段，绝大部分民办高校以职业技术教育为主，还未曾在前沿科学研究和高技术领域的高层次人才培养方面进行尝试。这与美国等国外一流高校中私立学校居多刚好相反。为建设高水平的民办大学，2015 年 3 月 11 日，施一公、陈十一、潘建伟、饶毅、钱颖一、张辉、王坚等 7 位科学家、学者、企业家向国家提交《关于试点创建新型民办研究性的大学的建议》并获得支持。同年 5 月，上述 7 人与"国家千人计划"的多位专家学者们商议后达成共识，希望在西湖之畔，创建一所民办的、研究性的、有望在相对较短的时间内成为世界一流的小型综合大学。2015 年 12 月 1 日，西湖大学的前身，浙江西湖高等研究院在杭州注册。2016 年 12 月 10 日，西湖高等研究院正式在杭州成立，该研究院成为中国内地第一所以基础性、前沿性研究为支点，以博士生培养为起点的民办高水平科研教学机构。2017 年 9 月 2 日，首届 19 名浙江西湖高等研究院—复旦大学"跨学科联合培养攻读博士学位研究生"项目录取学生正式入学。从倡议、创建到新生入学，西湖大学的前身——西湖高等研究院用了不到三年的时间，展现出令人惊叹的"浙江速度"。按照计划，集本硕博科研人才培养于一体的西湖大学将在 2022 年正式建成，它将开创中国民间资本支持高端科学技术研究的先河，在未来 10 年内，将有 200 亿元办学经费逐步投入。作为一所非营利性民办高校，西湖大学将会引领中国民办大学发展新模式，这也是浙江民办高等教育坚持走创新发展之路的一次新探索，或许这一探索将为中国高等教育的发展作出独特贡献。

在高教强省战略实施过程中，浙江又出现了"民办回归公办"的新变化。2018 年 4 月底，浙江大学城市学院宣布 2018 年全面实行公费招生，5 月，浙江大学宁波理工学院也宣布全面实行公费招生，这两所独立学院是浙江高等教育实践过程中"名城+名校"合作的成功范例，更被教育部誉为全国独立学院的样板。这次由民办转设为公办，刚好与全国范围内的独立学院脱离母体转设为民办本科高校相向而行。

### （五）保障有力，坚定不移地走立德树人的道路

浙江省民办高校的健康发展，很重要的一点是各高校党委充分发挥了政治核心作用和监督保证作用，加强学校思想政治工作，牢牢地抓住全面提高学校人才培养能力这个核心点，推动学校的发展。自 2005 年以来，我省多所民办高校党委在全国高校党建工作会议上做了经验交流，其中 2005 年是浙江树人大学党委，2013 年是宁波诺丁汉大学党委、浙江大学宁波理工学院党委，充分表明浙江省民办高校党建工作的创新实践得到了党和政府的肯定。关于浙江民办高校党建与思想政治工作取得的成就将在本章第二节中阐述。

2016 年 11 月 24 日，为贯彻落实新修订的《民办教育促进法》中提出的加强民办学校党的建设的要求，中共浙江省委组织部、省委"两新"工委、教委教育工委联合印发了《关于进一步加强民办高校党建工作的指导意见》，意见就民办高校发挥政治核心作用提出了规范党组织设置和隶属关系、全面提升党组织建设水平、努力维护民办高校和谐稳定、切实加强对民办高校党建工作的领导等四个方面 13 点具体要求，根据我们的调研情况，这一文件是全国首个落实《民办教育促进法》新要求的省级文件，这也充分体现了省委高度重视民办高校党的建设，确保党的领导权在民办高校的实现。

# 第二节 浙江民办高校党建与思想
## 政治教育工作基本情况

伴随着民办高等教育的发展，浙江省民办高校的党建工作经历了一个从不自觉到自觉、从不规范到规范的过程，也取得了长足的进展。因独立学院的党组织关系一般都隶属于举办的母体学校党组织，在公办高校党委的领导下开展工作。因此，在对浙江省民办高校党建与思想政治教育工作开展研究时，未将独立学院列入。

## 一、浙江民办高校党建与思想政治教育工作整体情况

与国外的私立大学的发展不同，我国的民办高校是社会主义事业的重要组成部分，民办高校的社会主义办学方向和教育的公益性决定了民办高校党建与思想政治教育工作成为民办高校的重要工作。从总体上看，我省民办高校党建与思想政治教育工作在上级党组织的领导、民办高校党组织的努力下，党的活动有序有力有保障。

根据 2015 年 12 月底的统计，在 13 所独立设置的民办高校中，均实现了学校建立与党组织建设同步，全部成立了党委，14 所民办高校共设立 39 个党委（含二级学院党委），57 个党总支，344 个党支部；在岗教工党员 3450 名，占全校教职工总数的 54.11%；学生党员 3832 名，占在校学生总数的 3.42%。

中外合作办学高校也做到了学校党建工作与学校发展同步考虑、同步推进。2 所中外合作办学高校设置 2 个党委，2 个党总支，26 个党支部；在岗教职工党员 233 名，占全校教职工总数的 23.87%；学生党员 515 名，占在校学生总数的 6.95%。宁波诺丁汉大学还针对赴海外学习学生党员多的情况，在

英国诺丁汉大学建立海外党小组，实现国内海外标准一致，培养同步。

在学校的领导体制上，12 所实行董事会领导下的校长负责制，2 所实行理事会领导下的校长负责制。14 所民办高校的党委书记均进入学校董事会或理事会，参与学校重大问题决策。各民办高校二级学院一般采用院长负责制，配备专职书记或副书记，分管学院的二级单位的党建与思想政治工作。2016 年，宁波大红鹰学院第一个在全省高校二级学院建立了纪委，并形成了常态化的工作机制。

## 二、民办高校党建与思想政治教育工作取得的成绩

我省民办高等教育在全国具有先发优势，民办高校党的各级组织围绕着"立德树人"的目标，致力于发挥民办高校党组织把握方向、推动发展、凝聚人心、促进和谐的作用，工作中取得明显成效。

### （一）党组织作用发挥有力

党组织的政治核心地位进一步明确，战斗堡垒作用进一步发挥，党员的先锋模范作用进一步增强，为保证学校贯彻党的教育方针政策，坚持民办高校的社会主义办学方向，推进学校改革与发展，保证学校稳定提供了政治思想保障。

部分民办高校将党组织书记进入董事会写入了董事会章程，以内部法规方式把党组织参与重大政策的要求落到实处。部分民办高校尝试党委与董事会（理事会）的双向进入、交叉兼职，由民办高校的董事会（理事会）负责人兼任党组织负责人，如宁波大红鹰教育集团执行总裁孙惠敏兼任宁波大红鹰学院党委书记，主持学院党委工作；浙江横店影视职业技术学院董事长韦国清兼任学校党委书记；温州市现代服务业投资集团有限公司董事长、党委书记杨作军兼任浙江东方职业技术学院董事长、党委书记。也有的民办高校注重党委与学校行政管理机构之间的双向进入、交叉兼职，如浙江育英职

业技术学院党委书记王锡耀兼任副院长，副院长谢鑫兼任学院党委副书记、纪委书记，浙江横店影视职业技术学院常务副院长安华兼任党委副书记。

在党组织的作用发挥上，各民办高校结合自身实际，开展了工作创新，获得多项荣誉。如浙江长征职业技术学院主动适应地方和区域经济社会发展需要，突出为民营中小企业服务的办学特色，多次受到民革中央、浙江省人民政府和教育行政部门的嘉奖，先后被民革中央授予"民革全国办学先进集体"称号，被浙江省人民政府授予"优秀民办学校"称号，被中共浙江省委综治委授予"平安校园"称号，被中共杭州市委综治委授予"平安示范校园"称号。学院"党员之家"被中共浙江省委教育工委评为"全省高校示范性党员之家"，学院党委被评为杭州市教育系统先进基层党组织。浙江育英职业技术学院党委还先后被授予杭州市"基层党建工作示范点""基层党建工作100示范群"称号；学院党员之家被评为浙江省"高校示范性党员之家"；学院党委先后被中共浙江省委和中共杭州市委授予"先进基层党组织"称号。

## （二）党组织建设规范

党组织设立与民办高校设立同步进行，组织进一步健全，党组织的制度建设进一步规范，组织生活健全，党的自身建设得到加强，卓有成效地开展了党员发展工作，党要管党得到体现。

浙江树人大学1985年创办后，经省政协党组批准，成立了浙江树人大学党支部，1996年成立党总支，1997年，经省政协党组与省委组织部研究，将学校党组织纳入省委教育工委管理，成立了中共浙江树人大学委员会。近年来，学校党委从民办高校的实际出发，从思想建设、阵地建设、载体建设、作用发挥等多方面入手，党的建设取得了明显成效。学校党委建立起了党员发展"1+X"制度、二级学院党委工作制度、党政联席会议制度等行之有效的制度体系。通过制度建设，使党的组织生活正常化、组织发展工作规范化、党员作用发挥突出化，使党建工作保持了规范化、系统化、制度化的良性工作态势。近年来更是围绕着学校党的建设"管什么、如何管，治什么、怎样治"的问题，开展了党的建设的"456"工程，即党组织主要"管方向、管组织、管作风、管队伍"的"四管"原则，党组织要"严格制度、严把关口、严明纪律、严肃学习、严守底线"的"五严"党建工作要求，重点突出了"抓思想统一、抓发展保障、抓参与决策、抓支部生活、抓典型示范、抓热心服务"的党建工作"六个"着力点，2005 年学校党委在第 14 次全国高校党建工作会议上作了经验介绍，这也充分证明我省民办高校党建工作的创新实践与探索得到了党和国家承认。

宁波诺丁汉大学围绕"监督、保证、传播、沟通"的党建工作原则，探寻接点，引导学生从学会做人起步，走向中国共产党，激励党员发挥主体意识，完善党团组织架构，促进中西互补。学校创新海外模式，实现同步培养，并探索了以"中国文化课"为主的育人阵地，牢牢地把握学校的办学方向，着力提升中外合作高校党建工作实效，2013 年学校党委在第 21 次全国高校党建工作会议上作了经验交流，这也是我省民办高校党建工作创新实践的重要经验。

高起点办学的西湖大学也实现了党组织建设的同步开展。2018 年 4 月 20 日，西湖大学党委正式成立，党组织关系隶属于市委教育工委。首任党委书记由董清源担任，孙幼幼担任西湖大学党委副书记，杨文铸担任西湖大学纪委书记。

西湖大学已将加强党建工作写入学校章程，其中第十四条明确规定：依规设立中共西湖大学委员会，学校党委发挥政治核心作用，参与学校重大事项决策和管理。第三十二条："学校建立健全党组织。经中共上级党委批准，建立中国共产党西湖大学委员会（以下简称'党委会'）。党委会的主要职责：党委会是学校的政治核心，发挥强化政治引领和思想引领，把握社会主义办学方向，把握党对学校意识形态工作的领导权、话语权的重要作用；根据党员人数和工作需要，健全教学、科研机构、行政机构及学生年级、专业党的组织，强化学校党员教育管理；学校党委书记通过参加董事会、校务委员会，参与学校重大事项的决策与研究，监督保证学校依法办学，支持学校决策机构和校长依法独立行使职权，开展工作，保障其依法治教、规范管理、廉洁行政；领导学校工会、共青团、学生会等群众组织，支持学校建设与发展，及时向上级党组织和政府职能部门反映学校的合理要求，帮助解决影响学校改革发展稳定的突出问题；领导学校思想政治工作和德育工作，做好统一战线工作，督促检查安全稳定工作；其他需要党委会决定的重大事项。"

### （三）思想政治工作强化

加强思想教育工作与德育工作，创新形式与内容，在教育教学科研中做好日常思想政治工作，对工会、共青团、学生会实施了有力的领导，凝聚师生共识，形成发展远景，着力推动学校和谐发展。

宁波大红鹰学院坚持"围绕中心抓党建，抓好党建促中心，评价党建看中心"的理念，紧扣"立德树人"这一根本任务，确立了"把方向、促发展、保稳定"是发挥好民办高校党组织政治核心作用的主要内容。学校运用课堂教学、教师引领、校园文化熏陶、实践育人和校园网络正能量引领等方式，有效地推进大学生自觉培育和践行社会主义核心价值观。学校制定了《宁波大红鹰学院党员先锋指数管理办法》，开展了"亮身份、亮承诺、亮业绩和整改问题"等"三亮一改"的"看齐创优当先锋"行动，鼓励党员奉献在岗位，扩大了党组织的影响力和凝聚力。

### （四）党建工作合力形成

坚持完善党建工作体制机制，加强领导、落实责任，统筹资源、合力推进，党建工作机制逐步完善，形成党建工作的整体合力。

浙江越秀外国语学院自2001年成立以来，一直十分重视发挥好政治核心作用，在学校董事会的支持和协调下，学校领导班子建立和完善了党政分工合作、集体领导、民主决策、集中指挥的党建工作机制，形成了"三三三"的党建工作格局。其中，构建了"三个机制"，即参与决策机制、组织工作机制、管理监督机制，服务中心大局；深化"三个融入"，即把党建工作融入学校建设发展、把党建工作融入人才队伍建设、把党建工作融入人才培养，形成发展合力；创设"三个指数"，即基层党组织"堡垒指数"、党员"先锋指数"、入党积极分子"积极指数"，规范自身管理。学校党委创新载体，完善机制，不断拓展深化"双强争先"创建，为学校实现可持续健康快速发展提供了坚强的政治保证。2009 年，学校党委在浙江省新社会组织党建工作现场推进会上作了典型发言。2014 年，学校党委被浙江省委组织部、省委"两新"工委确定为"党建强、发展强"省级双重管理社会组织党组织。

## （五）理论创新走在前列

坚持工作与研究相结合，注重以理论创新推动工作创新，民办高校党建与思想政治工作研究水平位居全国前列。民办高校党建与思想政治工作是一个新领域，它既具有高校党建与思想政治工作的共性，又具有因民办高校办学体制与运行机制而带来的特殊性，我省民办高校的党务工作者们，边工作、边实践、边总结、边提炼，及时认清民办高校党建与思想政治工作的重要性和特殊性，注重探索问题，把握规律，始终坚持用科学的理论、成功的经验，指导、推进党建工作的创新发展。据不完全统计，自 2006 年以来，浙江树人大学主持完成民办高校党建、民办高校思想政治工作、大学生就业创业等省部级课题 14 项，出版专著 4 本。研究成果分别在全国高校党建研究会、浙江省党建研究会、浙江省高校思想政治工作年会、浙江省高校党建研究专业委员会年会上获得特等奖等多项奖励，民办高校党建与思政工作研究走在全国前列。这些研究也对推进我省民办高校党建工作起到了积极的作用，使我省民办高校党建工作走向了良性发展的轨道。

## 三、当前民办高校党建与思想政治教育工作存在的突出问题

尽管浙江民办高校的党建与思想政治教育工作已走在全国前列，但客观地看，还是存在影响工作水平进一步提升的诸多问题，这些问题突出表现在以下几方面。

### （一）党组织隶属关系多元带来工作的不平衡性

民办高校党组织隶属关系原来基本上是按主办原则（举办者）、属地原则（学校法人注册地）等确定。从浙江省民办普通高校和中外合作大学的情况来看，由于办学主体多元，党组织的主管部门比较分散，有的隶属于省、市党委教育工作部门党组织，有的隶属于企业集团，有的隶属于学校法人注册地党组织。由于党组织隶属关系的多元化，客观上带来了工作步伐的不一致和不平衡，影响了民办高校党建工作的整体推进。

### （二）党建工作制度不完善带来工作的不规范性

目前民办高校党建工作的开展还没有一种较为成熟完善的理论模式或工作实践模式，缺少理论指导与范式引领。总体上看，民办高校党建工作有其特殊性，工作中也有特殊要求与做法，但在制度设计上参照公办高校的做法比较普遍，少数参照企业党建的做法，使民办高校党建与思想政治工作的特色培育不明显。特别是在学校章程等制度设计中对如何保障党组织发挥政治核心作用与保证监督作用的内容反映得并不充分或缺失。

### （三）党建工作对象特殊带来工作的困难性

民办高校党建的工作对象，特别是学生群体素质偏弱。我省民办高校的学生（中外合作大学的除外），在同批次的学生群体中基本上居于该批次的末端，中学教育阶段的学习与生活习惯养成上相对薄弱，客观上带来了思想

政治工作的特殊性和复杂性。从学生党建看，我省民办高校大多属于专科层次，学生入党愿望强烈，但学生党建工作起点低，培养时间短，学生党员培养难、发展慢成为民办高校学生党建工作的突出问题，学生党员比例远低于公办学校。往往学生党员培养好了就毕业了，客观上在校内的先锋模范作用发挥时间和空间有限，党员的后续教育也存在难度。

## （四）党建与思政工作队伍不平衡带来工作的滞后性

从民办高校内部看，民办高校党务工作力量也很薄弱，按照党章规定，基层党组织负责人由民主选举产生，经上级党组织批准。在实际操作中，民办高校实行聘任制，党组织主要负责人的选拔考核难以落实，真正通过选举产生的较少。调研反映多所民办高校尚未召开过党的代表大会，没有通过党代会来进行党委换届选举工作，除个别高校外，党委宣传部部长、组织部长基本上都没进党委。

目前，民办高校党群机构大多采用合署办公或两块牌子一套班子的方式，专职党建与思想政治工作者队伍总体存在数量偏少、年龄偏轻、职称偏低、党务工作能力不足、发展定位不清、上升空间不足等现状，工作能力与工作水平有待提升。如：某高校现有在校生19000名，近千名教职工，学生党员每年发展580名，教师党员470余名，但该校组织部（含统战部）仅2人，人员配备偏少。在个别访谈中问及一位教工党支部书记"两学一做"的"两学"是指什么，回答是"学做人、学做事"，另一人回答是上一年就开始了"两学一做"学习教育，时间上也不相符合；在问及两位基层党支部书记党费多长时间交一次，均回答"半年"，而且对自己过去每月交多少，现在每月交多少不能准确回答。从这当中能充分反映民办高校的基层党务工作者本身对党的基础知识就欠缺，依靠他们来开展党建工作，质量堪忧。有些学校的思政工作队伍被工具化，被视为维护校园安全稳定的"消防员"，基层工作的主要责任是不要出事、保安全稳定，思想政治教育职能被弱化。

省委也未向民办高校选派党组织负责人。从浙江省 4 所民办本科院校的情况来看，目前党委书记的构成多元化，其中浙江树人大学党委书记章清 2001 年进入树人大学工作，历任党委副书记、党委书记；浙江越秀外国语学院党委书记胡柏藩自 1999 年起至今担任理事长、党委书记；浙江大红鹰学院党委书记孙惠敏兼任校长；温州商学院党委则设立了第一书记的职务，由温州市委选派原丽水学院院长周湘浙担任，同时，周东担任党委书记，并主持党委工作。浙江省委教育工委曾从公办高校选拔部分中青年干部到民办高校挂职锻炼，但并未开展过向民办高校选派党委书记的工作。当然，这里面既有浙江省民办高校总体党建工作比较规范、党组织作用发挥明显使得选派党委书记工作的重要性并不显现，也有从选派的制度建设上尚未有效开展等原因。

### （五）党管意识形态的意识不强带来工作的缺失性

在我国，无论民办高校还是公办高校，办的都是社会主义的大学，培育的都是社会主义事业的建设者和接班人，意识形态领域事关高校培养什么人的问题。在宣传思想文化工作上，因事关学校招生等问题，学校一般都重视学校形象宣传，在学校对外宣传上舍得花钱。某高校对学校宣传工作所需要的经费无预算，可实报实销，而除此之外的全校党建与思想工作经费的预算则较少。对意识形态领域重视不够，往往将意识形态领域的工作简单地认识为思想政治理论课的任务。特别是在中外合作大学、外语类专业大学，这里往往是中外文化、中外意识形态交锋激烈的重要阵地，大学的党组织更需要高举中国旗帜、高扬中国文化。但在调研中，中外合作大学党组织在这方面的工作还是薄弱的，宁波诺丁汉大学目前无党员之家等工作阵地。

除了上述主要问题外，我们在调研中还发现在一些民办高校，存在着党的组织机构不健全或弱化、职权配置不明确或模糊、主体责任不落实或虚化等问题，亟须客观审视我省民办高校党建与思想政治教育工作中存在的问题，进一步强化责任意识，夯实工作基础，补齐工作短板，牢牢把握党对民办高校各项工作的领导权和话语权。

## 第三节　形成民办高校党建与思想政治教育"浙江经验"的主要对策

强化党建引领，夯实工作基础，凝聚办学合力，提高育人水平是民办高校党的各级组织的重要使命，而如何帮助、引导、督促民办高校加强和改进党建与思想政治工作、办成人民满意的民办大学也是党的各级组织和教育主管部门高度重视的工作。

### 一、认识到位，增强做好民办高校党建与思想政治工作的信心与决心

2016 年 11 月 7 日，全国人大常委会审议通过了《民办教育促进法》修正案，引起了社会的广泛关注。本次修法共有 16 处修改，集中体现在进一步突出强调了党对民办教育的领导、确立了分类管理的法律依据、充分保障了举办者的权益、完善了民办学校师生的合法权益、明确了学校的扶持政策、健全民办学校的治理机制、保障实现平稳的过渡等七个方面。其中总则第九条专门明确："民办学校中的中国共产党基层组织，按照中国共产党章程的规定开展党的活动，加强党的建设。"这是在新中国的教育发展史上第一次用法的形式明确了民办高校党组织依法开展工作，这为各级各类民办学校加强党的建设、因校制宜地开展党组织的各项活动提供了有力法理支撑。

但是，我们还要进一步地关注本次修法的另一个重大突破带来的影响。新修订的法律广泛引起关注的核心突破是明确了营利性办学和非营利性办学的界限，并对举办者提出了要作出自主选择的要求。按照浙江省的政策要求，现有民办学校（2016 年 11 月 7 日前正式设立的）到 2022 年底前完成分类登记。无论做何种选择，都会对民办高校办学产生一些影响。目前我省

各民办高校对新法的解读及新法落地实施有诸多疑虑，举办者对最终的营利性或非营利性办学的选择持犹豫态度，广大教职工持观望态度，大家对继续倾力办好民办高校的信心和决心有所动摇。当前，大家对省里要出台的配套办法充满期待，已出台的政策中对分类管理实施中的土地、税收等问题也尚未有准确的表述，需要从政府的层面协调各有关部门及早实现政策落地，帮助回应疑问，指导各民办高校做好教职工思想政治工作，稳定我省民办高等教育大好的发展局面。

在民办高校的现行体制下，学校举办者、董事会尤其是董事长对关系到学校发展的重大事项起着主导作用。董事长和董事对我国教育方针的理解程度，对教育规律的掌握程度，对党建与思想政治工作的认识程度，都会直接影响到该校党建与思想政治工作的水平。对此，民办高校的举办者、行政领导和党组织负责人都要有高度的自觉性，要自觉地接受党的领导，通过加强和改善党的领导来形成学校发展强大的组织推动力。

可以通过组织民办高校举办者和管理者的培训会，集中开展对新修订的《民办教育促进法》和全国高校思想政治工作会议精神、浙江省民办教育配套政策等的学习，帮助大家统一办学思想和认识，增强对加强党建与政治工作重要性的认识，以推动工作更有效地开展。


## 二、组织到位，加强对民办高校党建与思想政治工作的领导与扶持

因各民办高校党组织关系隶属多元，尽管省委组织部、省"两新"组织工作委员会、省委教育工委联合下发了《关于进一步加强民办高校党建工作的指导意见》（浙两新〔2016〕10号），对加强我省民办高校党建工作提出了明确要求，要求民办高校党委一般隶属于省、设区市党委教育工作部门党组织或教育行政部门党组织，但需要对落实隶属关系的要求进行督促检查，确保文件执行到位。同时工作是否按同一要求同一标准实施也需要考虑。

## （一）成立专门组织机构，实现省级工作的统一管理

建议能否参照上海市、陕西省等，成立专门的省委教育工委民办高校党委，专门负责民办高校党组织建设与管理工作；江西省教育厅成立了社会力量举办学校党委，在省委教育工委领导下直接管理南昌地区民办高校党组织，对其他设区市民办高校党建工作进行指导。成立浙江省民办高校党工委，统一管理全省民办高校党建工作，既解决民办高校党组织的隶属关系多元的问题，也使全省民办高校党建工作可以统一平台，同一标准开展工作。

## （二）成立专门工作平台，实现省级工作的统一规划

建议省委教育工委或省委"两新"工委定期组织民办高校党建工作者开展针对性和实效性的工作交流活动，也为民办高校的党建工作者搭设一个交流和学习的平台，有利于民办高校的党建工作者工作水平的提高。建议在目前自发开展的民办高校校（院）长联谊会的基础上，建立完善民办高校党的建设工作联席会议制度。同时，把民办高校党的建设纳入地方党建工作总体规划。政府教育工委会同有关部门建立完善民办高校党的建设工作联席会议制度，定期研究民办高校党的建设工作。

## （三）制定专门工作制度，实现省级工作的统一标准

重点关注各民办高校党委的建设，通过督查、评估等方式，推动民办高校落实好党章、有关法律法规、文件对民办高校党组织提出的权利的行使与义务的履行。特别是在学校章程制定和修改中，要把新修订的《民办教育促进法》中"民办学校中的中国共产党基层组织，按照中国共产党章程的规定开展党的活动，加强党的建设"的要求写入章程，要把民办高校党组织确保正确政治方向、支持学校改革发展、领导思想政治工作、全面加强自身建设的主要职责反映在章程的内部管理体制中，实现将法律规定与党的文件精神在民办高校办学的顶层制度中的固化。

## 三、人员到位，加强民办高校党务工作队伍建设

### （一）加强对民办高校干部的培养

干部的因素是重要的因素，民办高校的良性发展必须依靠一支坚强的干部队伍。当前民办高校的干部队伍成长更多地表现出干部自我培育与成长、学校内部培养与使用的封闭式培养特点，客观上造成民办高校干部的工作视野不够开阔、工作思路不够开放、工作手段不够创新。民办高校的干部对理论的学习与把握更多地是通过自学，理论水平和政策水平不高，不利于党的工作。2017 年省委、省委教育工委提出了打造"浙江铁军"和"浙江教育铁军"的要求，建议将民办高校的干部队伍纳入这支队伍中加强建设。可以加大民办高校干部的理论培训力度或交流使用力度，特别是到公办高校挂职锻炼的力度，创造更多的条件帮助民办高校提高干部的素质与水平，让他们走出去、学得会，回到民办高校的工作岗位后，可以有力地推进民办高校工作的整体水平提升。

### （二）建立对口帮扶制度

建立公办高校与民办高校对口帮扶制度，参加结对的公办高校可向结对的民办高校选派党建工作指导员，着力推动民办高校党建工作规范化、制度化，帮助民办高校党建工作上台阶、上水平。同时，公办高校的干部队伍也可以在工作中得到更多更全面的锻炼，可以为全省教育系统，特别是高教系统储备一批年轻有为的干部。

## 四、工作到位，突出对民办高校意识形态工作的领导

高校中外合作办学项目和机构，尤其是具有独立法人资格的中外合作大

学，是中西方不同意识形态、不同历史文化交汇、碰撞的敏感区域，从一定意义上说，加强党的领导，明确党组织的地位、作用，显得更加重要和迫切。建议教育行政部门要求中外合作办学机构按照 2012 年实施的《高等学校章程制定暂行办法》制定大学章程，并在章程中明确中外合作办学方在大学管理体系中的职责，比如：中方应当承担学校维护教育主权责任、党的领导核心责任和法人责任等。目前中外合作学校在设立党组织、开展党的工作方面缺乏现成的法律法规依据。《关于进一步加强民办高校党建工作的指导意见》（浙两新〔2016〕10 号）最后提出中外合作办学高校参照执行。建议可就中外合作办学高校的党建与思想政治工作出台相关文件，明确规定中外合作办学机构应当依据党章规定设立党组织，并明确党组织的隶属关系、学校领导体制、党组织的主要职责、党的工作经费保障与队伍保障等。

同时，要对民办高校思想政治理论课建设给予进一步的支持。在相关学科建设、科研项目立项、精品课程建设等方面进行扶持，加快推进在民办本科高校建立马克思主义学院的探索和示范性民办高校马克思主义学院的建设。

## 五、创新到位，推动党建与思想政治工作品牌建设

鼓励民办高校加快探索，推动党建与思想政治工作品牌建设或示范点建设，以点带面，提高我省民办高校党建工作的整体水平。

我省的民办高校总体上起步早、办学规范，已成为全国民办高等教育的示范区，在党建工作方面，也有很多经验可以总结。浙江树人大学和宁波诺丁汉大学分别在全国高校党建工作会议上作了大会发言，这都代表了我省民办高校党建工作的做法具有典型意义。但总体上理论研究还需要深化，特别是把实践经验上升为理论，把理论变为实践参考更是要加强提炼和总结。如在如何确保民办高校党组织政治核心作用发挥上，部分高校探索出了通过校院两级党政联席会议作为校院决策的议事制度的做法，就很好地保证了党组

织参与学校决策，牢牢地把握住了决策的参与权，在此基础上能否形成董事会领导下的校长负责制与校长牵头的党政联席会议制作为学校的领导体制和决策方式进行固化。

为推动民办高校党建与思想政治工作的研究，建议能否在省级层面上拿出一部分经费，设立面向民办高校党建与思想政治工作的专项研究课题，帮助民办高校结合工作实践进行总结提高，并面向全国开展宣传，唱响浙江民办教育改革与发展的好声音，树立好浙江典范。

## 六、领导到位，推进向民办高校选派党组织书记工作

推进向民办高校选派党组织书记工作的要求可以在我省的民办高校全面实施，因为落实这一要求有重要的法律政策依据和产权依据。

一是从法律政策层面上看，2006 年 12 月，国务院办公厅《关于加强民办高校规范管理 引导民办高等教育健康发展的通知》（国办发〔2006〕101 号）明确要求："依法建立政府对民办高校的督导制度，省级政府教育主管部门向民办高校委派督导专员。"2006 年 12 月，中共中央组织部、中共教育部党组联合下发《关于加强民办高校党的建设工作的若干意见》（教党〔2006〕31 号）明确提出"选好配强民办高校党组织负责人。党委教育工作部门可选派德才兼备、熟悉教育工作的党员，到民办高校担任党组织负责人。党组织负责人兼任政府派驻学校的督导专员"。2007 年 2 月，《民办高等学校办学管理若干规定》（教育部令第 25 号）中也明确要求"民办高校党组织应发挥政治核心作用。建立对民办高校的督导制度"。向民办高校选派党组织负责人兼任督导专员在法律上有据可依。

二是从我省民办高校的产权结构上看，14 所独立设置的民办高校中，8 所民办高校的产权中有国有资产属性，如：宁波大红鹰学院、浙江东方职业技术学院、嘉兴南洋职业技术学院均由国有企业和高校投资兴建，资产属性100% 为国有；浙江树人大学与四所中专学校合并后，2001 年国有资产比例

占到60%以上，近几年来学校法人资产大量增加，但国有资产仍占有较大比例；浙江汽车职业技术学院51%的股份属于临海市政府；长征职业技术学院、杭州万向职业技术学院、绍兴职业技术学院等三所学校各30%的股份属于民革浙江省委员会、杭州市人民政府、绍兴市人民政府所有；两所中外合作大学的投资方浙江万里教育集团和温州大学均属国有性质。基于我省民办高校的产权现状，学校党委或党委书记可以代表政府在学校的法人治理结构中占据重要地位。

三是有别的省份的经验可以借鉴。从2007年以来，全国多个省份开展了向民办高校选派党委书记、督导专员或党建联络员等工作。其中，江西省根据中共江西省委、江西省人民政府《关于进一步加强和改进民办普通高等学校工作的若干意见》，为切实加强民办高校的监督管理，提高民办高校党建工作水平，在2007年3月率先向全省10所民办高校委派了督导专员（党委书记），成为民办高等教育管理工作中的一项制度创新。选派的党委书记每届任期4年。2011年江西省委教育工委、省教育厅按照有关程序确定了第二批党委书记兼督导专员。2015年选派了第三批党委书记兼督导专员。山东省从2008年开始，就从公办高校中选派优秀干部到民办高校担任"督导专员"和"党建工作联络员"。截至2017年初，已选派"两员"近百人。为进一步加强和改进民办高校党建工作，2017年山东省首次选派5名公办高校领导干部到民办高校担任党委书记，2018年力争实现民办高校选派党委书记全覆盖。2017年湖南省为切实加强民办高校党建工作，从省卫计委、长沙理工大学等单位选派15名干部到长沙医学院、湖南信息学院等15所民办高校担任党委书记，实现了全面选派。省里还出台了《湖南省向民办普通高校选派党委书记的实施办法（试行）》。办法规定：既可从结对的省属公办高校党员干部中选派民办高校党委书记，也可从省直机关挑选熟悉党建和教育工作的党员干部挂职担任民办高校党委书记，或从符合条件的优秀年轻厅处级后备干部中提拔担任民办高校党委书记。选派的党委书记同时兼任政府督导专员，任期一般为5年，其间，全职在学校工作，不参与原学校或单位分工，不分管原学校或单位的具体工作；除必要的工作经费外，不得在民办学校获取薪酬和其他额外利益。相比较于"中央 78 号文件"的原则性规定，湖南的办法具有一定的创新性，可供浙江省委在开展这项工作时吸纳。

从调研中看，绝大部分选派的党组织负责人素质高、政治强、想做事、敢担当，他们在民办高校的建设和发展中都起到了积极的作用。从学校发展的内部环境来看，大部分党委书记能准确定位，也较好地处理好了董事长（理事长）、校长和党委书记三者的工作关系，处理好了民办高校投资与回报的关系，处理好了监督引导与自主办学的关系。能做好民办高校办学方向的引领者和事业发展的推动者。从学校发展的外部环境来看，选派的党委书记大都曾在高校或地方担任过领导职务，具有丰富的工作经验，他们特别注重运用以往工作所积累的各种关系和经验，广泛联络、多方动员，主动地做好对外联络工作，吸纳社会资源来参与学校建设与发展、提升办学质量与水平，服务于民办高校的发展。

# 参考文献

## 一、中文著作

1.《马克思恩格斯选集》第 1 卷，人民出版社 2012 年版。

2.《马克思恩格斯文集》第 2 卷，人民出版社 2009 年版。

3.《马克思恩格斯选集》第 3 卷，人民出版社 2012 年版。

4.《马克思恩格斯选集》第 4 卷，人民出版社 2012 年版。

5.《马克思主义基本原理概论（2015 年修订版）》，高等教育出版社 2015 年版。

6.《列宁全集》第 45 卷，人民出版社 1990 年版。

7.《毛泽东文集》第三卷，人民出版社 1996 年版。

8.《邓小平文选》第二卷，人民出版社 1994 年版。

9.《江泽民文选》第一卷，人民出版社 2006 年版。

10.《江泽民文选》第三卷，人民出版社 2006 年版。

11. 江泽民：《论党的建设》，中央文献出版社 2001 年版。

12.《习近平谈治国理政》，外文出版社 2014 年版。

13.《习近平谈治国理政》第二卷，外文出版社 2017 年版。

14. 中共中央文献研究室编：《习近平关于全面深化改革论述摘编》，中央文献出版社 2014 年版。

15. 中共中央文献研究室编：《建国以来重要文献选编》（第十八册），中央文献出版社 1998 年版。

16.《党的十九大报告辅导读本》，人民出版社 2017 年版。

17. 顾海良：《高校思想政治理论课程建设研究》，经济科学出版社 2009 年版。

18. 黄希庭：《心理学导论》（第二版），人民教育出版社 2007 年版。

19. 教育部思想政治工作司组编：《加强和改进大学生思想政治教育重要文献选编（1978—2008）》，中国人民大学出版社 2008 年版。

20. 教育部社会科学司组编：《普通高校思想政治理论课文献选编（1949—2008）》，

中国人民大学出版社 2008 年版。

21. 季海菊：《新媒体时代高校思想政治教育的解构与重塑》，东南大学出版社 2014 年版。

22. 陆庆壬主编：《思想政治教育学原理》，复旦大学出版社 1986 年版。

23. 林长兴：《新兴高等教育机构党组织工作研究》，知识产权出版社 2013 年版。

24. 李林英、郭丽萍：《新媒体环境下高校思想政治教育教学研究》，人民出版社 2015 年版。

25. 刘林主编：《探索与创新——全国民办高校党的建设与思想政治工作优秀成果集》，高等教育出版社 2014 年版。

26. 瞿延东：《我国民办教育的发展与管理》，中国财政经济出版社 2002 年版。

27. 宋斌：《新时期民办高校党组织作用发挥研究》，浙江大学出版社 2011 年版。

28. 王慧华、张冬素：《教育大变局——浙江重大教育新闻的幕后解读》，浙江大学出版社 2006 年版。

29. 中央教育科学研究所编：《中华人民共和国教育大事记（1949—1982）》，教育科学出版社 1984 年版。

30. 周惠英等：《中国教育同生产劳动相结合大事记》，教育科学出版社 1995 年版。

31. 徐绪卿：《新时期中国民办高等教育发展研究》，浙江大学出版社 2005 年版。

32. 徐绪卿：《我国民办高校内部管理体制改革和创新研究》，中国社会科学出版社 2012 年版。

33. 张世欣：《思想教育规律论》，浙江大学出版社 2008 年版。

34. 张耀灿、郑永廷等：《现代思想政治教育学》，人民出版社 2006 年版。

35. 章清、宋斌：《民办高校党建工作的理论与实践》，浙江人民出版社 2010 年版。

36. 赵新峰：《协同育人论》，人民出版社 2013 年版。

37. 蔡文之：《网络传播革命：权力与规制》，上海人民出版社 2011 年版。

## 二、外文著作

1. ［德］赫尔曼·哈肯：《协同学——大自然构成的奥秘》，凌复华译，上海译文出版社 1995 年版。

2. ［美］路易斯、拉思斯：《价值与教学》，谭松贤译，浙江教育出版社 2003 年版。

3. ［美］琳达·埃利诺、格伦那·杰勒德：《对话：变革之道》，郭少文译，教育科学出版社 2006 年版。

4. ［美］奥托·夏莫：《U 型理论》，邱昭良等译，中国人民大学出版社 2011 年版。

5. Berry, J. W., Pooringa, Y., *Cross-cultural Psychology*: *Researchand Applications*, Cambridge: Camblige University Press, 1992.

6. Haperrereaty · Jern Baudrillard, *The Precession of Simulacra*, *Simulations*, New York: Semiotext, 1981.

## 三、学术论文（包含期刊文章及报纸理论文章）

1. 北京市邓小平理论研究中心、北京师范大学价值与文化研究中心:《关于价值观研究现状的调研报告》,《中国特色社会主义研究》2002 年第 1 期。

2. 白守仁:《校企合作对建设世界一流大学的推动作用》,《高等工程教育研究》2003 年第 5 期。

3. 柏川、刘国强:《民办高校社会主义核心价值观培育问题调查及对策研究》,《鲁东大学学报（哲学社会科学版）》2016 年第 4 期。

4. 曹天平等:《民办高校思想政治教育工作机制的特点与组织系统变革》,《重庆第二师范学院学报》2015 年第 2 期。

5. 曹丹:《从"校企合作"到"产教融合"——应用型本科高校推进产教深度融合的困惑与思考》,《天中学刊》2015 年第 1 期。

6. 曹文泽:《以"课程思政"为抓手创新育人手段》,《学习时报》2016 年 12 月 26 日。

7. 陈新民:《行业学院:地方本科高校转型发展的新形态》,《中国社会科学报》2017 年 12 月 21 日。

8. 陈敏:《论大学生思想政治教育有效性及其评价标准》,《黑龙江高教研究》2006 年第 2 期。

9. 陈国平:《改革开放以来大学生社会主义核心价值观教育演变的特点探析》,《内蒙古师范大学学报（教育科学版）》2017 年第 9 期。

10. 陈锡喜:《关于社会主义核心价值观教育贯穿高校思想政治理论课教学全过程的思考》,《思想理论教育》2015 年第 6 期。

11. 陈华巍等:《新媒体视域下大学生思想政治教育有效路径论析》,《思想教育研究》2016 年第 3 期。

12. 蔡玉生:《学生思想政治工作在民办高校科学发展中的作用》,《高教论坛》2012 年第 9 期。

13. 蔡玉生等:《民办高校一体两翼学生思想政治教育工作队伍建设实践——以黑龙江东方学院为例》,《广西教育学院学报》2014 年第 2 期。

14. 蔡玉生等：《民办高校学生思想政治教育工作体制机制的创新》，《高教论坛》2016 年第 9 期。

15. 蔡克勇：《社会历史发展的重要趋势——论加强校企合作的重要性和紧迫性》，《高等教育研究》1997 年第 6 期。

16. 崔丹：《上海市民办高校思政课教师队伍建设存在的问题及策略》，《教育探索》2013 年第 6 期。

17. 董圣足：《温州新政：区域民办教育制度创新的典范》，《教育发展研究》2011 年第 22 期。

18. 董召勤：《新媒体时代大学生思想政治教育创新》，《学校党建与思想教育》2013 年第 25 期。

19. 顾海良：《新时代高校思想政治教育的理论指导和发展理念——学习习近平新时代中国特色社会主义思想》，《思想理论教育导刊》2018 年第 1 期。

20. 顾海良：《高校思想政治理论课程体系的演化及其基本特点》，《教学与研究》2007 年第 2 期。

21. 冯刚：《新媒体技术的思想政治教育功能研究》，《北京教育（德育）》2009 年第 10 期。

22. 冯刚等：《加强整体设计　注重协同推进　进一步提高高校思想政治工作的针对性实效性——访教育部思想政治工作司司长冯刚》，《思想理论教育导刊》2014 年第 3 期。

23. 费鹤祥等：《论民办高校思想政治工作机制创新》，《思想教育研究》2009 年第 11 期。

24. 方海涛：《论高校网络自媒体管理的现状及管理途径》，《学校党建与思想教育》2012 年第 30 期。

25. 樊纯诗：《企业制胜的源泉——宝钢校企合作的探索与实践》，《教育发展研究》1999 年第 1 期。

26. 高燕：《课程思政建设的关键问题与解决路径》，《中国高等教育》2017 年第 Z3 期。

27. 侯勇等：《"思想政治教育"概念学科辨析与新认识》，《学术论坛》2010 年第 5 期。

28. 胡坤、徐军伟：《县域办学：浙江省独立学院转型发展路径探析》，《宁波大学学报（教育科学版）》2017 年第 1 期。

29. 洪国志：《十八大以来民办高校思想政治教育工作浅析》，《中小企事业管理与科技》2014 年第 18 期。

30. 韩进:《破解思政工作的"孤岛现象"》,《光明日报》2017 年 4 月 6 日。

31. 胡大白:《民办高校更要加强党建和思想政治工作》,《光明日报》2000 年 8 月 2 日。

32. 靳诺:《坚持立德树人 培养优秀人才》,《光明日报》2017 年 4 月 10 日。

33. 靳诺:《重视加强民办高校的党建、思想政治工作和德育工作》,《中国高教研究》2001 年第 7 期。

34. 金成、王华:《经济回报、权力获得与自我实现——我国民办高校举办者办学动机探究》,《教育发展研究》2016 年第 21 期。

35. 廖华跃:《略论民办高校党建工作评价体系的构建》,《浙江树人大学学报（人文社会科学版）》2013 年第 4 期。

36. 刘国辉:《新形势下民办院校思想政治工作队伍建设的主要瓶颈及其突破》,《湖北函授大学学报》2015 年第 12 期。

37. 刘国辉:《加强民办院校思想政治工作队伍建设的现实意义》,《新西部》2015 年第 3 期。

38. 刘丽梅等:《新建本科院校校内协同育人模式探索——以邯郸学院为例》,《教育研究》2017 年第 6 期。

39. 刘新玲:《民办高校学生思想政治教育的十年回顾与思考》,《思想教育研究》2005 年第 9 期。

40. 刘占山:《以制度和机制创新推动校企合作》,《光明日报》2013 年 11 月 21 日。

41. 李良华:《协同育人视角的高校学生工作创新的现实路径》,《成都师范学院学报》2014 年第 11 期。

42. 李大棚:《大学生社会主义核心价值观培育研究——以马克思主义日常生活理论为视角》,《重庆邮电大学学报（社会科学版）》2016 年第 6 期。

43. 李长亮等:《民办高校大学生思想政治工作调查报告 中国梦语境下民办高校大学生社会主义核心价值观践行研究》,《党建》2016 年第 3 期。

44. 李俊鹏:《大学生对社会主义核心价值观认同的现状调查与实证分析——以广东民办高校为例》,《开封教育学院学报》2016 年第 2 期。

45. 李曼:《北京民办高校发展困境与转型诉求》,《浙江树人大学学报（人文社会科学）》2016 年第 5 期。

46. 柳友荣等:《应用型本科院校产教融合模式及其影响因素研究》,《中国高教研究》2015 年第 5 期。

47. 李宝银等：《行业学院的功能分析与建设思路》，《教育评论》2017 年第 9 期。

48. 李厚艳等：《新媒体环境下高校学生思想特点及引导对策研究——以辽宁省部分民办高校为例》，《学理论》2015 年第 12 期。

49. 刘华东等：《多校区办学的现状与对策》，《中国高等教育》2008 年第 1 期。

50. 蓝汉林、郑春晔：《浙江独立学院产生的条件、机制与模式分析——基于历史制度主义的分析视角》，《中国高教研究》2014 年第 6 期。

51. 彭曼丽、彭福扬：《生态与经济社会协同发展的唯物史观诠释》，《哲学研究》2014 年第 4 期。

52. 孙梦云：《关于思想政治教育与思想政治工作概念的比较研究》，《思想政治教育研究》2007 年第 2 期。

53. 佘双好：《当代社会思潮对高校学生影响现状的调查分析》，《学校党建与思想教育》2010 年第 26 期。

54. 佘双好：《当代社会思潮在高校生成和发展的新特点及发展趋势》，《学校党建与思想教育》2013 年第 10 期。

55. 佘双好：《当代社会思潮对青年学生影响的新趋势及应对策略》，《中国青年研究》2015 年第 11 期。

56. 石书臣：《同向同行：高校思想政治教育协同创新的课程着力点》，《思想理论教育》2017 年第 7 期。

57. 唐文清、张进辅：《中外价值观研究述评》，《心理科学》2008 年第 3 期。

58. 唐平秋、卢尚月：《新媒体环境下大学生社会主义核心价值观培育的思考》，《思想理论教育导刊》2015 年第 4 期。

59. 陶水平：《后马克思主义文化政治学及其文论价值》，《中国文学研究》2014 年第 1 期。

60. 陶韶菁：《如何增强大学生对社会主义核心价值观的认同》，《光明日报》2016 年 6 月 9 日。

61. 王一涛等：《非营利性民办学校举办者权益的合理保护》，《中国教育学刊》2017 年第 3 期。

62. 王立仁等：《论思想政治教育过程的主体和介体》，《北京交通大学学报（社会科学版）》2010 年第 4 期。

63. 吴玲：《民办高校社会主义核心价值观教育途径研究》，《教育现代化》2016 年第 30 期。

64. 吴俊、王璇：《社会主义核心价值观难点、热点问题探究——"社会主义核心价值观协同创新北京峰会"会议综述》,《社会主义核心价值观研究》2016 年第 6 期。

65. 吴洋洋、赵毅:《民办本科高校马克思主义学院建设路径的若干思考》,《黑河学刊》2017 年第 6 期。

66. 吴咏梅:《关于我国高校多校区管理的思考》,《襄樊学院学报》2009 年第 1 期。

67. 吴健康、王逊:《多校区管理模式对 90 后大学生教育管理的影响及解决策略研究》,《赤峰学院学报(自然科学版)》2017 年第 16 期。

68. 王晓霞:《当代大学生网络运用状况的调查分析》,《思想理论教育》2018 年第 2 期。

69. 王章豹等:《机械产学合作模式及策略研究》,《机械工业高教研究》1997 年第 4 期。

70. 王晓等:《民办高校校企合作共建实验室的探索——以烟台南山学院为例》,《农产品加工》2016 年第 9 期。

71. 王振友等:《新媒体视域下的大学生思想政治教育研究》,《中国青年政治学院学报》2014 年第 4 期。

72. 王海建:《协同创新:高校思想政治教育创新发展的必然路径》,《探索》2013 年第 1 期。

73. 王岩、刘志华:《协同学视阈下的教育治理体系现代化》,《教育评论》2016 年第 1 期。

74. 许燕:《北京大学生价值观研究及其教育建议》,《教育研究》1999 年第 5 期。

75. 辛志勇、金盛华:《大学生的价值观概念与价值观结构》,《高等教育研究》2006 年第 2 期。

76. 许波荣、陈念:《多维整合:社会主义核心价值观教育路径选择》,《教育评论》2017 年第 9 期。

77. 徐振祥:《新媒体:大学生思想政治教育的机遇与挑战》,《思想政治教育研究》2007 年第 6 期。

78. 徐生:《论我国高等职业教育的价值取向——基于马克思主义人学的视角》,《哈尔滨学院学报》2009 年第 9 期。

79. 邢晖、李玉珠:《民办高校校企合作的实践选择与应然策略》,《国家教育行政学院学报》2017 年第 5 期。

80. 邢彦辉:《两个"舆论场"的张力与融合》,《中国记者》2012 年第 12 期。

81. 袁贵仁:《切实加强和改进民办高校德育工作》,《思想理论教育导刊》2004 年第

4 期。

82. 于锡金：《企业文化对民办高校校园文化的影响》，《沈阳师范大学学报（社会科学版）》2012 年第 4 期。

83. 易新河等：《我国校企合作研究二十年综述》，《高教论坛》2014 年第 2 期。

84. 杨文、石猛：《政校企合作：新时期民办高校发展的重要诉求》，《中国成人教育》2011 年第 19 期。

85. 杨善江：《产教融合：产业深度转型下现代职业教育发展的必由之路》，《教育与职业》2014 年第 33 期。

86. 杨宝富、张瑞臣：《论胡塞尔先验现象学作为独立的"第一哲学"范式》，《哲学研究》2014 年第 4 期。

87. 袁勇：《舆论场交锋：博弈、冲突、互动与通融》，《新闻爱好者》2013 年第 8 期。

88. 余秀才：《网络舆论场的构成及其研究方法探析——试述西方学者的场论对中国网络舆论"场"研究带来的启示》，《现代传播（中国传媒大学学报）》2010 年第 5 期。

89. 徐涵等：《改革开放以来我国职教校企合作政策的回顾与思考》，《职教论坛》2013 年第 31 期。

90. 章清、金劲彪：《民办高校学生特点及思想政治工作》，《浙江树人大学学报（人文社会科学版）》2004 年第 2 期。

91. 张耀灿、徐志远：《思想政治教育及其相关重要范畴的概念辨析》，《思想·理论·教育》2003 年第 Z1 期。

92. 周倩、宋博：《民办高校思想政治教育现状调查与分析》，《黄河科技大学学报》2014 年第 2 期。

93. 周晶等：《我国职业教育校企合作正式制度建设的沿革与评析》，《教育学术月刊》2016 年第 6 期。

94. 周丹：《民办高校党组织设置与作用发挥的现状及对策研究》，《领导科学论坛（理论）》2014 年第 7 期。

95. 周玲：《中外多校区办学的案例研究》，《高等教育研究》2001 年第 2 期。

96. 周光迅、周国平：《从独立学院办学实践看高等教育发展的"浙江经验"》，《高等教育研究》2009 年第 11 期。

97. 赵国营、张荣华：《论马克思主义中的系统思想》，《广西社会科学》2017 年第 1 期。

98. 张大良：《完善协同育人机制 提高人才培养质量》，《中国教育报》2013 年 12

月 24 日。

99. 张燕等：《产学研校企合作协同育人机制构建》，《广西教育学院学报》2017 年第 4 期。

100. 张建春等：《高职院校校企合作研究：文献综述与展望——基于 CNKI （2000— 2011） 收录文献的分析》，《现代教育管理》2013 年第 2 期。

101. 张琼：《民办本科高校校企合作存在的问题与对策分析》，《河南财政税务高等专 科学校学报》2016 年第 5 期。

102. 张辉等：《我国民办高校党建工作的创新路径与对策研究——基于 600 余所民办 高校调查》，《北京城市学院学报》2016 年第 1 期。

103. 朱绍友等：《对高校协同育人及其机制构建的若干思考——以安徽农业大学为 例》，《高等农业教育》2015 年第 7 期。

104. 钟秉林：《民办高校要高度重视和切实加强文化建设——我国民办高等教育改 革与发展探析 （八)》，《中国高等教育》2012 年第 12 期。

105. 郑永廷：《论思想政治教育的本质及其发展》，《教学与研究》2001 年第 3 期。

106. 郑杰、张雁：《民办高校学生思想政治教育探究》，《浙江树人大学学报》2004 年 第 1 期。

107. 郑建海：《温州市民办教育试点改革的经验及未来五年蓝图》，《浙江树人大学学 报 （人文社会科学版)》2016 年第 1 期。

108. 占建青：《网络思想政治教育有效话语权的建构》，《黑龙江高教研究》2012 年第 10 期。

109.《哈尔滨一高校印章被盗　次日公告校党委书记被免》，《南方周末》2015 年 11 月 19 日。

110.《思政课堂　点亮青年信仰——高校思政课教学质量年专项工作述评》，《中国教 育报》2018 年 2 月 27 日。

111. 汪恒：《浙江树人学院：民办高校的特色思政之路》，《浙江教育报》2018 年 4 月 9 日。

112.《习近平在全国高校思想政治工作会议上强调：把思想政治工作贯穿教育教学全 过程　开创我国高等教育事业发展新局面》，《人民日报》2016 年 12 月 9 日。

113.《习近平在全国宣传思想工作会议上强调：胸怀大局把握大势着眼大事　努力把 宣传思想工作做得更好》，《人民日报》2013 年 8 月 21 日。

114. 钟新文：《青年懂中国，才能接好棒》，《人民日报》2014 年 9 月 6 日。

115. 张兴华：《如何破解多校区办学困局》，《中国教育报》2013 年 10 月 22 日。

#### 四、学位论文

1. 程蓉：《基于产品设计链的企业协同创新研究》，武汉理工大学硕士学位论文，2008 年。
2. 房长宏：《创新民办高校思想政治教育体制的探析》，西北大学硕士学位论文，2012 年。
3. 李群：《我国高校多校区管理模式研究》，长江大学硕士学位论文，2014 年。
4. 刘爱玲：《民办高校思想政治工作特点及机制创新研究》，河北师范大学硕士学位论文，2009 年。
5. 孙长青：《长江三角洲制药产业集群协同创新研究》，华东师范大学博士学位论文，2009 年。

#### 五、新闻及网络文章

1.《习近平出席全国网络安全和信息化工作会议并发表重要讲话》，http：//news. cctv. com/2018/04/21/ARTIg5W5SqI09KHkP8wMt40j180421. shtml。
2. 中共湖北省委高等学校工作委员会：《不断提升民办高校思想政治工作质量》，《中国教育报》2017 年 11 月 20 日。
3.《2016 年全国教育事业发展统计公报》，2017 年 7 月 10 日，见 http：//www. moe. gov. cn/jyb_ sjzl/sjzl_ fztjgb/201707/t20170710_ 309042. html。
4. 王经国、顾烨：《民办高校破产危机吹响教育改革号角》，2010 年 4 月 1 日，见 http：//news. sina. com. cn/O/2010-04-01/202717310322S. shtml。
5. 王清义：《用新媒体新技术使高校思想政治工作活起来》，2017 年 2 月 20 日，见 http：//henan. people. com. cn/n2/2017/0220/c353548-29742645. html。
6.《中国职业教育集团化办学年度报告（2017）》，2017 年 12 月 4 日，见 http：//news. cyol. com/yuanchuang/2017-12/04/content_ 16744938. htm。
7. 吴楚、岳巍：《北大书记朱善璐：世界上没有哪一所高校没有思政课》，2016 年 12 月 9 日，见 http：//news. youth. cn/wztt/201612/t20161209_ 8930919. htm。
8.《第 42 次〈中国互联网络发展状况统计报告〉》，2018 年 8 月 20 日，见 http：//www. cnnic. net. cn/hlwfzyj/hlwxzbg/hlwtjbg/201808/t20180820_ 70488. htm。

# 后　　记

　　2019 年 1 月 31 日，距离春节仅 4 天了，我接到了人民出版社编辑同志的电话，告知我的专著书稿提上了出版日程，希望我能按照《人民出版社学术著作出版规范》的要求，尽快完成书稿的相关修改工作，以确保能在教育部要求的时间内高质量地出版该书。接到电话后，我在精神上一直处于一种亢奋状态，感觉到自己的研究成果终于得到了认可，这些年的心血没有白费。但激动之余，冷静下来，想到自己的拙作实在是还有太多的局限，理论性不强，心里又着实是忐忑不安，觉得自己令一个还未孕育好的孩子提前了问世的时间。

　　2015 年我带领的浙江树人大学首届中青年学术团队开始了"民办高校思想政治教育协同机制研究"。四个寒暑，我们利用各种机会深入到全国十余个省市的 70 余所民办高校开展了实地调研，通过各种会议收集民办高校的实践经验。其间，团队的 6 个成员还分别参与和主持了国家社科基金重点课题《民办院校办学体制与发展政策研究》、教育部人文社会科学研究项目《民办高校党建工作创新发展研究》《新媒体语境下高校思想政治教育话语转换的特征与路径研究》、浙江省哲学社会科学研究项目《"四个全面"战略布局下高校思想政治教育协同机制研究》《习近平新时代高校党建思想研究》《新时代中国特色高校思想政治教育话语创新研究》等课题的研究，对民办高校内部治理结构、民办高校党建工作、民办高校思想政治教育等工作有了更深入的认识与了解，使我们的研究视野更开阔、逻辑思路更清晰。我们以所在的学校为主要的实践基地，边研究边实践、边实践边校验，使我们的研究能更贴近民办高校思想政治教育的实际，研究成果能更好地指导民办高校的实践。

在研究过程中，团队成员杨礼雕副教授、罗云副教授、董弋芬副教授、陈乐敏博士和廖华跃都欣然地接受各项任务，他们或收集提供素材、或参与了部分章节初稿的撰写，使得我可以在一个比较好的基础上系统地完成本书。学校党委书记、民办高校党建与思想政治工作研究专家章清教授、原学校校长、民办教育研究专家徐绪卿教授等都给予了我很多的帮助，我的家庭成员为我分担了家务劳动，他们全力支持我把业余时间大量地用在研究中。在此一并向所有帮助和支持我的领导、同事、朋友和家人表示深深的感谢，也感谢浙江省高校思想政治理论课名师工作室的专项支持。你们的支持是我继续前行的动力。

最后，还要感谢教育部思想政治工作司、感谢人民出版社，因为有了你们的帮助，这本书才能面向全国发行，并有可能为全国民办高校思想政治教育工作者们提供一些理论帮助与实践案例。

思想有了新突破，实践才能有新发展；实践有了新发展，思想就有了新基础。祝愿中国的民办高等教育事业能再上新台阶。

宋　斌

2020 年 1 月 16 日于杭州

责任编辑：李琳娜　孙兴民
封面设计：林芝玉
版式设计：王欢欢

**图书在版编目（CIP）数据**

民办高校思想政治教育协同机制研究/宋斌 著. —北京：人民出版社,2020.5
（高校思想政治工作研究文库）
ISBN 978－7－01－021802－1

Ⅰ.①民…　Ⅱ.①宋…　Ⅲ.①民办高校-思想政治教育-研究-中国
Ⅳ.①G648.7

中国版本图书馆 CIP 数据核字(2020)第 017444 号

**民办高校思想政治教育协同机制研究**

MINBAN GAOXIAO SIXIANG ZHENGZHI JIAOYU XIETONG JIZHI YANJIU

宋　斌　著

人民出版社 出版发行
（100706　北京市东城区隆福寺街 99 号）

中煤（北京）印务有限公司印刷　新华书店经销

2020 年 5 月第 1 版　2020 年 5 月北京第 1 次印刷
开本：710 毫米×1000 毫米 1/16　印张：23.75
字数：351 千字

ISBN 978－7－01－021802－1　定价：58.00 元

邮购地址　100706　北京市东城区隆福寺街 99 号
人民东方图书销售中心　电话（010）65250042　65289539